民國文存

72

中國之儲蓄銀行史

（上）

王志莘 編著

知識產權出版社

《中國之儲蓄銀行史（上）》首先簡要介紹我國儲蓄機關的發展史，然後分類介紹經營儲蓄業務的銀行、郵政儲金局、儲蓄會、經營儲蓄業務的信託公司以及普通公司商號等百餘家的基本資質、經營狀況與詳細數據，為研究當時的銀行業發展提供了豐富的一手資料。

　　本書適合對金融史感興趣者及相關研究者閱讀使用。

責任編輯：劉　江　　責任校對：董志英
文字編輯：李軍政　　責任出版：劉譯文

圖書在版編目（CIP）數據

中國之儲蓄銀行史. 上／王志莘編著. —北京：知識產權出版社，2015.6
　（民國文存）
　ISBN 978-7-5130-3338-1

Ⅰ.①中…　Ⅱ.①王…　Ⅲ.①儲蓄銀行—銀行史—中國　Ⅳ.①F832.9
中國版本圖書館 CIP 數據核字（2015）第 019206 號

中國之儲蓄銀行史（上）
Zhongguo zhi Chuxu Yinhangshi
王志莘　編著

出版發行：**知識產權出版社** 有限責任公司			
社　　址：北京市海淀區馬甸南村 1 號		郵　　編：100088
網　　址：http://www.ipph.cn		郵　　箱：bjb@cnipr.com
發行電話：010-82000860 轉 8101/8102		傳　　真：010-82005070/82000893
責編電話：010-82000860 轉 8344		責編郵箱：liujiang@cnipr.com
印　　刷：保定市中畫美凱印刷有限公司		經　　銷：新華書店及相關銷售網站
開　　本：720mm×960mm　1/16		印　　張：19.75
版　　次：2015 年 6 月第一版		印　　次：2015 年 6 月第一次印刷
字　　數：237 千字		定　　價：75.00 元
ISBN 978-7-5130-3338-1			

民國文存

（第一輯）

編輯委員會

出版前言

民國時期，社會動亂不息，內憂外患交加，但中國的學術界卻大放異彩，文人學者輩出，名著佳作迭現。在炮火連天的歲月，深受中國傳統文化浸潤的知識份子，承當著西方文化的衝擊，內心洋溢著對古今中外文化的熱愛，他們窮其一生，潛心研究，著書立說。歲月的流逝、現實的苦樂、深刻的思考、智慧的光芒均流淌於他們的字裡行間，也呈現於那些細緻翔實的圖表中，在書籍紛呈的今天，再次翻開他們的作品，我們仍能清晰地體悟到當年那些知識分子發自內心的真誠，蘊藏著對國家的憂慮，對知識的熱愛，對真理的追求，對人生幸福的嚮往。這些著作，可謂是中華歷史文化長河中的珍寶。

民國圖書，有不少在新中國成立前就經過了多次再版，備受時人稱道。許多觀點在近一百年後的今天，仍可說是真知灼見。眾作者在經、史、子、集諸方面的建樹成為中國學術研究的重要里程碑。蔡元培、章太炎、陳柱、呂思勉、錢基博等人的學術研究今天仍為學者們津津樂道；魯迅、周作人、沈從文、丁玲、梁遇春、李健吾等人的文學創作以及傅抱石、豐子愷、徐悲鴻、陳從周等人的藝術創想，無一不是首屈一指的大家名作。然而這些凝結著汗水與心血的作品，有的已經罹於戰火，有的僅存數本，成為圖書館裡備受愛護的珍本，或成為古玩市場裡待價而沽的商品，讀者很少有隨手翻閱的機會。

鑑此，為整理保存中華民族文化瑰寶，本社從民國書海裡，精心挑出了一批集學術性與可讀性於一體的作品予以整理出版，以饗讀者。這些書，包括政治、經濟、法律、教育、文學、史學、哲學、藝術、科普、傳記十類，綜之為"民國文存"。每一類，首選大家名作，尤其是封一些自新中國成立以后沒有再版的名家著作投入了大量精力進行整理。在版式方面有所權衡。基本採用化豎為橫、保持繁體的形式，標點符號則用現行規範予以替換，一者考慮了民國繁體文字可以呈現當時的語言文字風貌，二者顧及今人從左至右的閱讀習慣，以方便讀者翻閱，使這些書能真正走入大眾。然而，由於所選書籍品種較多，涉及的學科頗為廣泛，限於編者的力量。不免有所脫誤遺漏及不妥當之處，望讀者予以指正。

目　錄

中國之儲蓄銀行史

馮耿光

宋漢章先生序

　　旣集人民而成社會，集社會而成國家。以各個立場而言，人民為職工，社會為分支機關，國家為一總機關。有強有力之民族，斯有強有力之社會；有強有力之社會，斯有強有力之國家。民不能離社會以成事，國不能離社會而存在。

　　經濟金融為一國命脈所寄。得則存，失則亡。我國在重農時代已有耕三餘一，耕九餘三之政策。《管子》曰："倉廩實而知禮節，衣食足而知榮辱。"我先民對於儲蓄之重視旣如此。

　　文明人之目光遠，思慮周，能審未來之趨勢，能作事前之準備。儲蓄事業卽其一端。故儲蓄銀行者，人民之金庫，社會之會計師也。其任務不但注意人類生產的經濟行為，尤當注意人類消費的經濟行為。

　　全國人民能注重儲蓄，其至少之成效必能不依賴他人，能解決個人及家屬之生計問題。人人能解決生計，卽能聚精神壹智慮以致力於科學文化事業，於是而光明燦爛之民族成。

　　我國銀行事業濫觴於清。予於光緒三十四年七月間經理北京儲蓄銀行，至宣統二年六月間奉調經理上海大清分銀行。在北京二足年內，儲蓄風氣雖屬初開，而零星儲戶頗為踴躍。每日檢查儲額表，見逐日必有增加，深為喜幸。非自喜辦理有成效，實深幸吾國人對於儲蓄已有深切之認識，確實之履行。

　　儲蓄事業，社會事業也。社會事業之發達，必其關係此事業之相對兩方平均發達而後可。譬諸航海，苟無帆船、無輪舶，雖有乘

1

風破浪之壯志，何得而伸，於以知儲戶有待於銀行。譬諸鐵路，苟無旅客、無運貨，雖有風馳電掣之汽機何所於用，於以知銀行有待於儲戶。有儲戶以雄厚銀行之能力，有銀行以運用儲戶之資本。欲發展社會，兩者不分輕重。

　　自清季迄今將三十年矣，儲戶必有增加，銀行必有進步，此自然之勢，可以憑理而斷之。雖然，理懸於虛，事徵諸實。儲戶增加，增加至若何程度，銀行進步，進步至若何程度，此非可以臆斷者。吾人皆為社會一份子，對於措置整個社會於安全，皆負有責任。語云：“前事不忘，後事之師也”，欲為社會定未來之方針，不可不就社會考經過之軌道。此儲蓄事業經過之前事無論在儲戶在銀行皆所當不忘者也。予素抱見解蓋如此。茲新華信託儲蓄銀行編成《中國之儲蓄銀行史》將付刊，因書所見以為序。

中華民國二十三年七月

餘姚宋漢章

徐可亭先生序

　　勤儉為吾國人固有之美德，習知居積之重要。在昔金融機關不備，只貯藏以待不時之需，未能貯蓄以收孳生之息。其較能利用儲金者，唯置田宅長子孫而已。自歐風東漸，銀行業興，前清光緒三十四年間度支部奏頒各銀行則例內有《儲蓄銀行則例》十三條，並於大清銀行內附設儲蓄銀行。當刱辦銀行之始，卽思恢宏國人居積之風。旋因辛亥改革，行務亦卽停歇。民國三年又由舊財政部飭令中國、交通兩行撥資設立新華儲蓄銀行。此為政府提倡儲蓄之唯一機關，惜未克奏預期效能。其由商人集資專辦此種銀行者，全國中殊不多覯。歷年內地不靖，資金多流入商埠，普通銀行兼辦儲蓄者均極發達。於是凡辦銀行者，殆無不兼理儲蓄。遂有以儲蓄吸收之資金專供本行營運之便利。流弊所屆，貽禍堪虞。本部職掌所關，思患預防，監督不得不嚴。每核辦儲蓄章程，關於資本劃分，會計獨立，當事人負無限責任，存款中央銀行保障儲款諸要端，異常置重。復恐各行奉行不力，又迭派員實施檢查；更令各行造具月結總分表送部查核。其有辦理未盡合法者，如證券購置不及額、投放本行及房地產稍多、庫存準備不裕，罔不嚴飭改正，不稍寬假。淺識者或疑為干涉過甚，不知儲蓄之款就一儲戶言，雖屬零星；就一般儲戶言，卽一國富力之所寄。苟有損失，不啻自削國力。況一方維護儲戶之利益，一方卽健全銀行本身之業務。兩有裨益，並無軒輊其間。新華信託儲蓄銀行總經理王志莘君近著《中國之儲蓄銀行史》一書，徵序及余。輒將本部監督儲蓄之意旨，聊為傾吐。王君於儲蓄極有研究之人也，所辦新華信託儲蓄銀行係就前新華儲蓄銀行改組；承疲苶之餘，運新興之策，成績日著，信用聿昭。近立法院討論《儲蓄銀行法草案》，余與王君各以代表出席，得共上下議論，頗佩其識敏思精。所著書余因簿書鞅掌，雖未及從容細讀，然以王君之經驗學識，決非率爾操觚者可比，此則余敢斷言也。是為序。

徐堪

陳光甫先生序

　　儲蓄事業，為社會事業之一種。其經營之方法，在集合社會零星之游資，而運用於生產及建設之途徑。故其功效，足以提高社會之道德、增進國民之福利、促成經濟之繁榮、鼓勵文化之進步，於國家於人羣，舉有莫大之貢獻。以視一般以營利為目的之企業，固不可同日而語，即以商業銀行而言，其社會之意義，亦遠不足與儲蓄銀行相比肩也。茲請本此觀點，一述我國儲蓄事業過去之成就及其將來之展望焉。

　　我國之有儲蓄銀行，肇始於遜清光緒三十二年之信成銀行，距今二十九年。此二十九年之中，我國儲蓄事業，其發展殊屬迅速。以言存款金額，據民國三年之統計，全國總數僅壹百萬元。而截至二十一年底止，則已增至叁萬壹千肆百餘萬元矣。以言存款之種類，創始之時，種類尚非甚繁，而以迄今茲，則名目層出，日臻完備，凡所以應一般社會之需要者，已無不應有盡有矣。以言儲蓄機關，創始之時，風氣尚未開通，從事於此項事業者，殊覺屈指可數，而今茲則凡係商業銀行，固大都兼營儲蓄，即專營儲蓄之儲蓄銀行及儲蓄會，亦復遍立如林矣。以言存款之保障，創始之時，大都因陋就簡，未臻完備，而今茲則會計均係獨立，責任大都無限，營業狀況按期公告，凡以保障存戶之安全者，均已極周詳之能事矣。以言儲蓄之觀念，則創始之時，社會人士，或未盡了解，往往不免雜以疑詫。而今茲則人民對於儲蓄之名詞，除窮鄉僻壤外，大抵能洞悉其意義，推而至於婦人孺子，亦多耳熟能詳矣。凡此種種，雖半由於社會經濟之進化，然已往儲蓄事業之成就，要有不可諱言者，此吾人於回溯之餘，所不能不引為欣幸者也。

雖然，前已言之，儲蓄事業，係一社會事業，以人羣之福利為依歸，故從事於此項事業者，其使命亦極宏遠，決非可以小成而自畫也。以我國之儲蓄事業而言，過去進步，固難否認，然試加檢討，對於提高社會之道德者幾何？增進國民之福利者幾何？促成經濟之繁榮者幾何？鼓勵文化之進步者幾何？恐雖不能謂為絕無，要未可遽引以自信，斯則今後之努力，為不容緩矣。努力之道，經緯萬端，如何而推廣內地之儲蓄？如何而增加儲蓄之總額？如何而減低存款之利率？如何而改進資金之運用？如何而推行儲蓄之教育？凡此種種，均為今後儲蓄機關之所應努力以從事者。而原其本末，求其先務，則鄙見以為尤在各儲蓄銀行之切實團結、通力合作，而後成效乃有可觀。誠以儲蓄事業，係一整個之社會事業。欲完成此項事業，決非一二儲蓄機關所能為力，而要在集合全體之力量，而推動之、促進之、始克有濟。若由各個儲蓄機關單獨進行，則力量分散，所補殊微，甚或以從事於無謂之競爭，其相互之力量，且相消相殺，而卒歸於無。故鄙見以為我國之從事於儲蓄業者，誠欲使此項社會事業日趨於發揚光大，必須首謀團結合作，而後可以事半而功倍，否則必致事倍而功半，或竟全無功效足述。至謀團結合作之道，竊以為應於現行之同業公會內別設專組，以為促進儲蓄事業之中心集團，或竟另組公會，亦無不可。此項團體，除隨時集議外，並於每年召開年會一次，藉勵已往而策將來。我儲蓄銀行同業，信能循此途徑，邁進不已，則假以時日，其成就必有可觀。由是而求國民經濟之繁榮，與人民福利之增進，庶其有豸，此則不佞之所厚望者也。

中華民國二十三年八月

陳輝德

錢新之先生序

我國貨殖家言，以積蓄為治生之本。歷代國民性大都陶冶於樸儉之美俗，量入為出之懿訓，以故居積儲蓄，相習成風，擁資積財，播為美俗。當是時也，有積財之風氣，而無積財之方法。換言之，能聚財而不能善用其財，社會未盡獲其益，民生不盡被其利。一言以蔽之，無儲蓄機關耳。有之，亦為不健全之合會與不安全之商店存款耳。自光緒三十二年信成銀行成立，參酌日本儲蓄銀行章程，首訂儲蓄存款章程，蓽路藍褸，以開中國儲蓄銀行史之新紀元。同年，鎮江信義銀行亦經營儲蓄業務。光緒三十三年，浙江興業銀行開辦，以商業銀行兼收活期儲蓄存款。其後數年間，儲蓄銀行相繼設立，風發雲湧，以迄於今，大多數銀行無不兼營儲蓄業務者。在積極方面言之，吸收零星儲蓄存款以謀平民經濟利益，養成民間樸儉之風氣，助長社會生產之實力，酌盈劑虛，交受其利。顧在消極方面觀察，此種儲蓄款項苟經營不得其法，將使平民辛苦汗血之錢陷於不安之境地，小之貽害國民經濟，大之擾亂社會金融。此中關係不可不慎之又慎，以穩固一般人之資產也。我國遜清光緒三十四年間早有《儲蓄銀行則例》制定頒布，今歲國民政府復將立法院通過之《儲蓄銀行法》正式頒布，可見政府重視儲蓄之一般。我國儲蓄銀行之大勢，大都為商辦之股份有限公司，且多兼營普通銀行業務；而儲蓄部之資本大都劃分，會計大都公開獨立，以故穩健鞏固之成分以中國儲蓄銀行為最著。在國民經濟、道德兩皆幼稚時代，中國儲蓄銀行之貢獻不可謂不巨也。王志莘君對於儲蓄事業夙有研究，自主辦新華信託儲蓄銀行後，於鞏固行基與維護股東利益以外，更注意於擴大儲金之經濟效用，不可謂非近年儲蓄銀行政策轉變之明證。最近政府頒布立法院通過之《儲蓄銀行法》，王君受上海市銀行公會之託，亦曾參加意見，多所貢獻。乃復積其研究與收采所得，編輯《中國之儲蓄銀行史》一書，調查精確，取材宏富，於我國各種儲蓄機關之歷史與其進展情況，紀述綦詳。復於"儲蓄銀行法規"將其歷次草案產生之經過及內容變遷之點詳為敍述。殿以"總述"一編，檢討儲蓄機關已往之成績，用示其將來應循之途徑。余深佩其用意之深，價值之巨，因為序其大概，以紹介於辦理儲蓄事業之同志焉。

中華民國二十三年八月
錢永銘序於四行儲蓄會

戴立庵先生序

　　新華信託儲蓄銀行總經理王志莘先生及其同人近編《中國之儲蓄銀行史》，先以草稿抵僕，商榷體例。僕於銀行之學，僅知皮毛而已，安敢贊一辭；顧以濫竽金融行政有年，又三度躬與檢查儲蓄銀行帳目，謹書所見以報王君，當否非所計也。吾國之有儲蓄銀行，始於清末。其時《儲蓄銀行則例》初頒，銀行亦方在試辦，尚未能舉儲蓄銀行之實也。入民國後，初無進步。近六七年來，都市游資，消納無所，辦儲蓄者風起雲湧，於是儲蓄銀行乃為舉世所注目。政府亦深知其重要，為保障儲戶利益計，乃有派員檢查儲蓄帳目之舉。以僕三次檢查經驗觀之，每次結果，較前屆均有進步。可知銀行對於儲蓄事業，殆在日求進步之中。當銀行辦理儲蓄呈請政府立案時，政府每以三事相責。三事者：一，資本劃分；二，會計獨立；三，董事、監察人、經理連帶負責是也。劃分資本之義，使儲蓄業務不為一般業務之附庸，會計獨立之義亦猶是；董、監事、經理連帶負責，則為儲款保障最後之壁壘。我國專辦儲蓄之銀行為數甚尟，商業銀行兼辦者居其什九。政府為此辦法，蓋於現實狀況之中寓以儲蓄獨立之精神。最後鵠的，亦在保障儲款之安全而已。顧在十九年第一次舉行檢查時，各兼辦儲蓄銀行中資本未劃分者有之，僅具劃分之名者有之，雖劃分而一切營運仍畸重於商業部者亦有之。及二十二年冬第二次檢查，則上述之流弊已多矯正。今夏第三次檢查，多數銀行不特能舉儲蓄獨立之實，且其資金營運亦漸循正軌，而無嚮者之偏於一隅，此誠可喜之現象。雖政府督促之功，要亦銀行本身之覺悟也。猶憶十九年檢查時，上海方面之儲蓄存款數約八千萬元。今夏檢查，其數已增至三萬萬元。夫存款愈增，銀行之責任愈重，而對社會之關係亦愈切。今幸《儲蓄銀行法》已公布，而是書亦於是時告成，數十年儲蓄銀行之成敗得失，釐然在目，不獨足輔法規所不備，亦足以資反省之助。則是書者，其亦辦理儲蓄銀行之龜鑑也夫。

民國二十三年八月

衢縣戴銘禮敘

張公權先生序

輓近世世道日偷，俗尚浮華，奢靡之風，日以益厲，由斯財用漸窮，民生漸困。懦怯者既以懷抱悲觀，甘自墮落；頑強者更多作奸犯科，填其慾壑。馴致道德陵夷，匪盜充斥，在在表現社會秩序之紊亂，雖董之以嚴刑，臨之以威武，終不足以防弊竇而杜亂萌。憫時之士，深知平亂之道，非治本莫能奏功。為今之計，要在鼓勵民間固有儉德，以養成廉潔之風，始克挽狂瀾於既倒，於是儲蓄之制以興。考儲蓄之說，由來已古，《後漢書》曰：“節用儲蓄，以備凶災”；桓寬《鹽鐵論》曰：“豐年歲登，則儲積以備乏絕”。不過古之所謂儲蓄者，類係民間各別之私藏，無機關以備公共之存貯也。如是私人之積蓄愈厚，則資金之呆擱愈甚，而社會事業，每因以頹廢；故以利弊得失而言，當不如現代儲蓄遠甚。夫儲蓄機關之肇興於我國，猶不過二十餘年間事；此二十餘年中，機關之產生，既如雨後之春筍，而業務之蓬勃，亦幾月異而日新。苟非因時勢之需要，則進展之速，當不至此。第儲蓄銀行與國民經濟之關係，實較普通銀行為尤切；而辦理之困難，亦有甚於普通銀行者。積多數人血汗之資，戶散而數小，設不幸而遇有風潮，應付之難，無異發行銀行紙幣之擠兌。且我國民間借貸習慣，利息頗高，儲蓄銀行為吸收儲金計，利率不得不隨之優厚；是故儲蓄銀行欲謀基礎之鞏固，務當求投資之安全與有利，方能應付不竭。惟我國比年來農村破產，工商衰敝，不景氣象，瀰漫全國；銀行投資途徑，日趨室狹，而安全有利，尤難兩全。儲蓄銀行非恃主持得人，處理事變，有過人之才識，對於投資，有精密之研究，具朝乾夕惕之毅力，懷臨深履薄之戒心，必至捉襟見肘，敗象立見。抑尤有進者：儲蓄銀行吸收多數平民之資金，代表一部民衆之實力，則其投資在安全及有利條件外，更應負開拓社會事業之使命，以謀平民福利為目標，而後儲蓄之效能始著；固不僅按期還本給息，卽可謂已盡裨益社會能事也。王君志莘，純樸篤學，銀行界英宿也。近以《中國之儲蓄銀行史》相示，並屬序焉。觀其書凡四編，分十二章，對於我國儲蓄機關浮沉升降之跡，均有片斷之紀載，而結論尤有獨出心裁處。夫凡百事業，非先深求己❶往之變化，決不足以言將來之改進，此書蓋有為而作也。王君綜理新華銀行行務有年，新華在我國儲蓄銀行中，歷史最久。處我國政治經濟環境之下，能歷二十年而不墜，且業務日盛，信譽日隆；開辦雖早，氣象獨新，是非王君積學有素，運籌有法，曷克臻此？今我國儲蓄機關，雖已有相當發展，而組織健全，適合儲蓄事業條件者，尚不多覯；而新華獨能於擴大存款之經濟效用一點，特加注意，將來本此宗旨，逐步改進，當不失為中國儲蓄銀行之楷模。則此書謂為代表新華之作品也可，謂為王君個人積學之結晶也亦無不可。王君體察銀行輔助社會之真義，而具有維護社衆之熱忱，假新華以運行其方略，斯新華業務之進展，卽社會民衆之福利；使王君專致力於儲蓄事業之改善，推廣之使深入內地，則向日浪費無度者，當必知節而貯之，而國民經濟之繁榮，指日可待耳。嘗謂今日中國之所患，不在已發之亂，而在無弭亂之人。王君果能倡導儲蓄以提高平民生計，使之樂歲終身飽，凶年得免於死亡；匪盜雖衆，

---

❶ "己"當為"已"。——編者註

當可不剿而自滅，未始非求治之道也。此書而旣付梓矣，不覺佩之
深而望之至切，於是乎爲之序。

民國二十三年八月

張嘉璈

唐壽民先生序

　　人無遠慮，必有近憂。儲蓄者，遠慮之所致也。蓋人孰不欲裕
生事，利後嗣，其勤勞所得，遂不得不節有餘以防不足；或利用餘
資以擴大其效用，又或此蓄彼用，週轉融通，各盡所能而共享其利。
社會經濟遂亦日卽於演進，此殆自然趨勢，古今中外皆然也。若夫
經濟狀況，類皆變動不居，所以儲積而利用之者，亦不得不隨時勢
而變遷。我國儲蓄機關昉自晚清，民國以來，漸臻發達。其間因革
損益，變化遞嬗，在在與社會情況相倚伏；而利弊所在，亦自有因
果存焉。此從事儲蓄業務者所宜探討，卽通常之人亦詎可不知其崖
略哉。吾友王君志莘積學深思，從業之餘，搜集我國歷來儲蓄銀行
資料，輯為《中國之儲蓄銀行史》一書。按其章次，有緒言以明其
義，有故實以詳其事，又復考證法規，編列統計，較量乎得失而勳
中肯綮。燦然大備，洵為宏著，不惟銀行界可資借鏡，凡留心儲蓄
事業，與夫遠慮之士有志儲積者，不可不手置一篇也。書成，徵序
於予，故略述所感，為之紹介云爾。唐壽民謹識。

陳健庵先生序

　　夫吾國積儲之風，自古已有。儲蓄銀行始有於清，而輯為專史則未之見也。是書之成，王君志莘窮年累月，廣採博搜，翔實無遺，誠為傑構。余不文，竭其愚陋，不足以表彰是書於萬一，姑就一得書以為序。居嘗以為儲蓄事業之重要，在其深入社會各種階段，培養其節儉習慣，遂能以大多數人民之餘力，積而成為偉大之經濟力量，以發展社會之經濟事業。此種力量往往足以變更一時代之制度。是故經營儲蓄事業者，對於培養儲蓄習慣以深入社會一點，實不容忽視也。返觀我國儲蓄事業，資本總額不及二千萬圓，儲蓄存款亦不過四萬萬圓。視歐美先進諸國，相距寧可以道里計。顧吾國幅員之廣，人口之繁，倘以此例彼，儲蓄之款數僅及百一，固由於國民經濟情形遠不如彼，而儲蓄習慣不能深入民間，培養而發育之，於此可見矣。嘗推其所以不能之由蓋有二端，曰：習慣之培養，未得其法，及資金之運用未盡其利也。但顧吸收存款，而不擇吸收之手段，不得謂為培養得法；但圖運用資金，而不問用途之當否，不得謂為用盡其利。二者互為因果：存款之吸收不得其法，則資金之運用必入岐途；反之，資金之運用不得其當，則存款之吸收必愈趨險境。所幸近年來儲蓄事業之資力日見加厚，而社會之監督、政府之法令亦漸臻嚴密，是則前途發展猶未可限量。於此而覺儲蓄事業史之不可少，更覺王君所著之《中國之儲蓄銀行史》彌可貴也。蓋史所以記實，鑑往方可知來；史之為用，即在於此。顧著史者往往易參以主觀，不獨既往不可信，而未來亦無所依。王君此書最可貴者，

主觀之敍述少，而統計之材料多。然統計數字乃最乾燥之文字，苟
用之不得其當，觀之無異嚼蠟，復何史之可言。王君能於死統計中
尋出活意義，且能發揮其深遠之意義，其影響於未來之儲蓄事業，
蓋非淺鮮也。是為序。

中華民國二十三年八月

諸暨陳行

徐寄廎先生序

　　民國紀元以前，我國金融並無組織，民間財富僅知有"窖藏"而已，僅知有"撲滿"而已。清末銀行肇興，政府尚不知利用民間之財富，以調劑市面。民國創造，百度維新，銀行則逐漸設立。儲蓄銀行自新華儲蓄銀行始，商業兼儲蓄銀行自上海商業儲蓄銀行始；其餘商業銀行不以儲蓄名其行，而實際兼辦儲蓄者，自浙江興業銀行、浙江實業銀行、四明銀行、江蘇銀行始。若信成、信義中途輟業者無論矣。"儲蓄"二字，仿自東瀛。我國幅員之廣，生聚之繁，苟化"窖藏""撲滿"為儲蓄，其數必大可驚。竊查二十年來，除儲蓄銀行、儲蓄會及商業儲蓄銀行外，其餘商業銀行、實業銀行、信託公司靡不兼辦儲蓄。十年以前與二十年以前之統計，今日以前與十年以前之統計，其數當千萬倍矣。假使以一縣為單位，或以一巨鎮為單位，各設一儲蓄分處，吸收民間不盡之藏，就近救濟農村，維持輕工業，其利益亦必倍蓰，其資金亦不至羣趨集於都市也。新華信託儲蓄銀行頃以二十年紀念編纂一《中國之儲蓄銀行史》，搜集各項儲蓄材料，裒然成巨帙，屬予一言以為序。新華創自民國三年，民國十八年改組，延王君志莘主其事。王君一努力事業之人，平日以刻苦自勵；不及三年，新華乃煥然改觀。倘志莘以新華及儲蓄為終身事業，則十年、二十年後，其成績必為他行冠，此非予之諛詞也。

民國二十三年八月

永嘉徐寄廎謹序

自序

儲蓄事業，現代之產物也，其歷史祇有一百餘年。英國產生最早，美國、歐陸諸國繼之，日本則仿自歐陸，我國又取法日本。故自世界儲蓄事業史觀之，我國實在後進之列。然自清季信成銀行之設立，迄今亦已二十有八年矣。其間機關之成立者幾何，失敗者幾何，業務得失進展之情形如何，政策變更之跡象如何，與夫現在之狀況如何，尚無專書記其概略。辦理儲蓄事業者固無以資考鏡，學術研究之士亦每引為憾事也。志莘研究儲蓄素感興趣，輒不自量，早有整理中國儲蓄銀行史實之志。平日對於儲蓄史料，一鱗一爪每好收集。近年任事新華信託儲蓄銀行，各方友好以新華設立廿載，在我國儲蓄銀行中歷史最久，頗有以我國儲蓄銀行史事相討論者，於是益感此事之不容復緩。乃於去年起始，董率同事，周諮耆宿，搜集材料，輯成此書，乘本行二十週年紀念之機會出版問世。固知倉卒編次，謬誤孔多，聊以供同好研究之資料而已。

本書付印於今年五月，迨七月初《儲蓄銀行法》頒行時，卷首編例及第一編業已印竣，不及修改；其餘各編涉及法規之處，則俱經補正。前後有不符處，即以此故。又統計數字在印刷期間仍隨時增補，故第四編所列與首編間有不盡同處，要以第四編為準。

本書材料之收集與整理，本行服務部同事華君文煜等幫忙為多，此外得各處機關及個人之助力亦不少。其中機關如上海鴻英圖書館（舊名人文圖書館）及供給材料之各儲蓄機關，個人如宋漢章、楊次梁、陳漱六、林春丞、戴立庵、董孝逸、許元方、方根生、張志剛諸先生匡助尤多。

　　書成之日，復承馬寅初先生惠賜論文，宋漢章、徐可亭、陳光甫、錢新之、戴立庵、張公權、唐壽民、陳健庵、徐寄廎諸先生寵以敘言，此皆志莘所感激不盡者也。

中華民國二十三年九月

王志莘

編例

一、儲蓄銀行有廣、狹二義。狹義之儲蓄銀行卽經營儲蓄業務之銀行，廣義之儲蓄銀行包括各種儲蓄機關在內。本書從廣義。間為行文方便起見，用“儲蓄機關”四字以代廣義之儲蓄銀行。

二、本書共分四編：第一編“緒言”，概述我國各種儲蓄機關之進展情況；第二編“各種儲蓄機關史”，以類相從，以設立、辦理儲蓄或創議之先後為次序，逐家紀述為原則；第三編“儲蓄銀行法規”，敍述《儲蓄銀行則例》及歷次草案產生之經過及內容變遷之點；第四編“總述”，檢討我國儲蓄機關已往之成績，用示其將來應循之途徑。

三、本書有附錄四，彙錄我國有關儲蓄事業之重要法令與草案。

四、本書資料之來源有三：一為本行直接調查所得，一為前人與時賢纂著，一為各界供給之資料，而以取諸調查者為多。編有參考資料要目附後。

五、本書紀述之時期上自光緒季年，下迄民國二十三年夏。範圍包括全國各種儲蓄機關，惟辦理儲蓄之外商銀行、外商信託公司、錢莊、中外保險公司四者，以材料收集特難，未及詳述，再版時希望能增入之。

六、本書注重歷史之敍述，至各種業務之辦法，希望另有研究以補充之。

七、本書目錄及標題上，凡已經停辦及計劃未實現之銀行俱加標識：前者加＊號，後者加＊＊號。

八、本書行文祇求明晰，不求其工，閱者諒之。

九、本書成於倉卒，取材容有未審，掛誤更所難免。倘荷閱者進而敎之，俾再版時訂正，實所厚幸。

第一編　緒言

第一章　儲蓄機關史概觀

我國古訓相傳，儉樸為美德之一。居積儲蓄，為世所重，然而儲蓄機關，晚清以前未有也。"撲滿"一物，創始甚早，說者謂漢以前即有之。顧其用祇為積儲之工具，防金錢之耗散耳。在取用以前，與死藏等也。商店存款為我國原有儲蓄方式之一，至今猶存，然不甚普遍。其家喻戶曉，到處通行者，有合會之制。合會者，聚零為整、通濟有無之民間信用合作制度也。我國原有之儲蓄方式以斯為主。今日儲蓄機關雖已相當發展，而民間合會制度依然存在，且其流行之廣不減曩昔也。

我國之有儲蓄機關，當以光緒三十二年信成銀行之成立為始。其時吾國工業化逐漸發展，上海得風氣之先，各種工廠爭相設立，人口集中之現象，漸為識者所注意。工人日獲之資，所積甚微，存儲無地，不免耗散。商人周廷弼氏等有鑒於此，遂參酌日本儲蓄勸業銀行章程，籌集資本五十萬元，設信成銀行，首訂儲蓄存款章程，以開風氣。其詳細辦法大都取法日本。該行設總行於上海，並開我國各銀行設立分行之例，在上海、無錫、南京、天津、北平各設分行一所，營業甚為興盛。同年，鎮江開辦信義銀行亦經營儲蓄業務。光緒三十三年，浙江興業銀行開辦，以商業銀行兼收活期儲蓄存款。翌年，北京設北京儲蓄銀行，首先專營儲蓄。民國元年，法商在滬設萬國儲蓄會，開我國有獎儲蓄之端。三年，中國、交通兩銀行創新華儲蓄銀行。開辦之初，專營儲蓄，其後兼營普通銀行及信託公司業務。此外，各地經營儲蓄業務之機關相繼設立，除內地各省所設之官錢儲局外，計有銀行、郵政儲金局、儲蓄會、信託公司、普通公司商號等類。其發展演化之情形頗有可紀者，請簡述之。

（一）銀行

我國銀行經營儲蓄已有二十八年之歷史，其開始之年為前清光緒三十二年，即西歷一九〇六年。是年，信成、信義兩銀行成立，經營儲蓄。其後數年間，各地儲蓄銀行紛紛開設，然而數量之猛增，實自民國成立以後始。計設立最湧之時期有二：一為民國十年及其前後數年，一為最近數年間。而清季設立之銀行亦有添辦儲蓄者。據調查所得，我國自有儲蓄銀行史以來，除外商在華設立者外，總共設立經營儲蓄業務之銀行不下一百四十家，然歷年失敗停辦者亦有五十餘家之多；現在存者約九十家，其中頗有歷史悠久，信用卓著者。茲請從組織、業務與政策三方面考察我國銀行儲蓄事業發展之大勢；至其與法規之關係，亦指出之。

就組織方面觀察，我國銀行儲蓄事業之大勢，可發現數端：

（一）我國儲蓄銀行以股份公司組織者為主。歐美各國之儲蓄銀行種類繁多：有均利儲蓄銀行。此類銀行不發股票，不招資本，吸收零星儲蓄存款，以謀平民經濟利益。所收儲款，大都用以購入國庫證券及地方政府公債。所獲利益，除支付必需用費外，另提若干成為公積金；餘作純利，按儲蓄金額分配儲戶。有股份儲蓄銀行。發行股票，招集股本，組織悉依股份公司。有担保儲蓄銀行，係融合均利與股份兩種儲蓄銀行組織而成。其儲金分特別與普通兩種。特別儲金含有股本性質，其額與普通儲款成相當比例，蓋寓担保普通儲款之意。若營業虧損，須由繳納特別儲金者完全担負。至若分配盈餘，則普通儲金者得先期約定之利息。苟每年所獲利益除營業開支及支付普通儲金利息外，尚有盈餘，則由特別儲金戶依照特別儲金額比例分配之。有合作儲蓄銀行，亦稱平民銀行，或信用合作社。此類銀行之資金大部為會員之零星儲款，出貸與會員，助其生利。其組織要素在會員合作。歐美各國之儲蓄銀行有此四種組織，我國則向以股份公司組織者為主。均利儲蓄銀行，在我國尚無其例。担保儲蓄銀行，除四行、四明兩儲蓄會之組織近似外，銀行中亦無其儔。合作儲蓄銀行，祇上海有國民合作儲蓄銀行及各地有小規模之信用合作社，皆不甚佔重要。惟股份公司組織之儲蓄銀行則甚普遍，其中尤以股份有限公司組織者為最多。蓋自光緒二十九年冬頒布《欽定大清商律》，我國卽有公司法。信成銀行卽按股份有限公司組織者。光緒三十四年頒布之《儲蓄銀行則例》（見附錄一甲）第二條又規定儲蓄銀行必須為各種公司組織，其後各地儲蓄銀行卽遵照此項規定設立，都為公司組織。其中間有初辦時獨資經營或合夥組織者，亦都逐漸改為股份有限公司矣。據調查所得，現在採用無限公司組織者惟惠豐儲蓄銀行，採用股份兩合公司組織者惟聚興誠銀行而已。

（二）我國儲蓄銀行以商辦者為多。我國最早設立之信成、信義兩家經營儲蓄業務之銀行俱係商辦。及光緒末年，政府撥官帑十萬兩在京師開辦專營儲蓄之北京儲蓄銀行，是為儲蓄銀行由商辦入官辦之始。該行辛亥年受革命影響停業。其後各省省辦銀行及官錢儲局紛紛設立，但其儲蓄業務皆不甚佔重要。民國三年，中國、交通兩銀行遵財政部令設立新華儲蓄銀行，為一半官辦之儲蓄銀行；後添招商股，官辦之性質遂微。十八年交通銀行添辦儲蓄，成為半官辦儲蓄銀行之勁旅。至於民國成立後各地設立之其他儲蓄銀行，除省市立者外，都屬商辦。故我國儲蓄銀行以商辦者為多。

（三）我國儲蓄銀行都兼營普通銀行業務。我國自有儲蓄銀行史以來，儲蓄銀行大都兼營商業銀行業務，專營者實佔少數。信成銀行籌辦之初，原擬專營儲蓄。後創辦人周廷弼氏東遊日本，考察彼邦銀行事業，並與彼邦洞明銀行學理者斟酌討論，覺按當時我國之情形，辦理銀行衹能以儲蓄業務為普通銀行之一部；以儲蓄收入之款存入普通銀行，儲蓄付出之款取諸普通銀行，以便運輸貫注。故改變計劃，將信成銀行改為普通商業銀行，而將儲蓄銀行附入其中另櫃辦理。光緒三十四年頒行之《儲蓄銀行則例》亦規定各銀行經呈報批准，得兼營儲蓄業務（第十一條）。其後設立之儲蓄銀行什九效法信成，取兼營之制。專營儲蓄者，北京儲蓄銀行以後，以新華儲蓄銀行設立最早。然自民國六年以降，亦添營商業及信託銀行業務。歷年以來，各地設立之銀行專營儲蓄者寥寥無幾，大都兼營普通銀行業務者也。

我國之儲蓄銀行雖以兼營者為多，然其儲蓄業務自始即含獨立之意味，觀乎各銀行之名稱即可知之。我國另櫃兼辦儲蓄業務之銀行有兩種稱名方法：一法總稱曰某某銀行，或某某商業儲蓄銀行。其經營商業銀行業務之部分對外稱某某商業銀行，經營儲蓄銀行業務之部分對外稱某某儲蓄銀行。此種稱名方法，以信成銀行刱其端。該行總稱信成銀行，其下分稱信成商業銀行與信成儲蓄銀行。其後仿效者不一。又一法稱某某銀行儲蓄部或儲蓄處。據調查所得，此法以江蘇銀行採用最早，該行在民國二年即設儲蓄處。迄乎今日，大多數兼營儲蓄之銀行皆特設專部或專處，而稱為某某銀行或某某商業儲蓄銀行儲蓄部或儲蓄處矣。足見銀行儲蓄雖多兼營，然自始即含獨立之意味也。

（四）我國各銀行儲蓄部資本大都劃分。我國儲蓄銀行之資本，《儲蓄銀行則例》規定須五萬兩以上。歷年註冊設立之專營儲蓄各銀行，其資本額均遵此規定。至於銀行儲蓄部分之資本都與他部劃分，最低有從權撥五萬元者。綜觀各銀行儲蓄部資本佔全行實收資本之百分數大都甚小。據調查所得，二十二年底佔全行實收資本百分之五十者祇三家，自百分之二十五至百分之十者最為普通。蓋因吾國習慣向視儲蓄為普通銀行之附屬業務，故儲蓄部分之資本多由全行資本中劃撥，且祇一小部分也。

（五）我國各銀行儲蓄部之會計大都公開獨立。自江蘇銀行設儲蓄處後，各銀行之兼營儲蓄業務者相率設立儲蓄部或儲蓄處，撥定資本或基金，會計公開獨立。每半年決算一次，聘會計師檢查帳目，造具報告，登報公告，盈虧皆不與其他部分混合。此種趨向在民國十五年後尤著。

（六）我國儲蓄銀行之理事人負連帶無限責任。光緒三十四年頒行之《儲蓄銀行則例》規定“儲蓄銀行之理事人所有行中一切債務均負無限責任。遇更換時有經手關係之債務，須二年後責任交卸”，故其後設立之儲蓄銀行及普通銀行之儲蓄部或儲蓄處所訂章程均有類似規定，以符法令，而厚儲金本息之保障。然而以前未見實行，近年始切實注意。停業各行之儲蓄部存款皆由理事人負連帶無限責任，如數清償。

次從業務方面觀察我國儲蓄銀行發展之大勢。儲蓄銀行之主要業務不外儲金之吸收與運用。據現有殘缺之統計，民國三年底全國各銀行之儲蓄存款祇一百萬元，十年底增至一千一百餘萬元，十五年底增至三千四百餘萬元，二十一年底則暴增至一萬七千一百餘萬元，二十二年底更增至二萬三千萬元，增加之率不可謂緩。原因有由於儲蓄銀行本身者，有由於外界者。儲蓄銀行設立愈久，則其吸收之存款自必愈多；近年銀行家數及分支行辦事處增多，服務週到，吸收儲款尤為有效；而銀行在都市施行節儉儲蓄教育之努力，亦為儲蓄存款近年暴增之原因由於銀行本身者也。由於外界者，厥為農村衰落，資金集中都市，工商業投資之出路狹隘，擁有資金者相率儲存銀行，以生利息，故銀行之儲蓄存款額突飛猛晉也。至於資金之運用，據二十二年底之統計，現金及銀行往來約佔百分之五十，抵押放款約佔百分之二十四，有價證券投資約佔百分之二十二，房地產投資約佔百分之四。茲先述儲金吸收之情形，資金之運用一項，容於下文討論儲蓄銀行之政策時論之。

我國儲蓄存款種類繁多，招徠方法不一其術。儲蓄存款大別分為活期、定期兩種。活期儲蓄卽信成銀行所稱之零星存款。其憑摺取款者，大都滿洋一元卽可開戶。定期儲蓄自始卽有零存整付、躉存零付及躉存躉付三種方式，其後又添存本付息之辦法。儲金之名稱有依其存取之方法稱者，如零存整付儲蓄存款、整存零付儲蓄存款、整存整付儲蓄存款，等等；有依其性質或意義稱者，如教育儲金、勞工儲金、婚嫁儲金、興業儲金、人壽儲金、養老儲金、團體儲金、有獎儲蓄，等等。總之，多其方法，以適應儲戶之需要，達到提倡儲蓄之目的。至於招徠儲款之方法，則有廣告、贈品、出租儲蓄匣、提高利率、設辦事處與給獎，等等。儲蓄銀行廣告之術日新月異，往日祇藉報紙雜誌廣告及傳單，今則有增用窗飾、廣告信及演講者矣。贈品亦隨時地而變，今日採用最普遍者為皮夾、皮箱、紀念冊、及其他日用必需之品。出租儲蓄匣亦為儲蓄銀行吸收儲金之一術。其法昉自我國舊有之撲滿，惟近年已不甚通行。提高利率為招徠儲金最普通之方法。儲蓄存款之利息皆為複利，大都每半年结算一次。我国初有储蓄银行时，其储金利率本不甚高。民国十年左右，储蓄银行设立甚多，互相竞争吸收储款，利率曾一度趋高。最近数年因社会游资充斥，集中银行，同时运用困难，成本负担不能不图减轻，故储蓄利率稍呈下降。储蓄银行已不如从前以提高利率为吸收储款之手段，而以信用鞏固、服务週到为招徕之工具矣。近年各储蓄银行尚有一顯著之趋向，即在热鬧市区多设办事处。此种趋向以上海商业储蓄银行为先导。其主要之目实在"送银行至社会"，扩大服务范围，提倡俭德，吸收储金。至于高悬巨獎，吸收储款者，在昔固曾盛极一时，近年以来颇为興論所不許，各银行中已鲜有用为勸誘储蓄之方法者矣。

储蓄银行之主要业务，固在储金之收受及运用，然而因经济力量之集中，亦可取得承受社会委托之资格，如委托保管、保证、运用、整理、设计，等等。故今日少数办理新穎之储蓄银行，除经营储蓄业务外，有兼營信托业务者，第事属草創，猶未臻發达之境耳。

最后，自政策方面观察我国储蓄银行事业之大势，可从资金运用及盈餘分配两方面述之。

（一）我国储蓄银行资金之运用，前論储蓄银行之业务时曾約略提及。光绪三十四年之《储蓄银行则例》对于资金运用之范围並未规定，是以储蓄银行各行其是，漫无準繩。在抵押放款、證券購置、房地产投资与存放银行四条途径中，存放银行之额佔百分数最多。蓋因我国储蓄银行都兼營商业银行业务，储蓄部收入之款，每供他部运用，故资金之一大部分用为"存放银行"；近年社会不寧，工商衰歇，押放业务，不能扩展，適于储蓄银行投资之途径甚为狹隘，不得不用为同业存款，或商业部往来，以生利息。綜此二因，我国储蓄银行资金之运用遂以存放银行佔一大部分。次于存放银行者为抵押放款。其用為押品者，以存單存摺、有價證券佔多數，房地產道契❶次之，工廠生財又次之。證券購置以本國公債庫券為主要，外國及外人在華之公私證券次之。市區房地產投資所佔之百分數最小。夫儲蓄銀行資金之運用有理想之標準三：一曰安全，二曰有利，三曰擴大儲蓄存款之經濟效用。但運用之時不免處處受實際社會政治經濟環境之影響。由前二項標準觀之，我國儲蓄銀行資金之運用頗得其宜，然而對於儲金之經濟效用一點，以限於環境，尚少顧到。儲蓄存款本為當地民間錙銖之積，代表一部分民間之實力，照理當用以發展當地社會事業，以裨益當地人民，故凡當地國人創辦確實可靠之實業，債券股票應在投資之列。乃以社會秩序杌陧，經濟狀況普遍衰落，此類證券我國儲蓄銀行敢於投資者甚少。近年始有少數銀行經營代理發行及買賣公司債券股票等事，以期促進其流通，擴大資金運用之範圍，增加儲金之經濟效用。然而此種努力之成效如何，尚須視一般社會政治經濟之環境能否改善為斷。近年儲蓄銀行又有試辦農村放款之趨向，成效雖未大著，究不失為資金運用之一條正路也。

（二）我國之儲蓄銀行既以公司組織為主，當然以營利為主要目的之一，然而盈餘分配之方法足以表見銀行之政策。我國儲蓄銀行盈餘分配之方法各不相同。大都先提法定公積金及股利，然後分派為特別公積金、股東紅利、董事監察人酬金、職員花紅諸項，皆着眼於鞏固銀行基礎與增加股東利益，對於擴大資金之經濟效用一點顧及較少。近年始有新華信託儲蓄銀行在其修正章程之中規定，每

---

❶ 舊社會由上海海關道為租界內的土地"租丘"（其實是購地者）簽發的租契。——編者註

年決算所得盈餘除先提法定公積金與股利外，如有盈餘，得按特別公積金、低額信用貸款準備金、公益費基金、股東紅利、董事監察人酬勞金及職員獎勵金之次序分配；非特從鞏固行基與維護股東利益着想，且向擴大儲金之經濟效用努力，不可謂非近年儲蓄銀行政策轉變之明證也。

（二）　郵政儲金局

郵政儲金局為官營之儲蓄機關，在歐美稱為郵政儲蓄銀行。我國之有郵政儲金局始於民國八年。初辦之時，全國有儲金局八十一所，十八年末有二百零六所；十九年郵政儲金匯業局設立，局數大增；至二十二年六月底，全國共有儲金局五百八十六所。總計十四年間增至七倍有奇。民國八年末，全國郵政儲金祇十萬餘元，十八年末增至一千一百四十餘萬元，二十二年六月終增至二千五百餘萬元。十四年間增至二百五十倍，尤以十九年後增加為速。郵政儲金匯業局成立以前，儲金俱為活期性質；十九年該局成立後，擴充儲金種類，增收定期儲金，然仍以活期性質者居其大半。儲戶數在民國八年末祇二千三百二十戶，十八年終增至七萬一千二百二十七戶；儲匯局成立以後增加尤速，二十二年六月底有十五萬一千五百六十五戶。十四年間增至六十五倍。其職業向以商、學兩界為最多，軍、政兩界次之，農、工、郵政人員與公共團體又次之。儲金都零星小額，本息在十元以下者約佔儲戶總數百分之四十以上。至於儲金之運用，則三分之二以上為各項投資，三分之一以下為放款及透支云。

（三）儲蓄會

儲蓄會之方式殊多，然可歸納為普通有獎及其他三類。普通儲蓄會分東三省系及關內銀行組織者兩類。東三省系之儲蓄會始創於光緒季年之鎮江羨餘儲蓄會，該會係陳漱六氏所創辦。民國肇興後，陳氏在東三省聯合張志良、王建極諸氏極力鼓吹儲蓄會事業，各地仿設者極為踴躍。至民國十五年時，東三省共有儲蓄會總會七十餘處，分會三百餘處；集基金達奉大洋❶二萬萬元。其所以發達如此之速者，最大原因為東三省情形特殊，放款息高，儲蓄會利用資金從事放款，獲利甚厚，故爭相組織；又因股額尠小，每股僅自三元至三十六元，且分期繳納，故招集容易。此種儲蓄會資金之來源，以會員繳納之股本為大宗，間亦收受各種儲蓄與普通存款。至其資金之運用，則有有保信用放款、房地產、有價證券及貨物押款與實業投資等途徑。最發達之時期為民國十年至十五年之間，勢力非但瀰漫全東三省，且推及關內，如北京之北京儲蓄會、金餘儲蓄會等悉係仿照關外成法辦理者也。十五年後，因奉省軍事勃興，奉票價值大落，各儲蓄會之基金都以奉幣計算，至此根本動搖；又以地產投資損失、呆帳太多之故，停辦者甚多。據最近調查，祇存十餘家，非復當年盛況矣。至於關內銀行組織之儲蓄會，則有四行儲蓄會與四明儲蓄會兩家，其組織與歐美之担保儲蓄銀行近似。惟四行、四明兩儲蓄會除由基本會員担保普通儲金本息外，尚採取普通會員分紅之制，含有合作投資之性質，担保儲蓄銀行則否；同時担保儲蓄

---

❶ 奉天造幣廠及吉林造幣廠在清末鑄造的銀圓。——編者註

銀行之特別儲金與普通儲金成一定比例，而四行、四明兩儲蓄會之章程俱無此規定耳。按四行儲蓄會創設於民國十二年，為鹽業、金城、中南、大陸四銀行合夥組織。以四銀行為基本會員，各繳基本儲金二十五萬元，合一百萬元，負担保普通儲金本息之責；其他儲金人均稱會員，除得預定利息外，得分享紅利。初辦之年儲金祇一百四十餘萬元，以後逐年增加，至二十二年底達七千七百餘萬元，為我國儲蓄機關吸收儲金最鉅者。總計在十四年間增加五十五倍。其資金之運用，以抵押放款證券投資居大半，房地產及銀行往來佔一小部分。四明儲蓄會於民國二十二年四月方始成立，由四明銀行就公積金項下撥款五十萬元創辦，辦法大都仿照四行儲蓄會。雖創辦不久，業務已甚發達。

有獎儲蓄會以民國元年法國人在滬創辦之萬國儲蓄會為嚆矢，其後二十餘年間，中外商人之踵辦者不下十餘家。顧大都為謊騙性質，歛錢之目的既達，卽相率倒閉，歷史俱極短。今日存者惟萬國儲蓄會中法儲蓄會兩家。萬國儲蓄會發行有獎儲蓄會單，儲戶分全會半會及四分會三種。全會月繳十二元，半會月繳六元，四分會月繳三元；滿十五年時，全會得領二千元，半會得領壹千元，四分會得領五百元，並略加紅利。獎金在每月全體儲款中抽取四分之一，每月開獎。得特獎者全會得五萬元，頭獎者全會得二千元，不滿全會者依此類推，餘尚有許多小獎。民國元年終祇三百五十會，二十二年春達十二萬會，同年終儲款總額達六千二百餘萬元。其資金之運用，有價證券與抵押放款各佔百分之四十以上。而有價證券之中，外國政府公司證券之投資較中國證券投資為多，此深可注意者也。中法儲蓄會成立於民國七年，初係中法商人合資創辦，十五年歸國人獨辦。其儲金章程除以二千五百元為全會，並設五分之四會、五分之三會、五分之二會及五分之一會外，略同萬國儲蓄會，但業務之發達則不如遠甚。此類有獎儲蓄，儲期甚長，利息極薄，儲戶中途停繳，吃虧尤大，故頗為社會所反對，歷年取締禁止之呼聲不絕。十七年全國經濟會議開會之時，財政部金融監理局有《取締有獎儲蓄條例草案》（見附錄三）之提出，十九年全國工商會議又有取締萬國儲蓄會之議案，然均未實行。二十三年五月，第二次全國財政會議又通過取締有獎儲蓄會之議案，交財部辦理。

其他儲蓄會有儉德、興業、保險與公益四種。儉德儲蓄會以養成會員儉德為宗旨，如上海之儉德儲蓄會（現改稱中華儉德會）等是。興業儲蓄會以輔助會員積資興業為宗旨，範圍有大有小，歷史有久有暫，各地都有。保險儲蓄會以便利會員儲款作親長或本人身故喪葬費為目的。此種儲蓄會亦遍地皆是，而在閩冀兩省最為發達，如老人會、福壽會、長壽會、孝子會、長生會、壽緣會等皆是其例。清末福州有父母軒之辦法，由商家團體集合主幹。投保者每名月納小洋三角，以一百個月為滿期；期內發生不測，領回小洋三百角。倘距滿期尚差若干月，領款人仍須補足為止；如百月期滿健在，則亦祇收三百角。主辦人利益甚厚。民國五年，福星人壽小保險公司成立，投保者月納一元，亦得加倍或減半。起納十個月內出險，只還原本；十個月外出險，月納一元者賠五十元；四十個月外賠一百元，八十個月外賠一百五十元，一百五十個月滿期償二百元。創辦以後成績尚可。民國十年，華南儲蓄銀行設儲蓄百壽會，投保者極為踴躍。現卽福州一埠，類似之公司已有二十餘家之多，可謂盛已。河北各縣壽緣會甚多，惟辦理完善、信用卓著者極少。公益儲蓄會以積資從事公益事業為目的，如橋會、路會等皆是。此類之儲蓄會各地都有，其歷史想必甚遠也。

（四）信託公司及普通公司商號

　　我國國人創辦之信託公司事業祇有十三年之歷史，兼營儲蓄者現僅五家。民國十年終儲蓄存款有一萬餘元。其後逐年增加，至二十二年終達五百餘萬元，增加甚速，然在全國儲蓄存款總額中所佔百分數仍祇百分之一耳。至於普通公司商號亦有兼營儲蓄業務者，此蓋從前商家存款之變相也。所不同者，以前商家吸納存款都不公開招攬，係由相識戚友轉輾介紹而來；民國以後始有以公開廣告之方法，特設專櫃，吸收存戶儲金者。但自二十年起，已由政府加以取締。

　　我國儲蓄機關發展之概況略如上述。各種機關發展之速率至不一致，而各家業務盛衰之情形亦不相同。本編所述，僅發其凡，詳細情形容於以下數編敍之。

第二编　各種儲蓄機關史

第二章　經營儲蓄業務之銀行

我國銀行之經營儲蓄事業垂二十八年。在此期中，各銀行興衰不一，起伏靡常。有甫經成立，即告消滅者；有初甚活躍，旋呈銷歇者；有信用卓著，方興未艾者；亦有空有計劃，未見成立者。茲按其設立或辦理儲蓄之先後，一一述之。計劃未實現者亦按其創議籌備之年份列入，所以示當時人士對於儲蓄事業之認識與熱心也。

（一）＊信成銀行

信成銀行開業於光緒三十二年四月初五日，為我國儲蓄銀行之鼻祖，亦為我國儲蓄機關之鼻祖。該行為商辦之股份有限公司，創辦人為周廷弼、唐浩鎮、劉樹屏、劉樹森、沈懋昭、孫鳴圻諸氏，担任集股者為王震、顧履桂、鄭寶賢、徐文淵、洪恩苞、李鳴鶴諸氏。辦法大都仿照日本各銀行之成規，以商業銀行兼營儲蓄，對工人儲蓄，提倡甚力。滿洋一元即可開戶存款，利率自年息四厘至七厘，俱以複利計算。凡修學、婚嫁、養老、興業、學校及善堂存款利息特別加厚。辦理儲蓄部份星期日照常辦公，以便工人。每年結賬兩次，年終刊布營業報告書。首設分行代理處，並創積餘股份之制（詳見下列《積餘股份章程》）。各種章程及辦事規則極為詳備，後之辦理經營儲蓄業務之銀行者都直接或間接效法之，實有詳細紀述之價值也。

光緒三十一年秋，商部三等顧問官候選道無錫周廷弼（舜卿）氏鑒於吾國當時"雖亦創辦通商銀行，議辦戶部勸業各銀行，而儲蓄銀行顧未有提議及之者。坐使編氓稍有餘資，存儲無地，輒以為其細已甚，泥沙視之，隨得隨耗。而市廛遂因以少鉅款之流通，誠商界一大缺陷"，故擬籌資本五十萬元，參酌日本章程，在滬創設儲蓄銀行，以備各種工人存積工資，特具呈商部請批准立案。其原呈云：

二品頂戴本部三等顧問官花翎候選道周廷弼呈：為擬籌資本、參酌日本章程在滬創設儲蓄銀行，以利工業，而開風氣，懇請批准立案事。

竊職道經商滬埠三十餘年，深知商業衰旺之源，每視銀行之挹注以為準。滬上銀行林立，其大宗款項存儲固便；而各工人之積有工資、小本經紀者，每以未能普及利益為憾。查日本銀行章程，其儲蓄銀行一項實占多數，該行專便苦工小販積資存款以備取攜之用。當收貲時給予存票，復加倍稱之息，頗稱便利。現在滬埠各廠工人以及推車扛貨食力之夫不下數十萬人。日獲之貲所積雖微，存儲無地，不免耗散。職道憫之。此次東渡，親往長崎、神戶、大阪等處考察日本銀行章程，擬仿照試辦儲蓄銀行，以備各項工人存積工貲。自一元以上皆可憑貲易票，憑票取貲。凡滿一月期者，即給以相當之息。其餘諸色人等，亦准概予存儲，憑票給息。籌集股本五十萬元。開辦之初，先收五成，餘五成俟開辦後由各股東及董事隨時公議、按期照付。並擬參酌日本儲蓄勸業銀行章程，發行債券，招集存款。債券之法，每年分兩期招集，每期發債券五萬紙，每紙計洋五元；計一年兩期，集足五十萬元，藉以開通風氣。茲將簡明章程另摺恭呈鈞鑒，如蒙批准立案，擬即在上海地方建屋試辦。續將詳細章程呈請立案註冊。是否有當，伏乞鈞示。職道廷弼謹呈。

嗣奉部批，准予立案。

同年冬，周氏東渡日本考察銀行辦法，並擬至該國各銀行內借抄章程，摹寫格式，旁看辦公，俾資取法。在出發之前，稟商部云：

　　竊章京呈蒙批准集股開設儲蓄銀行，業將集股章程斟酌訂定，另稟呈電在案。惟是銀行之屬儲蓄一種者，其性質與普通銀行迥不相同。中國商埠舊有各銀行俱係商業銀行，無與儲蓄相近者，故此種銀行之設，在中國實為創舉。而日本則辦理有年，營此業者不下六百數十家，互求優勝，各圖改良，章程日臻完備，條理日益周密。其組織之方、準備之要、簿記之理法、存簿之規制及用人、放款一切事宜，靡不有成規可循。誠能參稽博考，皆足為我導師。惟是東洋雖係章京舊遊之地，而各銀行辦公之所，若無農商務省照會，慮非他國之人所可自由遊歷。理合呈求鈞部，咨明出使大臣，分別照會日本外務省、農商務省大臣，准為通飭該國各銀行，特許章京及章京帶往隨同考察之人員，均得入彼行內借抄章程，摹寫格式，旁看辦公，悉心考察，調查一切，俾資取法，藉作南針。

商部據稟，卽咨駐日大使咨辦。

　　周氏抵東以後，悉心體察，並與彼國洞明銀行學理之人疊次斟酌，覺中國風氣未開，辦理銀行祇能以儲蓄為普通銀行之一部分，萬不可以五十萬圓資本全數專辦儲蓄。且就當時情形而論，如專辦儲蓄而不兼營普通銀行業務，運輸貫注，難期靈便。乃改變原來專辦儲蓄銀行之計劃，而將信成改為普通商業銀行兼營儲蓄。遂具呈商部云：

　　日本現在儲蓄銀行六百八十五家，其中兼營普通銀行業務者，實有二百一十六家之多；儲蓄銀行支店八百七十七，其中兼營普通銀行事業者亦居二百九十一。聞其辦法，大抵儲蓄收入之款存之於普通銀行，儲蓄付出之款取之於普通銀行。故普通銀行實為儲蓄銀行挹注之源。日本係普通銀行已經林立之國，儲蓄與普通尚不皆分道揚鑣，中國當普通銀行尚未發達之秋，儲蓄銀行必與普通銀行兼營並騖，運棹乃可逢源。試辦伊始必須統籌全局，出以審慎，期無遺憾。況原擬章程旣兼列普通銀行各種業務，僅以儲蓄稱之，名實亦覺未符。章京再四思維，惟有將信成銀行改為普通商業銀行，將儲蓄銀行附入普通銀行另櫃辦理，如是則儲蓄依然成立，而贏利可期，名稱亦順。除俟考察事竣、回國開辦、逕將信成商業兼儲蓄銀行字樣赴部遵章呈請註冊外，可否仰祈俯准改辦之處，乞賜察核示遵。

後得商部批，准予改名立案。同時周氏檢同擬具之各項章程，呈請批准註冊。光緒三十二年四月初一日邀准，四月初五日卽正式開辦。

該行之總理為周廷弼（舜卿）氏，協理為沈懋昭（縵雲）氏。上海總行設於大東門外萬聚碼頭，經理為楊次梁氏。上海分行設於北市自來水橋北塊，經理為顧達三氏。外埠分行有無錫、南京、天津、北京四處。無錫分行經理為蔡兼三氏，南京分行經理為周少芝氏，天津分行經理為陳溢慶氏，北京分行經理為唐浩鎮（郭鄭）氏。初辦時資本五十萬元，分一萬股，每股五十元，由創辦人周廷弼氏認二十萬元，餘向各界招募。後因原有資本不敷應用，乃於光緒三十四年續招五十萬元。宣統三年，又有續招資本一百萬元之計劃，卒以時局不定，人心皇惑，祇收足二十萬元光景。總計前後共收資本一百十餘萬元。各種存款總額最多之時達七百餘萬元，發行鈔票最多之時達一百十萬元。辛亥民軍起義，該行輸納不少。卒以金融緊迫而告停業。上海總行由經理楊次梁氏負責清理。至民國三年二次革命時，存款完全發還，鈔票亦全數收囘，至於股本則不免稍有虧折。茲將該行章程、積餘股份章程、儲蓄存款章程及辦事條款錄後，以誌鴻爪。

信成銀行章程

第一節　此項章程係遵奉商部函飭增刪改定再版。

上總則

第二節　謹遵商部奏定公司律，定為信成銀行有限公司，一切均照有限公司定例辦理。

上定名

第三節　本銀行共集股本銀五十萬元，分作一萬股，每股五十元。

第四節　股本官利按照常年七厘計算。

第五節　逐年盈餘除酌提公積外，餘按十四成攤派，以八成派給各股東，以二成派給積餘股項下，以二成為各執事花紅，以二成為總協理及各董事酬勞。

第六節　每年結帳兩次：六月為一小結，臘月為一大結。俟帳結清即登報廣告，定期分派各股東息銀餘利，均憑股摺支取。

第七節　不論股份多少，股本大小，所有餘利一律照派。

第八節　按照商部奏定有限公司辦法，股本繳足以外不再向股東添取款項。日後公司設有虧欠，儘公司產業變償，不得另向股東追補。

第九節　各股東入股後，如有願將股票出讓者，應由讓股人偕受股人同至公司掣取印就之讓股券，填寫簽字，併邀中證簽字，與股票摺同交本公司帳房，以便隨時代為過戶。每股收過戶費五分。

第十節　股票如有遺失，應由本人邀請體面保證，同至公司報明。一面刊登日報廣告，如三個月仍無下落，實無別項轇轕者，即另填給新股單，以昭信守。每股收補單費二角。

第十一節　各股東住址，距上海較遠者，所有應得官利餘利，可持股摺向附近各分行支取。

上股份

第十二節　公司所作貿易均照東西洋商業兼儲蓄兩種銀行章程

參酌辦理。

第十三節　本銀行兼辦之儲蓄銀行，係為方便小本經紀及凡農工商食力之夫積存零星款項而設。

存款不拘多少，無論何人凡有銀洋滿一元以上，均可存儲行中生息。其款存儲到行，立即給以存簿；憑簿往來收付本息。其息長期及滿半年者週息五厘；不滿半年者按週息四厘。

第十四節　如有蠆數鉅款存儲到行，亦按長期、短期照市分別計息。

第十五節　擬另收積餘股份，其股款或按年付足，或按月付足。詳細辦法另詳專章。（編者按《積餘股份章程》見後）。

第十六節　奉商部批准有發行鈔票之特權，印造百元、五十元、十元、五元、一元五種鈔票，通行市廛。預備現款存儲行中，以資周轉。

第十七節　出立市面通用之本票、支票及匯寄各埠之匯票，以便商民。

第十八節　兼做各項妥當押款，凡有本埠地皮、房產、貨物棧單欲抵借款項者，均可至本公司抵用。

第十九節　各種期票貼息掉現，俱按照滬上錢業大市辦理。

第二十節　兌換各國金銀貨幣。

第二十一節　與同業及本地匯劃各錢莊互拆現銀。

第二十二節　押款拆息隨時漲落，市價不同，均按照大市軋算。

第二十三節　凡銀元各款概歸銀元計息，銀兩各款概歸銀兩核算。各埠平色不同，遇有匯劃，悉照該處市面通用平色加減折算。

第二十四節　凡無擔保無抵押之借款，一概不做，決不稍徇情面。

第二十五節　本銀行兼辦之儲蓄銀行，凡遇禮拜日期照常辦事，並不停歇，以便工人得各以其暇日來行收付款項。

第二十六節　凡商務繁盛之埠均設立分行；其內地各府、州、縣由殷實商家覓保代辦，以廣招徠。

上營業

第二十七節　公舉總理一人，協理一人，董事員十一人，查帳員二人，協同辦事。其總協理均由董事局選舉，董事員、查帳員俱於創辦人、承集人內由各股東公舉。

第二十八節　選舉董事員、查帳員俱以各股東投票多少之數為準。

第二十九節　總協理、董事員、查帳員任事期滿，如眾股東以為勝任，仍可公舉續任。

第三十節　總協理、董事員、查帳員如有違背銀行章程，可於定時會議及特別會議時由各股東議決另舉。

第三十一節　董事員薪俸之數由總協理酌定，總協理、查帳員薪俸之數由董事酌定。

第三十二節　總協理以下一切執事人員升降黜陟、薪水酬勞，均由董事公同擬議，聽總協理定奪。

第三十三節　日行尋常事件俱由總協理各執事人照章辦理。其重大或特別事件應由總協理請董事會議議決列冊，然後施行。

第三十四節　集股已有成數，將屆開辦之期，開股東總會一次。將本銀行內規則會議決定，呈送商部存案。將來如有修改之處，亦邀集各股東公議議決，呈送商部存案。

上職務

第三十五節　公司應辦事宜，每月以正月、七月由各股東在上海總行開會會議一次，是謂定時會議。

其有重大事件，則由總協理會同董事隨時招集各股東會議，是謂特別會議。

第三十六節　會議各事定奪可否，視議決權之多少為從違。其股東之議決權，每有一股者得一議決權，如一人有十股卽得十議決權，百股、千股以此類推。倘股東因事不能到場會議，可出具憑證，派人代表，或復函從眾亦可。

第三十七節　尋常事件應會議者，由董事隨時會議，亦以多數為決斷。

第三十八節　每屆議事均就董事中公推一人充正主席，一人充副主席。如所議之事可否之數適兩相等，主席可加一議決權酌理，以決定其事。

第三十九節　會議時議決之件均由書記登載議事冊內，由各與議人簽名，存儲公司備查。

第四十節　應辦之事旣經會議議決，總協理各執事人應卽照此辦理。

上會議

第四十一節　每年六月、十二月將各項帳目揭算一次，由查帳員核對無訛，加蓋圖記，於定時會議將各帳提出，請各股東會議定奪。

第四十二節　年終刊刻帳略。應將公司出入總數、本年貿易情形、本年贏虧之數、擬派利息，並擬作公積之數、公司現存股本及人欠、欠人之數，一一揭載明白。

第四十三節　公積滿五十萬元後，每股應加給股票一紙，與正股一體支息，派分餘利。

上揭算

第四十四節　本銀行總公司擬在上海南市萬聚碼頭翻造三層樓

洋式房屋，按照銀行規制布置。另在北市自來水橋北塊設立分行。

上地址

信成銀行積餘股份章程

第一條　本銀行為廣設分行，擴張營業起見，特於原集正本銀五十萬圓之外，添集股水銀五十萬圓，以為準備。

第二條　此項添集之股份以利益普及為主義。特本儲蓄之意為募集之法，務使輕而易舉，人人皆可節日用之需，作附股之資。積而久之，遂成本銀行之股東，名曰積餘股份。

第三條　積餘股份每股銀數仍照正本股銀之數，每股銀五十圓。其繳股之法，分乾字、元字、亨字、利字、貞字，凡五種。

第四條　乾字、元字、亨字繳股之法，略與本銀行儲蓄存款章程之零存躉付辦法相近。利字、貞字繳股之法，略與本行儲蓄存款章程躉存躉付辦法相近。惟儲蓄存款期滿付還本利，積餘股份則期滿填給股票，作為本銀行之股本。

第五條　乾字積餘股份繳股之法，係每月繳銀一圓，以四拾四個月為期，期滿截止。於截止後叄月填給五拾圓股票一紙，息摺一扣。

第六條　元字積餘股份繳股之法，係每季（卽三個月）繳銀三圓，以十四季為期，期滿截止。於截止後一年填給五拾圓股票一紙，息摺一扣。

第七條　亨字積餘股份之法，係每半年繳銀六圓，以七個半年卽三年半為期，期滿後截止。於距截止之期十一個月後填給五拾圓股票一紙，息摺一扣。

第八條　利字積餘股份之法，係一次躉繳銀三拾九圓四角七分，存滿四年，作為股本，填給五拾圓股票一紙，息摺一扣。

第九條　貞字積餘股份之法，係一次薈繳銀三拾七圓二角另四厘，存滿五年，作為股本，填給五拾圓股票一紙，息摺一扣。

第十條　本銀行收到積餘股銀分別填掣收簿收照，蓋戳簽字，給執為憑。乾字收簿每冊四拾四行，元字收簿每冊十四行，亨字收簿每冊七行，俱隨繳隨填。其利字、貞字兩種均給收照一紙，期滿後憑收簿收照換取股票息摺。

第十一條　認附乾字、元字、亨字三種積餘股份之人，如於股銀已繳數次後，中途忽遇事故，不能續繳，所有原認股份，應由原戶自行覓人承頂，知照本行，代為過戶。

第十二條　積餘股份自填給收照息摺以後，所有應得官利，概與正本一律按照常年七厘計算。

第十三條　本銀行獲有盈餘，所有積餘股份亦得派分餘利二成。設有虧短，亦祇照二成之數攤派。此外八成概歸正本五十萬之各股東認贏認虧，以昭平允。

第十四條　積餘股東旣經執有股票股摺以後，卽與正本五拾萬之各股東一律看待。所有選舉之權，議決之權，均與正本各股東相等無異。

第十五條　積餘股東所執股票股摺如有出讓以及遺失等情，悉照本銀行改定章程第九、第十節辦理。

信成儲蓄銀行存款章程

第一條　本銀行分設二櫃：一係商業銀行之櫃，一係儲蓄銀行之櫃。凡匯劃兌換以及百元以上薈款存付俱歸商業銀行櫃檯辦理；凡一元以上之零星存戶，俱歸儲蓄銀行櫃檯辦理。

第二條　儲蓄銀行專代小本經紀之人收存零星款項。凡有洋銀滿一元以上，不論多寡，不論士農工商、男女老少，均可來行存儲生息。確實可靠，永保無虞。

第三條　儲蓄銀行存款分為定期存款、零星存款共二種。

第四條　定期存款又分零存蕰付、蕰存零付及蕰存蕰付，凡三種。

第五條　零存蕰付之款，假如每月存洋銀一元，逐月如期照付，毫無間斷，一年期滿可付還洋銀十二元三角二分六釐；五年期滿可付還洋銀六十八元二角；十年期滿可付還洋銀一百五十五元五角一分九釐；十五年期滿可付還洋銀二百六十七元三角一分七釐；二十年期滿可付還洋銀四百十九元四角五分六釐；二十五年期滿可付還洋銀五百九十三元九角四分三釐；三十年期滿可付還洋銀八百二十八元六角四分六釐；四十年期滿可付還洋銀壹千五百十三元八角八分四釐；五十年期滿可付還洋銀貳千六百三十七元一角六分四釐。多少以此類推。

第六條　蕰存零付之款，假如蕰存洋銀一千元，言明分十年按月支取，此十年內每月可付還洋銀十元五角八分；或欲每年支取一次者，此十年內每年可付還洋銀一百二十元八角九分。多少以此類推。十年滿期本利清訖。

第七條　蕰存蕰付之款，假如存洋銀一百元，言明一年為期者，到期可付還洋銀一百五元六分三釐；以五年為期者，到期可付還洋銀一百二十八元一分；十年期滿可付還洋銀一百六十三元八角六分二釐；十五年期滿可付還洋銀二百九元七角五分九釐；二十年期滿可付還洋銀二百六十八元五角七釐，二十五年期滿可付還洋銀三百四十三元七角一分四釐；三十年期滿可付還洋銀四百三十九元九角八分四釐；四十年期滿可付還洋銀七百二十元九角六分六釐：五十年期滿可付還洋銀一千一百八十一元三角八分九釐。多少以此類推。

第八條　定期存款無論零存蕫付或蕫存零付，每年均照十二個月算，閏月不計。

第九條　儲蓄之款如第一次來存之時聲明係修學預備儲金、或學資儲金、或婚嫁預備儲金、或養老儲金者，本銀行當為另冊存儲，各按定章辦理。

第十條　修學預備儲金之法，無論男子女子，自始生之月起，每月將洋銀一元八角七分存於本銀行，滿十七歲可付還洋銀六百元，作為就學之費；或自始生之一年起每年存洋二十一元九角八分，滿十七歲亦可還洋銀六百元。多少以此類推。

第十一條　學資儲金之法，無論男女學生，如將洋銀五百三十元五角四分作一次蕫存於本銀行，五年之內每月可付還洋銀十元，以供該生每月之學費；五年期滿本利清訖。多少以此類推。

第十二條　婚嫁預備儲金之法，無論男子女子，自始生之一月起，每月將洋銀一元二角一分存於本銀行，滿二十年歲可付還洋銀五百元，作為婚嫁之費；或自始生之年起每年存洋銀十四元二角九分，滿二十歲亦可付還洋銀五百元。多少以此類推。

第十三條　養老儲金之法，無論男女，如於少壯之時每月將洋銀二元四角三分存於本銀行，二十年後可付還洋銀一千元，作為晚年養膳之資；如每年存洋銀二十八元五角九分，二十年後亦可付還洋銀一千元。多少以此類推。

第十四條　零星存款卽係活存之款，數目無論多寡，時日無論久暫，均可隨時零存零付。

　　第十五條　零存零付之款收付不嫌瑣屑；均可隨到隨收，隨到隨付。

　　第十六條　零星存款如存期滿半年以上者，均按週年五釐核給利息。

　　第十七條　零星存款如存期不滿半年者，均按週年四釐核給利息。

　　第十八條　零星存款如於午前存到本銀行者，當日起息；午後存到本銀行者，後一日起息。其付還之款均於支付之前一日止息。

　　第十九條　每年六月、十二月各結賬一次。凡零星存款之利息均於七月、正月兩次分派，憑簿支付。

　　第二十條　每年六月所結之帳，結至五月底為止；十二月所結之賬，結至十一月底為止。

　　第二十一條　存戶應得之利息，如不於正、七兩月來行支付，卽併入本錢項下一同起息，俾收利上生利之益，惟存期未滿半年者不能利上加利。

　　第二十二條　零星存款如滿二年本利全未付回者，除每半年結帳一次，利上生利之外，特別加增利息五毫，以廣招徠；滿三年尚未付回者再加五毫，共計六釐；滿五年仍未付回者再加五毫。自後逐年加增，至七釐為止。

　　第二十三條　凡各工廠男女工人及各商家夥友備工，如會公同邀伊東家或執事向本銀行特別訂明所存之款准按所定之期取還，俾作營業資本或為婚嫁、養老等用者，無論長期存款、零星存款，准特別加增利息六釐，以示體恤。

　　第二十四條　凡學堂及各善堂、各公所積存之款存儲本銀行者，其利息當隨時酌議，格外加厚，以維善舉，惟其數不得逾七釐。

第二十五條　凡以各國洋銀或各埠平色不同之銀兩來行存儲者，均照市價合作上海通用銀元；角子銅元亦照市價隨時合作大洋，以歸劃一。

第二十六條　存戶當第一次來行存儲款項之時，須將姓名、住址、職業據實開寫，告知本行。本行當即編號，填給存簿一冊，以為憑據。自後若有續行存入之款，以及支取款項等事，均憑此簿收付。

第二十七條　本銀行收到存儲之款，每收一款均由經手人於銀數之下加蓋圖章為憑。付出之款亦由收款人於銀數之下蓋印或簽字為憑。

第二十八條　存簿所載月日及收付數目如有筆誤、訛錯，該存戶可當場聲明，隨時更正。

第二十九條　存戶倘有遷居及改換職業等情，須通知本行註明帳簿，以免歧誤。

第三十條　存戶所執存簿關係緊要，必須謹慎收藏。倘被水火災盜以致遺失燬滅，須立將其存款數目、原簿號數及失去緣由，詳細函告本行，一面自行登報廣告。如滿三十日并無糾葛，即可同保人來行補給新簿，照常收付。

第三十一條　本銀行不論總行、支店，隨地均可存儲款項。惟其款原存在總行者，只可向總行支取，原存在支店者，只能仍向支店支取，以期帳簿相符。

第三十二條　本銀行除商業銀行櫃檯每逢節日、禮拜日循例停辦公事外，其儲蓄銀行櫃檯雖逢節日及禮拜日一律照常辦事，并不停歇，以便各廠工人、各商家夥友得以休沐之日，從容來行收付款項。

第三十三條　本銀行辦事時刻，冬季自秋分以後，午前九點鐘起，午後四點鐘止；夏季自春分以後，午前八點鐘起，午後五點鐘止。無論冬夏均以十二點鐘以後一點鐘以前為午餐及休息時刻。

信成储蓄銀行辦事條款

第一條　本銀行按照商部奏頒公司定律，董事均由各股東投票公舉，總協理、查帳員均於舉定董事內公同選派。行中應辦理一切事宜，經各董事會議議決，隨由書記員列入會議記事册，交總協理施行。

第二條　經理統轄全行事務，協理輔助之。總協理對於各股東均負完全之責任。

第三條　每行各設經理人一員，專管一行內經營貿易、拆收進出及一切帳目款項之事，而受轄於總協理。其下分簿記之部、收納之部、支付之部，凡三大綱。

第四條　簿記之部，每行擬設正帳房一員，副帳房一員，學徒一員；總銀房一員，學徒一員，書記一員；視事務之繁簡而隨時增減其員數。

第五條　收納之部，每行擬設收進存款處司事三員，學徒一員；收款管數處司事一員，學徒二員；視事務之繁簡而隨時增減其員數。

第六條　支付之部，每行擬設付出現款處司事二員，學徒一員；支款管數處司事一員，學徒一員；視事務之繁簡而隨時增減其員數。

第七條　正副帳房總司帳目核算及對駁之事，設有錯誤虧短，惟司帳者是問。

第八條　總銀房專司銀錢收發之事，設或缺少有賠償之責，以商業銀行管銀房員兼任之。

第九條　書記員專司辦理公牘文件信札、擬議章程條款、經理股票合同及紀錄會議時議決條目之事，以商業銀行書記員兼任之。

第十條　收進存款處司事專司櫃上收進存款之事，有詢明姓名、住址、辨驗面貌、檢點銀數、審別真偽之責。

第十一條　收款管數處司事專司存款之銀錢，有覆點數目、覆辨真偽、庋藏銀錢、軋算存息、填寫存款簿之責。

第十二條　支款管數處司事專司發付各存戶支取之銀錢，有核算、除付淨存數目、填寫存簿、付出銀數及核發付款之責。

第十三條　付出現款處司事專司櫃上付還存款之事，有詢明姓名、住址、辨驗面貌、覆點銀數之責。

第十四條　儲蓄銀行櫃檯標明收進存款處、付出現款處。其收進存款處復分小子目二：一為定期存款，一為零星存款。均用小牌子寫明，以醒眉目，務令外人一覽瞭然。

第十五條　存戶攜款來行存儲，由收進存款處司事接取，記入櫃收日流簿（各人一冊），隨填收條一紙，寫明姓名、住址、職業及月日、銀數，連原來之銀置小藤盤中，送至收款管數處司事櫃上。

第十六條　收款管數處司事收到櫃上司事送來之盤，隨將其銀數與收條核對。如果相符，即於收條上蓋一圖章，一面將其銀收下，庋好；一面記入收款日流帳，隨即填就存戶存款簿一本，編明給簿之號數，連同原來收條，送至帳房司帳員櫃上。

第十七條　帳房司帳員接到收款管數處司事送來之存簿及收條，隨將簿上所載之姓名、住址、職業、存銀數目及收銀月日與櫃上收條詳細核對；併須驗明收款管數處司事已否於收條上蓋過圖章。如果相符，即依其存款之數目謄入總帳，隨將總帳之號數、頁數填入存戶存款簿之首頁，俾後來如有收付，便可一望而知。謄就之後，核對一過，加蓋圖章，將櫃上收條留下，存案備查；而將存簿送交收款管數處，復由收款管數處送交櫃上，由收進存款處司事高呼該存戶之姓名住址，妥交本人收執。

　　第十八條　存戶來行付取所存之款，由付出現款處司事接驗所持存摺，詢明該存戶欲付之數，記入櫃付日流簿（各人一冊），隨填支條一紙，寫明姓名及總帳號數、頁數、月日及欲付之數，令該存戶簽字，連該存戶帶來之原存簿置一藤盤中，送交支款管數處櫃上。

　　第十九條　支款管數處司事接到櫃上司事送來支條，隨於存款簿寫明支付之數及除付淨存之數，將支條及存簿送至司帳員櫃上。

　　第二十條　司帳員接到支款管數處司事送來之存簿及支條，隨即詳細核對，併看所結除付淨存之數是否相符。如無錯誤，即謄入總帳，並於存簿及支條加蓋圖章，送還支款管數處。

　　第二十一條　支款管數處司事接到帳房發來存簿及支條，驗明已經簽字無誤，隨將支條留下存案備查，記入支款日流簿；一面將應付之銀照數檢出，連原來存簿置於藤盤中，送至付出現款處司事之櫃上。

　　第二十二條　付出現款處司事接到支款管數處送來藤盤，隨即驗明盤中銀數與存簿所載支付之數是否相符。如果無錯，隨即高呼該存戶之姓名，辨認面貌，將存簿及銀款一併親手交給，併令當場檢點銀數，閱看簿內付數。

　　第二十三條　收進存款處、付出現款處所用藤盤均編明號數。每藤盤一只配以竹籌一枝。其竹籌亦編明號數，與藤盤所編之號數相同。櫃上司事每逢存戶來行，無論收款、付款均於接伊銀錢或存簿放入盤中之時，立刻將盤中原配之竹籌隨手檢交來人，以為符號。

其將存簿或付款發出時，除高呼該存戶姓名外，必須驗明所持竹籌號數是否與藤盤號數相符。核對無訛，然後交給。

第二十四條　每日辦事旣畢，由司帳員將本日之收條、支條檢齊，連同總帳彙送至經理人處，由經理人將總帳與收條、支條逐一校對一過。每對一行均隨手蓋一小圓戳記，以為識別。

第二十五條　收款管數處收到存款滿一千圓，卽送入總銀房，掣取回單為憑。

第二十六條　支款管數處每次向總銀房領款一千圓，付畢續領。

第二十七條　儲蓄帳內所收各存戶存款，均歸總銀房轉交總行拆出生息。

第二十八條　無論帳房、總銀房及收進存款處、付出現款處、收款管數處、付款管數處均須每日結帳一次，互相核對，必須存銀之數與收付之數針孔相符，毫無錯誤，方准散值。

第二十九條　經理人每日將收進存款總數、應軋存息總數、付出存款總數、付還存息總數、現存總行銀數票數、行中開支總數摘要存記，報告總協理。每十日由總協理詳細調查一次。

第三十條　每半年結帳，將各項存付總數做照東洋銀行營業報告書款式編營業報告書一冊，備各股東查閱。

第三十一條　以上係儲蓄一櫃辦事規條，其普通商業另有辦事規條，不在此三十一條之內。

（編者按：上信成銀行之資料係由曾任該行總行經理之楊次梁先生供給，時在民國二十二年春季。二十三年三月初，本行派人持初稿請求補充審定，方知楊先生纔於二月廿五日歸道山，享年六十有二。據其哲嗣省怡先生云，楊先生本在上海錢業界任事，因北行收帳遇唐蔚芝先生。以唐之介紹，識周舜卿先生。時周適欲辦信成，知楊先生於錢業富有經驗，故以總行經理之任相屬。其後信成之發達，楊先生之力極多云）

（二）*信義銀行

信義銀行開辦於光緒三十二年，資本額不詳。兼營商業、儲蓄兩種銀行業務。其創辦人為鎮江尹壽人（克昌）氏。總行設於鎮江，分行設於上海、漢口、武昌、北京、揚州、南昌、蕪湖、長沙、湘潭、宜昌等處，其餘各大省會、大商埠均設有代理店。營業頗盛。發行通用票甚多。後因經營不善，且為人造謠中傷，宣統元年六月以通用票擠兌倒閉。存款未能如數清償，通用票亦未全數收回。

（三）**通濟儲蓄銀行

光緒三十二年，內閣中書劉坦稟准商部擬獨出資本十萬兩，試辦通濟儲蓄銀行，後未能實現。茲錄其試辦章程如次，以誌鴻爪。

試辦通濟儲蓄銀行章程

第一章　總則

第一條　本銀行宗旨為獎勵勤儉蓄積之風，仿照各國儲蓄銀行之法，使職工細民等雖零碎款項亦得存積生息。

第二條　依本銀行設立宗旨取通融市面協濟商民之義，故名通濟儲蓄銀行。

第三條　本銀行現擬試辦，先由創辦人獨出資本金十萬兩，俟辦有成效，再行陸續分期招股，擴充至五十萬兩止（招股章程屆時再定）。

第四條　本銀行自開設之日起以二十年為滿，屆時並可稟請展限續辦。

第五條　本銀行擬設總行於北京，俟辦理就緒，即擇商務繁盛之埠多設分行，或令殷實商家照章覓保代理，以廣招徠。

第六條　本行之營業以下記各種為限：

一、發行紙票；

二、存款；

三、貸付；

四、匯兌；

五、折收未滿期票；

六、交換貨幣；

七、代理他人收存債券股票（按期代取利息即歸入存款計利）。

第二章　發行紙幣

第七條　本銀行擬發行銀票數種，以一兩、五兩、十兩、五十兩、百兩為限。

第八條　本銀行擬發行銀元票數種，以一元、五元、十元、五十元、百元為限。

第九條　本銀行發行紙幣之數不得高出於資本金額。每三月呈報商部一次，以昭信守。

第十條　本銀行發行紙票若干，即存儲的實現銀三分之二，其餘一成以確實之證券加各種契券及提貨單或未滿期票為準備。有持本銀行所發行之銀錢票來兌換者，無不立付。

第十一條　本銀行紙票擬向日本定造精細花紋，如有偽造變造者，經本銀行查獲，即稟請大部究辦。

第三章　存款

第十二條　本銀行存款分為三種：一曰隨時存款，一曰零碎存款，一曰長期存款。

第十三條　隨時存款凡紳商苦於藏金不便，願存储本銀行不時提取者，本銀行既認保管之責，又有出入之煩，概不給息。惟於付給存摺外，並付支票簿一冊，存主不拘何時需用，即可發票支取。

第十四條　零碎存款凡銀在一兩以上皆可作為存款，存入之後付一存摺，惟不滿一兩者不給息。

其應起息者，初五日以內存入，在本月之息按期起算；初五日以外則給以半月之息；十五日以外須俟下月方能起息。

第十五條　長期存款者自三個月起、一週年止約定期限利息，期內不得變更。滿期後仍可更續，惟未經聲明者，限滿後即作為零碎存款。

第十六條　本銀行各種存款之利息不同，又因時漲落，本銀行隨時定明，貼登告白，以便週知。

第十七條　本銀行收支各式銀錢及外國貨幣，均須按本日市價折算京平足銀。

第十八條　零碎存款每年於六月、十二月兩期計算。一次不拘存入若干，凡已起息者，將所有未經支取之息，經存主聲明，即可一併添入存款之內作為存款。惟長期存款須俟屆期後方可添入。

第十九條　零碎存款滿三年後，其利息當照現存者加厚；滿五年後者更當格外加厚，以為獎勵。

第二十條　各商夥之存款按定期後取還作營業用者，本銀行當格外加厚利息。

第二十一條　凡學堂局所、各善堂等公款存入本銀行者，其利息亦當加厚。

第四章　貸付

第二十二條　貸付者，將本銀行之資本或存款借與外人是也。

本銀行貸付之法分為二種：一曰抵當貸付，一曰保證貸付。

第二十三條　抵當貸付者，凡欲向本銀行借貸須有擔保物品為押，更必須約定利息及還期。若屆期不還，則擔保品物准由銀行變賣。除扣本利外，如有贏餘，仍歸還原主，以昭信守。

第二十四條　保證貸付者，著殷實可靠二人以上為擔保，則本銀行亦可隨時貸付。但定明利息及還期。若屆時不還，則本銀行可向擔保人責令代還。

附則

第二十五條　凡本銀行抵借之款如到期不還，抵押之品或別生枝節，當據情稟達大部，飭予嚴追，以維市面而儆效尤。

第二十六條　本銀行自奉准之日即行開辦。

第二十七條　本章程以後凡有修改之處，必呈請大部允准方可遵行。

第二十八條　本銀行若辦有成效，招募外股，則本銀行變為集股公司。章程內有應增加各條，如招股總會、職員及選任職員、準備金、積立金、配當金等等規則，屆時再行增補稟請立案。惟集股專集華股，一切遵照大部奏定公司律辦理。

（錄自光緒三十二年四月出版之《東方雜誌》第四期頁五七—六〇）

（四）浙江興業銀行

浙江興業銀行創設於光緒三十三年，係浙江鐵路公司所發起。股本初為一百萬元，先收四分之一開業。現在增至四百萬元，全數收足。二十一年底有公積金二、五二〇、一一八・六三元，存款總數六八、三一四、八三八・五四元；二十二年底公積金增至二、六二〇、一五二・九五元，存款總額增至七五、八二四、一九八・三二元。該行以商業銀行兼營儲蓄業務。總行初設杭州，民國四年遷上海。今有杭州、漢口、北平、天津、南京、鄭州六分行及無錫、青島各支行。現任董事長為葉揆初氏，常務董事為徐寄廎、徐新六、蔣抑巵、沈籟清諸氏，董事為史晉生、沈棉庭、胡經六、張澹如、陳叔通、陳永清諸氏。總經理為徐新六氏。

　　該行在開辦之時，即收活期儲蓄存款。惟舊式簿記科目不能劃分清楚，至民國四年改訂西式簿記始有查考。開辦之時，儲蓄無特定規程，僅規定一元以上之款即可開戶存儲，最高額每戶每月不得過二百元；存入之款可以隨時支用。至民國十三年儲蓄存款增至百萬元以上，乃於是年六月另定儲蓄規程，規定總行附設儲蓄部，各分支行附設儲蓄股或系，與各該本身營業劃分，專營儲蓄業務；並規定另撥資本，另辦會計。嗣後存款增加甚速，十八年底已達三百八十餘萬元。是年八月，復將十三年所定規程酌加修改，並送呈財政部備案。特錄之於下，以資參考。

浙江興業銀行辦理儲蓄規程（民國十三年六月議訂，十八年八月奉部令核准）

　　第一條　上海總行附設儲蓄部，各分行附設儲蓄股，與各該本身營業劃分，專營儲蓄業務。

　　第二條　由總行提洋拾萬元撥作儲蓄部資本。

　　第三條　儲蓄存款暫分下列七種。遇有必要時，得隨時增刪之。

（一）整存整付；

（二）零存整付；

（三）特別零存整付；

（四）整存零付；

（五）整存付息；

（六）活期儲蓄；

（七）特別儲蓄。

以上各種存款另訂詳章辦理。

第四條　儲蓄資金營運範圍如下。其種類及數目須經總行行務會議議決行之。

（一）買入國民政府公債庫券及財政部認可之有價證券。

（二）以國民政府公債庫券及其他確實有價證券為擔保之抵押放款。

第五條　收入儲金除照前條運用外，應酌留一部份現款準備，以備隨時支付之用。

第六條　關於儲蓄、負債、資產、損益各款均另帳計算，每屆總結，另編決算表報。

第七條　每屆決算除酌提一切開支及資本利息外，如有盈餘，酌量提存，以為不足之抵補。

第八條　每屆總結後，就儲蓄存款總額四分之一將現金或相當有價證券分存本行所在地之相當銀行，取回存據備驗。

前項證券種類及存入之銀行，須經總行行務會議議決行之。

第九條　本行全體董事及總經理對於儲蓄存款均負無限責任。

第十條　本規程依據前儲蓄銀行則例之規定，俟政府頒布關於儲蓄銀行新法令時，再行遵照新法令修改辦理。

第十一條　本規程經本行董事會議議決施行，幷呈報財政部備案。

該行儲蓄部資本民國十八年為十萬元，十九年起增至二十萬元。公積金十八年時為六二、七五二・二五元，二十一年增至一八三八六三・四七元。二十二年增至二一三、四八八・七二元。歷年儲蓄存款增加殊速，最近已達一千二百六十餘萬元。茲列表如下。

浙江興業銀行歷年儲蓄存款總額表（民國四年至二十二年）

年別	活期（元）	定期（元）	總計（元）
民國 四年底	三、五○○・九七	—	三、五○○・九七
五年底	二、七五一・一七	—	二、七五一・一七
六年底	七二、七一七・○○	—	七二、七一七・○○
七年底	一七七、五三二・九二	—	一七七、五三二・九二
八年底	二四八、七九三・四四	—	二四八、七九三・四四
九年底	三四一、二七○・五一	—	三四一、二七○・五一
十年底	四二○、五二三・四四	—	四二○、五二三・四四
十一年底	五五六、一四○・一七	—	五五六、一四○・一七
十二年底	六三九、七一五・二○	—	六三九、七一五・二○
十三年底	一、○二五、八五二・六四	—	一、○二五、八五二・六四
十四年底	一、五二二、○二五・七七	—	一、五二二、○二五・七七
十五年底	二、九二四、○一二・四六	—	二、九二四、○一二・四六
十六年底	二、三五一、八二六・○一	—	二、三五一、八二六・○一
十七年底	三、三○七、五○六・二二	—	三、三○七、五○六・二二
十八年底	一、二九八、六七四・三七	二、五五六、○九三・七五	三、八五四、七六八・一二
十九年底	二、二二六、一六五・○六	三、○六三、九一七・九四	五、二九○、○八三・○○
二十年底	三、二四○、四八三・一一	三、九三四、六三七・○八	七、一七五、一二○・一九
二十一年底	五、三二二、一○四・○四	三、九九四、六七七・○八	九、三一六、七八一・一二
二十二年底	六、八二三、二二一・六七	五、八○○、一四五・○六	一二、六二三、三六六・七三

　　至於該行儲蓄部資金運用之情況，可以最近兩年底之數字為代表觀察，茲列表示之如下。

浙江興業銀行儲蓄部資金運用概況表 ^{（民國二十一年底與二十二年底）}

運用途徑	二十一年		二十二年	
	金額（元）	百分數	金額（元）	百分數
抵押放款	三、六八八、七五三‧七一	三八	三、一〇一、六五一‧〇二	二四
有價證券購置	九六五、四四九‧〇六	一〇	二、五〇〇、一六三‧八一	一九
房地產購置	一五〇、〇〇〇‧〇〇	二	一五〇、〇〇〇‧〇〇	一
現金及本行往來	四、七九二、六六九‧三〇	五〇	七、四四五、二九九‧二四	五六
現金	六四〇、〇六一‧六七	七	五六九，九九七‧一三	四
本行往來	四、一五二、六〇七‧六三	四三	六、八七五、三〇二‧一一	五二
共計	九、五九六、八七二‧〇七	一〇〇	一三、一九七、一一四‧〇七	一〇〇

（五）[*]北京儲蓄銀行

　　我國自商辦信成、信義、浙江興業等銀行成立以後，銀行儲蓄之風氣已開，然該行等皆係商業銀行兼辦儲蓄。專營儲蓄業務之銀行，則以北京儲蓄銀行為始。該行設立後六年，方有另一專營儲蓄之新華儲蓄銀行設立。北京儲蓄銀行成立於光緒三十四年七月初一日，為純粹官辦之專營儲蓄之銀行。資本庫平銀十萬兩，由度支部奏撥。行址設北京，總辦錢琴西氏，經理宋漢章氏，俱由大清銀行總辦委派。先是，是年四月度支部奏准頒布《儲蓄銀行則例》十三條（見附錄一甲），同時片奏請於大清銀行之內，遵照奏定則例附設儲蓄銀行。其原呈云：

　　現在風氣初開，商辦儲蓄銀行尚未見多，自應官為提倡，以崇居積之風。現擬於大清銀行內附設官辦儲蓄銀行，由臣部撥庫平足銀十萬兩作為該行官本。其總辦卽由大清銀行執事人員內酌派兼充，旣節省經費，聲氣亦易連絡。如蒙俞允，卽由臣部劄知銀行監督辦理。至該行除遵照奏定則例外，一切詳細章程責成經理之員妥議，由臣部核定，以便開辦。

　　同月奉旨依議。是年七月初一日，卽由大清銀行呈請度支部批准北京儲蓄銀行延訂經理合同，並頒給執照。其原呈並附件云：

　　大清銀行正監督張允言謹呈：為呈明事，竊儲蓄銀行前經擬定章程呈送鈞部存案。茲查該行延訂經理宋魯（編者按，卽宋漢章氏），向在上海通商銀行，諳悉商務情形，擬與訂立合同，卽擇期於七月初一日開辦。除另具印鑑請領官本十萬兩外，理合呈報鈞部查核。並將經理合同底稿一併附呈。至現行新章，官設各銀行亦須照章註冊，自應遵照辦理。茲併開具總辦經理銜名，懇請俯准註冊，頒給執照，實為公便。謹呈。

　　計呈清摺二扣，註冊費四兩。

　　清摺一

　　謹將奏設北京儲蓄銀行總辦經理銜名開呈鈞鑒。

　　計開

　　總辦錢宗瀚　分省補用直隸州知州

　　經理宋魯　同知職銜

清摺二

立合同儲蓄銀行合同

度支部奏設北京儲蓄銀行，特延訂宋魯為本行經理。遵奉參照大清銀行訂立合同章程，立此合同兩份，各執一份存照。

光緒　年　月　日立合同，北京儲蓄銀行。

計開

（一）度支部奏定儲蓄銀行則例及本行呈部核定章程二十八條，經理以次人等均應一律遵守（編者按，章程已佚）。

（二）經理歸總辦節制調度。

（三）經理照章備押櫃銀五千兩，保單銀五千兩，均於定議之日交存行中，以常年六厘行息；其本銀不得於任事期提用。

（四）經理每月支薪水銀一百兩，其因公酬應等費，照大清銀行章程核實開支。

（五）本行半年結帳一次。每至一年，除去一切開支，所獲餘利遵章分作十成，以四成作公積，以四成聽候部撥，下餘二成為花紅。以四厘歸總辦，以六厘歸經理，以十厘歸行中出力各夥友。惟必須實在盈餘，方能歸入餘利項下。其結帳時未經收回帳目，應另行登記，不得算入餘利均分。

（六）本行經理、總帳各一員，均由總辦延訂。以外夥友，由經理選用。須擇向無劣跡，確有妥實保人者，因材器使，派定職司。並將姓名、籍貫、保人、職司何事，註冊存查。

（七）經理以次薪水每月杪由帳房支發，不能預支借宕。如有支借虧空情事，惟帳房是問。

（八）行中各夥友，既歸經理選用，責任亦應歸經理擔代。用定之後，須取具妥實保單。倘有虧空透支行內銀鈔等項情弊，均責成經理向保人賠償。

（九）經理及司帳人等，不能兼為他人管理生意；並不得自開店舖。其原有自開貿易，仍可照常開設，惟不得以其字號出名在行借款；以及他人在本行借款等事，不得以字號作保。若現銀交易兌匯，不在此例。

（十）非行中應辦事件，管事人等不得用本行銀兩及本行出名各項貿易；並不得作露水先令等生意。且不得以本行出名為人作保，違者登時辭退，並從重議罰。

（十一）行中各項人等，不得將行中款項及一切情形，告知行外一人，違者重罰。所有外存各項存款，無論官紳商民、公私交易，非持有本行原據及原經手人簽字，不能提取款項。

（十二）行中管事人等不住所者，均須九點鐘以前到行，五點鐘以後方散。如有緊要私事，可以請假，但每月不得過五日。此外如有託故不到、致誤行事者，輕則酌扣薪紅，重則逕行辭退。

（十三）行中管事諸人，不得招令親友閒雜人等在行食宿。

（十四）本行既經分給花紅，即不提給用錢。如有人於公事內私取用錢及借公事私取賄賂，按所得之數十倍議罰。

（十五）自總辦以次不得在行中有賭博、酗酒、挾妓、挾優等事。違者查明起意之人辭歇，在場之人議罰。

（十六）行中辭退經理，限三個月，經理自行辭退，限六個月將經手事件，一律交代清楚。應得薪紅以辭退之日止照數給予。所有押櫃銀兩，並商舖保單俟經手交代清楚，如數發還。如有虧空，將押櫃保銀抵補。倘係有意舞弊，情形過重者，當須另行議罰。

（十七）此合同以三年為限，限滿酌量改定，再行接續訂立。限內經理亦可自行告退。遇有行中辭退經理及自行辭退者，俟將帳目交代清楚後，此合同彼此交出，當面註銷。

（十八）本行經理一經訂立合同，卽作為能遵守本行條理之據。所有應得權利卽應給予；一應罰約亦應遵守。

旋度支部通阜司劄覆大清銀行頒發北京儲蓄銀行營業執照一紙，交大清銀行監督轉飭該行總辦遵守。

該行在北京開辦以後，營業甚為發達，注意零星存戶，一元起碼，嘉惠小民實非淺鮮。光緒三十四年底營業祇及半年，卽淨盈庫平銀七千五百十九兩六錢三分。嗣後結賬，有盈五六萬者不等。零星、定期、活期存款，最多之數達五百餘萬元。宣統二年六月間，大清銀行總行監督張允言以上海大清分行有整理之必要，調派錢琴西（宗瀚）氏為該分行總辦，同時調派宋漢章氏為該分行經理。所遺北京儲蓄銀行總辦一缺，由大清銀行總行經理陳瀚波兼充；又該行經理一缺，卽以該行總賬史亦軒升充。惟各處尚未設立分行。至宣統三年冬季革命風潮興起，宣告停業，存款掃數還清。此乃官辦之北京儲蓄銀行經過情形也。

（六） 四明商業儲蓄銀行

四明商業儲蓄銀行開辦於光緒三十四年，為甯波周金箴、陳子琴、虞洽卿諸氏等所創辦。總行在上海，分支行設甯波、南京、漢口等處。資本初為七十五萬兩，後增為一百五十萬兩，現已改為二百二十五萬元，全數收足。二十一年底有各項公積金一、三八八、五九〇‧六九元，存款總額三九、六五二、二五八‧〇五元；二十二年底有公積金一、五〇三、九八二‧〇五元，存款總額四六、一〇〇、〇一三‧九五元。現任董事長為孫衡甫氏，董事為虞洽卿、李詠裳、周仰山、俞佐庭、陳仰和、李叔明諸氏，監察人為向鳳樓、徐伯熊二氏；經理徐仲麟氏，副經理陳仰和、范松夫、葛昌歧三氏。二十二年四月在公積金項下撥出五十萬元創辦四明儲蓄會，其會長為孫衡甫氏，經理為俞佐庭氏。

　　該行開設之初，卽兼辦儲蓄；其後另設專部。資本初為十萬元，今已增為二十五萬元。公積金在二十一年底為十萬元，二十二年底增為一六二、八八八・二九元。歷年儲蓄存款總額見下表。

四明銀行歷年儲蓄存款總額表（民國十年至二十二年）

年　別		金　額
民國	十年底	二、六二五、三二五元
	十一年底	二、九〇五、四〇二元
	十二年底	二、九九五、七〇八元
	十三年底	四、四〇四、一九〇元
	十四年底	五、一二八、八五九元
	十五年底	五、七七〇、一三一元
	十六年底	七、〇〇三、一六七元
	十七年底	九、二七九、六八五元
	十八年底	一〇、七二四、九三五元
	十九年底	一一、六八〇、〇〇〇元
	二十年底	一六、四一六・七一三元
	二十一年底	一七、一五四、三五〇元（內活期三、四九八、四四五元，定期一三、六五五、九〇五元）
	二十二年底	一八、六五九、〇〇〇元（內活期三、一三九、一三二元，定期一五、五一九、八六八元）

　　至其於儲蓄部資金運用之情形，則可舉最近二年之數字為代表觀察，茲列表如下。

四明銀行儲蓄部資金運用概況表^{（民國二十一年底與}

運用途徑	二十一年		二十二年	
	金額（元）	百分數	金額（元）	百分數
抵押放款	四、三二八、二〇五·二八	二一	四、〇六八、〇九九·七九	一八
有價證券	三、九四四、七六二·四三	二〇	三、六〇五、七一〇·一一	一六
房地產	四、六三九、八九四·五七	二四	五、一〇一、一二四·六一	二三
現金及本行往來	七、三二八、七四〇·六三	三五	九、六五七、〇八〇·二三	四三
現金	一、〇五六、二〇〇·四〇	五	一、二〇五、九七三·三七	五
本行往來	六、二七二、五四〇·二三	三〇	八、四五一、一〇六·八六	三八
共計	二〇、二四一、六〇二·九一	一〇〇	二二、四三二、〇一四·七四	一〇〇

（七）江蘇銀行

　　江蘇銀行係江蘇省立之銀行，開辦於民國元年一月。總行設上海，分支行設南京、鎮江、蘇州、無錫、南通、常熟、常州，辦事處設蚌埠、徐州、清江浦、下關、上海之新閘、蘇州之閶門及新浦，而泰縣、泰興等處亦正在籌備中。股本定額一百萬元，現已收足八十萬元。二十一年底法定公積金為七七〇、四七九·四三元，其他公積金為五九九、一二〇·一一元，存款總數為一三、九四七、六三四·五二元；二十二年底法定公積金為七八一、四七九·四三元，其他公積金為六三七、三九〇·〇七元，存款總額為一五、八五四、四七九·九五元。現任董事為王俊臣、陳光甫、顧詒穀、朱吟江、馮幼偉、唐壽民、吳仲言諸氏，監察人為王憲臣、龔子漁兩氏，總經理為許伯明氏，協理為田樹泉氏。

民國二年六月該行首創儲蓄處，廿年改稱儲蓄部。初辦之時曾訂簡章十條，內容甚簡，原文如下。

江蘇銀行儲蓄處簡章^{（民國二年六月）}

一、本儲蓄處由江蘇銀行提撥十萬元，作為資本，以昭信用。

二、無論何人凡有銀元一元以上者，均可向本行儲蓄處存儲生息。惟每月不得過一百元，每年不得過一千二百元。無論何時存儲，總數不得過二千元。

三、存款分為定期、活期二種。活期存款可隨時支取，長年四釐計息，每半年結算一次；其應得利息如存戶不來支取，卽併入存款利上加利。未到結帳之期，不得支取利息。

四、定期存款另行面議辦法。

五、每年六月、十二月結帳一次。凡存款之利息均於正月、七月兩次分派，憑儲蓄簿支取。

六、凡以角子、銅元及他種非本埠通用銀元來存者，均照市價合作本埠通用銀元計算。

七、凡存入、支取款項，均憑本儲蓄處所發之儲蓄簿收付。

八、每收一款須由本儲蓄處經手人簽字於收款之下，加蓋本儲蓄處圖章為憑。每付一款，須由存戶簽字或蓋印於付款之下。

九、儲蓄簿如有遺失等情，存戶須立將存款數目原簿號數及遺失緣由報告本儲蓄處，並須登報聲明。如無別項糾葛情事，卽可覓一保人同來補領新簿，照常收付。

十、本儲蓄處辦事時刻每日午前自九點起至十二點止，午後自一點起至四點止；禮拜日及節假日照例停辦。

民國二十年一月，該行儲蓄處改稱儲蓄部，同時將上列簡章改訂為儲蓄部章程十一條，資本由十萬元增為二十萬元，會計公開獨立。二十一年底各項公積金二、一八八‧九三元，二十二年底增至五、五四五‧六八元。茲將其章程原文覓錄如下。

江蘇銀行儲蓄部章程（民國二十年一月）

第一條　本行依據章程第六條第十項之規定兼營儲蓄業務，特於行內附設儲蓄部。

第二條　儲蓄部資本暫定國幣貳拾萬元。

前項資本由本行資本總額內提撥，本行營業如有虧損時，不得以儲蓄部資本移抵。

第三條　儲蓄部之業務範圍如下：

（一）活期儲蓄存款。

（二）定期儲蓄存款。

（三）零存整付或整存零付之儲蓄存款。

（四）通知儲蓄存款。

（五）抵押放款。

（六）買入不動產，但不得超過資產總額四分之一。

（七）買賣有價證券，但以財政部發行或認可之債券及工商部核准之公司債券為限。

（八）存放殷實同業。

第四條　總分各行儲蓄部設經理一人，得由該行經理兼任。其未設經理之辦事處附設之儲蓄部，即以辦事處主任兼任之。

第五條　儲蓄部經理、主任對於儲蓄部經手發生之債務應負無限責任，至卸去職務兩年後解除之。

第六條　本行儲蓄部會計完全獨立，每年六月三十日為半年決算，十二月三十一日為全年決算。

每屆決算應造具財產目錄、資產負債表、損益計算書報告本行總管理處，彙造總決算書，經監察人、董事審核後，呈報財政廳轉呈省政府財政部備案，並登報公告之。

第七條　儲蓄部每年決算後就盈餘項下先提十分之一為法定公積金，再按資本提出常年官息五釐外，餘款提百分之四十為特別公積金，並提百分之五為填補損失準備金；下餘之數，併入本行照章支配。

第八條　儲蓄部總決算遇有虧耗，應以特別公積金儘數抵補。如仍有不數，則再由本行總損益內提出補足之。

第九條　儲蓄部如停止辦理，應儘所存現金及提存之款攤還存戶。仍有不足時，再將本儲蓄部所有資產儘數攤還。

第十條　各種儲蓄存款章程暨未經規定事項，概遵照財政部所定儲蓄銀行法規及銀行通行慣例辦理。

第十一條　本章程由總管理處呈報江蘇財政廳轉呈省政府財政部核准施行，其修改時亦同。

其儲蓄存款總額廿一年底為三百零九萬元，廿二年底為三百七十六萬元。茲將歷年數字列表如下。

江蘇銀行歷年儲蓄存款總額表(民國二年至二十二年,單位：千元)

年別		活期	定期	總計
	二年末	四四	一五	五九
	三年末	一〇五	九四	一九九
	四年末	一六〇	一七七	三三七
	五年末	一六五	一五二	三一七
	六年末	二〇八	一六九	三七七
	七年末	二三〇	二三七	四六七
	八年末	二二三	二七〇	四九三
	九年末	三〇二	三〇五	六〇七
	十年末	二八九	四〇三	六九二
民國	十一年末	三五三	四六七	八二〇
	十二年末	三七五	五一九	八九四
	十三年末	四〇七	五五四	九六一
	十四年末	四六六	六二六	一、〇九二
	十五年末	三六三	六八七	一、〇五〇
	十六年末	四三五	六〇七	一、〇四二
	十七年末	六五一	八三一	一、四八二
	十八年末	七三五	九七六	一、七一一
	十九年末	八〇一	一、三四四	二、一四五
	二十年末	七七二	一、八〇八	二、五八〇
	二十一年末	一、〇三九	二、〇五一	三、〇九〇
	二十二年末	一、三〇一	二、四六三	三、七六四

　　該行儲蓄部資金運用之情形，可以最近兩年年底之數字為代表觀察，茲列表如下。

江蘇銀行儲蓄部資金運用概況表^{（民國二十一年底
與二十二年底）}

運用途徑	二十一年		二十二年	
	金額（元）	百分數	金額（元）	百分數
抵押放款	四九二、三九四‧五四	一四	六一五、六七三‧三九	一五
有價證券	五五、七八七‧五〇	二	四一六、五一八‧〇五	一〇
現金及存放銀行	二、九六八、二一五‧〇八	八四	三、〇二四、七一八‧三四	七五
現金	四六、二二一‧〇九	一	一五二、六八一‧四六	四
存放銀行	二、九二一、九九三‧九九	八三	二、八七二、〇三六‧八八	七一
共計	三、五一六、三九七‧一二	一〇〇	四、〇五六、九〇九‧七八	一〇〇

（八）中華商業儲蓄銀行

中華商業儲蓄銀行成立於民國元年。初係官辦，民國二年改為商辦。現收足資本二十五萬元。二十一年底有各項公積金四〇五、三九八‧四三元，存款總數二、四五九、四四九‧四六元；二十二年底各項公積金為二九九、六二七‧二七元，存款總數為二、二一一、七四五‧七〇元。行址設於上海。現任董事長為王一亭氏，常務董事為郭竹樵、朱子謙二氏，董事為朱子奎、顧馨一、姚德馨、夏質均諸氏，監察人為鐘仲文、秦志剛二氏，總經理為童顯廷氏。

該行儲蓄部於民國十九年起獨立。資本現為五萬元。二十一年底有公積金四千元，二十二年底增至五千三百元。其儲蓄存款歷年總額如下表。

中華銀行歷年儲蓄存款額表^{（民國十年至二十二年）}

年別		金額（元）
民國	十年末	三〇五、四一〇
	十一年末	二七三、七一三
	十二年末	二七六、四八〇
	十三年末	三四五、五四一
	十四年末	三六九、九七九
	十五年末	四二四、九七四
	十六年末	四九二、八六五
	十七年末	五二四、〇一三
	十八年末	五四七、五七七
	十九年末	七一七、四〇〇
	二十年末	六六七、六一七
	二十一年末	六二一、八八八
	二十二年末	六三五、九〇八

至於該行儲蓄部資金運用之情形，則可以最近兩年年終之數字為代表觀察，茲列表如下。

中華銀行儲蓄部資金運用概況表^{（民國二十一年底與十二年底）}

運用途徑	二十一年		二十二年	
	金額（元）	百分數	金額（元）	百分數
抵押放款	一八一、八一八	二六	二一五、六二五	三〇
有價證券	一九五、六六九	二八	二九五、七二〇	四二
現金及本行往來	三一八、五〇三	四六	二〇二、五六七	二八
現金	二、五八八		五六、一九七	八
本行往來	三一五、九一五	四六	一四六、三七〇	二〇
共計	六九五、九九〇	一〇〇	七一三、九一二	一〇〇

（九）　新華信託儲蓄銀行

　　新華信託儲蓄銀行成立於民國三年十月，行址初設北平，二十年遷總行於上海，改北平總行為分行。原名新華儲蓄銀行，十四年改稱新華商業儲蓄銀行，二十年改組後始易今名。該行係中國、交通兩銀行奉財政部令撥款設立，開辦時資本定額一百萬元，先收十五萬元開業。六年由兩行加撥十萬元，並添招外股二十五萬元。八年擴充股本額為五百萬元，先收一百二十五萬元；繼改定資本額為二百萬元。二十年改組後資本定額二百萬元，全數收足。設信託、儲蓄兩部，各有資本一百萬元。會計分立，儲蓄存款及信託款項由全體董事、總經理負連帶無限責任。二十一年底兩部各有公積金一四、七二九・一〇元，合計二九、四五八・二〇元，存款總額為九、八七六、六〇三・一一元；二十二年底兩部各有公積金二二、〇六五・二〇元，合計四四、一三〇・四〇元，存款總額一四、四〇四、四二〇・七七元。該行現有分行四處，一在北平，一在天津，一在廈門，一在南京；辦事處八所，在上海市區者四所，上海北橋鎮者一所，餘在北平、天津及蘇州之蕩口鎮各一所。現任董事為馮耿光、張嘉璈、唐壽民、宋漢章、袁鐘秀、卜壽孫、李承翼、方仁元、王志莘諸氏。監察人為汪振聲、莊鶴年、鐘秉鋒三氏。總經理為王志莘氏，副經理為孫瑞璜氏。總行襄理為賀友梅、徐樹聲、陳鳴一、賀仰先、周仰汶、徐振東諸氏。北平分行經理為曹淏氏，副理為李葆琪氏，襄理為孫維城、周彥二氏。天津分行經理為俞鴻氏，襄理為丁崧申、洪懋孫二氏。

　　該行創辦之初，專營儲蓄業務。開辦時受政府之委託發行有獎儲蓄票一千萬元，按年開籤給獎。此項儲蓄票由政府擔保，其給獎、還本均由政府派員監理，由該行委託各地中國、交通銀行分行及各省地方之郵電各局代理發行及給獎、還本事宜。發行以後，認購者甚為踴躍，定額一千萬元，悉數售出。該行將收進票款，掃數解與財部。民國四年起，照章開籤三次。七年四月二十五日本為還本之期，以當時政府財政困難，不能籌此巨款，遂繼續開籤給獎三次。至民國九年，政府決定以五年公積票換償，所有償還事宜，由財政部設立儲蓄票償換公債處派員專司其事，以一年為期。期滿該處裁撤，所有儲蓄票結束事宜由財政部公債司接管。茲將該行從前發行有獎儲蓄票章程錄後，以誌鴻爪。

新華儲蓄銀行發行儲蓄票章程（民國三年十一月）

第一條　本銀行儲蓄票稟請政府特准發行。

第二條　儲蓄票之償還本金及中籤給獎均由政府擔保之。

第三條　儲蓄票每張金額定為銀圓十元。每張十條，每條金額為銀元一元。

第四條　儲蓄票發行總額每次定為一百萬號，即一百萬張，即一千萬條。

第五條　儲蓄票每年發行一次。

第六條　儲蓄票本金償還之期以三年為限，還本日期當於票面書明；但已中籤者即憑票付獎，不另還本。

第七條　儲蓄票應付之利息代以抽籤給獎，每年抽籤一次，給獎一次。

第八條　抽籤之期每年舉行，其日期及地點於每次發行儲蓄票時覈定，書明票面，無論如何不得更改之。

第九條　抽籤之日當眾公開，由政府派肅政史二人，財政部派监理员一人，所在地总商会公举二人，会同监视开籤。

　　第十条　每次发行之储蓄票均抽籤三次，分为每年开籤一次。但已中籤者下次不再抽籤。每次中籤者五千张，即五万条，其中金额如下：

　　第一等奖一张，每张十万元，每条一万元。

　　第二等奖一张，每张四万元，每条四十元。

　　第三等奖一张，每张三万元，每条三千元。

　　第四等奖一张，每张二万元，每条二千元。

　　第五等奖一张，每张一万元，每条一千元。

　　第六等奖一张，每张五千元，每条五百元。

　　第七等奖六张，每张二千五百元，每条二百五十元。

　　第八等奖三十张，每张一千元，每条一百元。

　　第九等奖六十张，每张五百元，每条五十元。

　　第十等奖三百张，每张二百五十元，每条二十五元。

　　第十一等奖六百张，每张一百元，每条十元。

　　第十二等奖一千张，每张五十元，每条五元。

　　与第一等奖末尾三字相同者九百九十九张，每张四十元，每条四元。

　　与第二等奖末尾三字相同者九百九十九张，每张三十元，每条三元。

　　与第三等奖末尾三字相同者九百九十九张，每张二十元，每条二元。

　　计五千张，即五万条，共计五十五万九千九百十元。

　　第十一条　储蓄票售出后，凡给奖、还本时认票不认人；如有遗失等情事，不得挂失。

第十二條　本行關於儲蓄資金之運用，應遵照本行章程辦理，政府派員隨時監理之。

第十三條　凡儲蓄票中一、二、三、四等籤者，須直接向北京新華儲蓄銀行領獎；中五等以下各籤者，卽就原發行之地新華儲蓄銀行及中國、交通兩銀行並郵電各局領獎。

第十四條　凡中籤者，應於抽籤之日起一年內隨時持票領獎；逾期不領，卽行作廢。

第十五條　凡三次未中籤之儲蓄票，自滿償還之期起一年內，可就原發行之地新華儲蓄銀行或中國、交通兩銀行及郵電各局持票領本；逾期不領，卽行作廢。

第十六條　儲蓄票以本行為發行總機關，以中國、交通總分行及郵電總分局為發行代理機關。總發行所由財政部派監理員一人監理之。代理機關之章程另定之。

第十七條　凡有欲承售，均可向總發行所及發行機關商定承售，章程另定之。

第十八條　第一年屆抽籤時，如儲蓄票尚未全數售罄，儘已售出之號數當眾抽籤。其給獎仍按照本章程第十條所列各等全數給獎。其第二年、第三年亦照售出之票號開籤，仍按照此法辦理。

第十九條　執票人領取獎款或本銀時，隨到隨付。如中八等以上各獎者，提取百分之五分作代理機關之紅獎。其由承售人墊給獎銀者，承售人得三分，代理所得二分。九等以下紅獎及到期還本均不折不扣。

第二十條　本章程如有增添及修改時，須經本銀行董事會決議，呈候財政部核准。

民國六年，該行起始兼營商業銀行業務，並在天津設立分行，派馬殿元氏為管理。八年，參酌中外有獎儲蓄辦法創公共儲金，推行結果全國加入者五千餘戶。同年在上海設立分行，以林祖潯氏為管理。十年，又辦有獎性質之四季儲金，惟加入者不甚踴躍。二十年，內部改組，營業政策大為改變。當時曾更訂章程，呈部備案，並首發宣言，昭告社會。茲將其章程宣言並錄於下，以資參考。

新華信託儲蓄銀行股份有限公司章程（民國二十年九月二十五日第一屆股東會通過）

第一章　總則

第一條　本銀行以提倡各界儲蓄，鞏固社會經濟，服務民眾，扶助企業為宗旨。定名為《新華信託儲蓄銀行股份有限公司》。

第二條　本銀行遵照《銀行通行則例儲蓄》銀行則例及公司法股份有限公司之規定組織之，呈請財政部、實業部核准証冊。

第三條　本銀行設總行於上海，並得因營業上之必要，經董事會之議決，呈部核准後，於各地設立分支行、辦專處或代理處。

第四條　本銀行存立年限自銀行及公司均准註冊之日起，滿三十年為限，但得經股東會之議決，呈准續展之。

第五條　本銀行之公告登載於總行所在地之日報。認為必要時，並得兼登於分支行所在地之日報。

第二章　營業

第六條　本銀行以經營信託及儲蓄業務為宗旨。營業項目如下：

甲　信託部

一、經收信託款項及定期、活期存款

二、貸放各種抵押款項

三、貸放對於勞動者及小企業之信用擔保放款

四、購買或貼現承兌票據

五、代理收付款及匯兌事項

六、經營保管及倉庫業務

七、買賣有價證券、房地產及生金銀

八、經辦個人、法人及政府各種信託事項

九、經理房地產買賣及各種保險事項

十、其他信託公司一切業務

乙　儲蓄部

一、經收各種定期、活期儲蓄存款

二、貸放各種抵押款項

三、買賣政府發行或經認可之有價"證"券

四、其他儲蓄銀行一切業務

第七條　信託部之信託款項、儲蓄部之儲蓄存款，對於各該部之資產有優先清償權。

第八條　信託部之信託款項、儲蓄部之儲蓄存款，其種類利率及運用方法等由董事會依據法令別以規則定之。

第三章　資本及股分

第九條　本銀行資本總額定為國幣貳百萬元，分為貳萬股，每股壹百元，一次收足。其中以壹百萬元為信託部之資本，壹百萬元為儲蓄部之資本。

第十條　股票概用記名式，由董事五人以上簽印發行之。執有股票者以本國人為限，否則無效。

第十一條　股東取得股分時，應將其本人或代表人之姓名、住址及印鑑報告本銀行存查；遇有變更時亦同。如不報告因而發生損害，本銀行不負責任。

第十二條　股分轉讓應照填股票背面之轉讓表，交由本銀行驗明過戶；其因繼承關係請求過戶者，應提出相當證據。本銀行認為必要時，對於因轉讓或繼承而請求過戶者，均得令其覓具妥保。

第十三條　股票污損，或其背面之轉讓表不敷填載，或欲分割合併時，均得交由本銀行驗明後換給股票。但污損程度至不易辨識時，本銀行得令其覓具妥保，或兼令登報公告。

第十四條　股票遺失或燬滅，應即報告本銀行掛失，並自行公告三日以上。自公告日起滿二個月，如無糾葛，方可覓具妥保，補領股票。

第十五條　股分過戶每次收手續費銀伍角，掉換或補給股票每張收手續費銀壹元及其應貼之印花稅費。

第十六條　股東常會一個月前，股東臨時會十五日前，均停止股分過戶。

第四章　股東會

第十七條　本銀行股東會分常會及臨時會二種。常會於每年決算後三個月內由董事會召集之，臨時會由董事會或監察人認為必要時，或有股分總數二十分之一以上之股東，提出理由聯名請求時召集之。

第十八條　股東會之日期地點及議題應於一個月前通知各股東，但臨時會得於十五日前通知之。

第十九條　股東表決權每股一權，但一股東之股分超過十股者，其超過數以十股為一權；超過一百股者，其超過數以二十五股為一權。凡超過數之零數未滿一權者，亦作一權計算。

第二十條　股東因事不能到會時，得出具委託書，委託他股東為代表。但代表者連同其本人所有表決權併計，不得超過全體股東表決權總數五分之一。

第二十一條　股東會之主席由董事長任之。董事長缺席時，由常務董事互推一人任之。董事長及常務董事均缺席時，由到會股東公推董事一人任之。但臨時會之主席得由到會股東就股東中公推一人任之。

第二十二條　股東會之決議除《公司法》有特別規定者外，以股東總數四分之一以上，股分總數三分之一以上，到會股東表決權過半數之同意行之。可否同數時，取決於主席。

第二十三條　股東會議決事項應作成決議錄，由主席簽印，連同出席股東名簿交由董事會保存於本銀行。

第五章　職員

第二十四條　本銀行設董事九人，監察人三人，均由股東會就股東中選任之。但董事須有股份六十股以上，監察人須有股份三十股，始得當選。

第二十五條　董事任期三年，監察人任期一年，連選均得連任。任期內如有缺額，得以同屆次多數之被選人補足其任期。

第二十六條　董事組織董事會，設於本銀行總行內。每月至少開會一次，由董事長召集之，議決本銀行重要事務。關於董事會之會議及職權等項，別以規則定之。

第二十七條　董事互選董事長一人，常務董事四人，常川❶駐行執行職務。

第二十八條　監察人除依法執行職務外，得列席董事會陳述意見，但無議決權。

第二十九條　本銀行設總經理一人，由董事會聘任之。副經理

---

❶　"川"疑為衍字。——編者註

及分行經副❶理由總經理薦請董事會任免之。

第三十條　董事、總經理對於信託款項及儲蓄存款，於清償時均負連帶無限責任。遇更換時，須解任滿二年後方能卸責。

第六章　會計

第三十一條　本銀行信託部及儲蓄部之會計各自獨立，無論何部發生損失；不得以他一部之資本及信託款項或儲蓄存款互相撥抵。

第三十二條　本銀行信託款項及儲蓄存款之帳目，每年分四期結算，委託會計師按期查核證明後，由本銀行公告之。

第三十三條　本銀行於每年六月終及十二月終各結算一次，並以年終為全年決算期，由董事會將信託部、儲蓄部之決算書表彙合編製，經監察人查核，並請會計師查核後，提交股東會，請求承認。然後報部備查，並公告之。

第三十四條　每年決算所得贏餘，應先提十分之一以上為公積金，次提股息週息七釐。其餘分配成分由董事會按照下列順序擬定，提交股東會議決之：

一、特別公積金

二、低額信用貸款準備金

三、公益費基金

四、股東紅利

五、董事、監察人酬勞金

六、總經理以次行員獎勵金

第三十五條　分派贏餘於股東會議決承認後行之，股息及股東紅利按照停止過戶日之股東名簿分派。

---

❶ "副""經"兩字顛倒。——編者註

第七章　附則

第三十六條　本章程未盡事宜，悉照《銀行通行則例儲蓄銀行則例及公司法》之規定辦理。如有變更，須經股東會依法議決，並呈部核准備案。

新華信託儲蓄銀行宣言

本銀行由新華儲蓄銀行蟬蛻而來，在中國銀行中實為最早倡辦儲蓄者。今由中國、交通兩銀行招股改組，根據銀行最新學說所課的職責，與夫同人實際經驗上所喚起的自覺，請於改組開幕之日，掬吾旨趣，為社會告焉。

銀行所負使命的重大，在以社會為對象，從事於其經濟力與信仰心二者之集中，還而運用之於社會，以為社會福，如是焉而已。請分別解釋之。

所謂以社會為對象，而集中其經濟力，是不當單着眼於大量的經濟。尤當着眼於羣眾一錙一銖的所在，設為種種方便法門以吸集之。一錙一銖，最易耗散，聚之勿失，一利也。額小無所利，聚成巨額，乃生效用，二利也。散之為一錙一銖，聚之便得恆河沙數。若不加注意，不知不覺中，社會實蒙莫大之損失。是宜用簡當便利的手續，使之不費時，不費力，集中而生效，此其一。

不惟利便其方法，兼須鞏固其保障，則集中信仰為要已，尤當重念人類社會，是一種整個的精神團結物；誠欲集中信仰，必須就一般人事上，根據我精神方面忠實不苟的素養，與夫物質方面經濟集中的力量，因而取得承受一切委託的資格：如委託保證，委託保管，委託運用，委託整理，委託設計，多其方法而慎用之。是則所謂以社會為對象而集中信仰心者也，此其二。

88

　　集中經濟與信仰果何所為乎？亦惟運用之以為社會福而已。誠以社會為對象也，是不當單着眼於巨額的運用，尤當着眼於多數民衆生聚教養上之需要。用科學方法，測知其生產能力之程度，而予以相當之資助。資助於生產能力所不及之地，此慈善家所有事也；就其生產能力所及而資助之，此銀行所有事也。不惟資助而已，尤當隨時注意其生產狀況而加以指導與維護。雖謂此銀行種種設施，一本於人類最高的慈善性可也，此其三。

　　基於第一義，乃辦儲蓄，凡可以集中社會經濟者，必盡力焉。

　　基於第二義，乃辦信託，凡可以增厚幷擴大社會信仰者，必盡力焉。

　　基於第三義，凡儲蓄、信託一切業務，所以運用之者，皆當以平民為目標。根據銀行原則及國家法令之所規定，就自身能力之範圍，與夫環境容許之程度、進取其精神，而審慎其方法，以期逐步實現福利平民主義。

　　所尤欲聲明者，本銀行辦理儲蓄及信託，一以忠實穩慎保障安全為主。對於儲蓄及信託款項，公開會計，並以全部資產擔保，由全體董事及經理負無限責任。而尤不願以厚利餂人，或且自殖；苟獲盈餘，當厚提公積，撥其一部，為公益費基金及低利貸款準備金，以充實本銀行為大多數民衆服務的力量。

　　總之，本銀行願以新精神賡續舊生命，根據最高的原則，采取穩健平實的方法，運用之於實際。倘以經濟力和信仰心集中政策之有效，社會事業勃興，人人有恆產，有恆業，獲得安定快樂的生活，國運因以繁榮，人羣文化因以盛展，此則同人之厚望，而壹惟有賴於社會之指導與贊助，相與有成者也。伏惟公鑒。

中華民國二十年一月

　　按上錄宣言所載，該行改組後之營業政策，為以社會為對象，集中經濟力與信仰心，運用之於社會，以為社會福。近年以來，恪遵斯旨，極力推行儲蓄與信託業務。首設服務部，以計劃切實服務社會；設立鄉鎮辦事處，以調劑城鄉金融；辦理各種信託業務，以銀行信用協助社會；代理買賣公司股票，以促進本國公司股票之流通及企業之發展，並擴大資金運用之途徑。同時將公共、四季兩種有獎儲金停辦。今日所辦之儲蓄存款，共有活期者三種，卽生活儲金、兩便儲金及禮券儲金；定期者九種，卽零存整付儲金、整存整付儲金、整存零付儲金、存本付息儲金、儉約儲金、定期儲金、人壽儲金、教育儲金及團體儲金。詳細辦法俱載儲蓄存款章程，茲附錄於下，以供參考。

新華信託儲蓄銀行總行儲蓄部存款章程（民國二十三年七月修訂）

甲　活期儲蓄存款

1. 生活儲金（卽活期儲蓄）

　　此項儲金隨時存取，不限日期，不限數目，與活期儲蓄同一便利。且每日存款餘額在一百元以上者，復可享加息之利。凡處理日常生活，備作日用開支，或收支不能預計者，以存儲此項儲金最為方便有利。

　　存款　滿銀元一元卽可向本銀行開立存戶，由本銀行填給存摺，以後不拘數目，可以隨時存付，但每戶存數至多以五千元為限。

　　利率　利率週息五釐，每逢六月及十二月二十日各結算一次，併入本金利上生利。非在結算時期不得結算利息。如存戶於未到結算期將存款陸續提清者，概不計息。

　　加息　每次結算期內卽十二月二十一日至六月二十日及自六月二十一日至十二月二十日，如每日存數餘額在一百元以上滿六個月者，按週息六釐計算；滿一年者，按週息七釐計算。

取款　存款隨時可以支取，留有印鑑者，取款時須填具取款條，連同存摺交本銀行，以憑支付；未留印鑑者，憑摺辦理。

其他　儲入之款結數不滿銀元一元者不計利息。

如存戶於開立存摺二個月內，將所存之款如數提清者，須繳手續費銀幣三角。

此項存款祇收現款或即期票據，如以遠期票據來存者概不收受。惟存入之票據亦須俟兌到現款後方可支用並起息。如遇退票當即通知儲戶來行領回，一面即按其金額如數在存款內冲除。此項退票如因地址不明無法退還者，本銀行不負責任。

2. 存取兩便儲金

此項存款對於存戶最為方便有利，凡存戶存款以後，中途如有需用，即可隨支本息，不加限制。旣得享受定期之優息，復可保存活期之便利。兩益均沾，善莫與京。凡存戶如有整數餘蓄，欲享受較厚之利息，而不能預定存放之期限者，此種儲蓄最為相宜。

存數　存入金額至少銀元十元，由本銀行填給存取兩便儲蓄存單為憑。

利率　利率照左列存滿期限及利率計算。凡存滿一期所餘之日數如滿一個月者，概照該期利率計算。存滿十八個月，如須續存者。應即另換新單，否則停息。

存滿三個月，週息五釐半計息。存滿六個月，週息六釐計息。

存滿九個月，週息六釐半計息。存滿十二個月，週息七釐計息。

存滿十五個月，调息七釐半計息。存滿十八個月，週息八釐計息。

取款　存款隨時可取。本息一次付清。留有印鑑者，支取時須在存單上照原印鑑式樣簽印；未留印鑑者憑單辦理。

3. 禮券儲金

此項禮券印製精美，用以餽贈親友，足表心忱，復合實用。移作本銀行各項儲金，且得按照訂定之存款利率自填發日期起息。在各分支行及代理處均可兌現。如以之向本埠南京路中國國貨公司採購貨物，可當現金使用。

種類　分一元、二元、四元、六元、八元、十元六種，並備空白禮券一種，印就格式，其數目臨時可以填寫。另備紅、素封套二種，任憑選用。

兌取　此項禮券可隨時向本銀行及各地分行辦事處兌取現金，或移作各種存款。

優待　凡以此項禮券儲金移作本銀行存款，得按照訂定之存款利率，自該禮券填發日期起息。

規章　此項禮券儲金不得掛失，倘有塗改作為無效。

乙　定期儲蓄存款

1. 零存整付儲金

此項儲金係將零數按期存儲，每扣足六個月複利一次。定若干年到期，將應得本息一次整數提出。凡存戶欲預籌將來整筆用款，如置產興業基金、老年頤養費、子女婚嫁費、失業預防費以及其他預備費等，須先期積儲者，最好採用此種儲金。

存數　每次存入金額至少銀元一元，由本行填給存摺為憑。

繳款　分每月、每三月、每半年或每一年存款一次，均可照辦；但一經訂定之後，不得更改。

利率　利率以週息計算。定期一年七釐，二年七釐半，三年八釐，四年八釐半，五年至六年九釐，七年至八年九釐半，九年至十一年一分，十二年以上一分另五毫，均自交款日起息，扣足六個月結算一次，併入存本，利上生利。在儲金未到期前不得提取。

　　停繳　此項存款如存戶中途不願繼續照存，其已繳之款得仍按訂定之利率計算利息，到原定期限時一併支付。如欲於期前提取者，本銀行得將已算之利息扣除，照原本酌給利息，但存入未滿六個月者不計息。

　　取款　存款到期支取本息，如留有印鑑者須照原印鑑式樣填具正副收條，連同存摺一併交與本銀行，方可照付；未留印鑑者憑摺辦理。

　　附表　下表係按照存款人訂定之一定日期核算，如存款日期有或先或後者均有變動。

零存整付儲金年限本利表（一）（按月零存到期應得本利數）

定期年限	每月存一元	每月存三元	每月存六元	每月存九元	每月存十二元
一年	一二·四六	三七·三八	七四·七六	一一二·一四	一四九·五二
二年	二五·九四	七七·八二	一五五·六四	二三三·四六	三一一·二八
三年	四〇·七二	一二二·一六	二四四·三二	三六六·四八	四八八·六四
四年	五七·一六	一七一·四八	三四二·九六	五一四·四四	六八五·九二
五年	七五·六六	二二六·九八	四五三·九六	六八〇·九四	九〇七·九二
六年	九五·二三	二八五·六九	五七一·三八	八五七·〇七	一一四二·七六
七年	一一八·七七	三五六·三一	七一二·六二	一〇六八·九三	一四二五·二四
八年	一四二·九五	四二八·八五	八五七·七〇	一二八六·五五	一七一五·四〇
九年	一七三·七二	五二一·一六	一〇四二·三二	一五六三·四八	二〇八四·六四

續 表

定期年限	每月存一元	每月存三元	每月存六元	每月存九元	每月存十二元
十年	二〇四·一八	六一二·五四	一二二五·〇八	一八三七·六二	二四五〇·一六
十一年	二三七·七七	七一三·三一	一四二六·六二	二一三九·九三	二八五三·二四
十二年	二八四·三九	八五三·一七	一七〇六·三四	二五五九·五一	三四一二·六八
十三年	三二七·七二	九八三·一六	一九六六·三二	二九四九·四八	三九三二·六四
十四年	三七五·七三	一一二七·一九	二二五四·三八	三三八一·五七	四五〇八·七六
十五年	四二八·九一	一二八六·七三	二五七三·四六	三八六〇·一九	五一四六·九二

零存整付儲金年限本利表（二） （預定到期欲得整數每月應存數）

定期年限	到期可得本利				
	五百元	一千元	貳千元	五千元	壹萬元
一年	四〇·一三	八〇·二六	一六〇·五二	四〇一·三一	八〇二·六一
二年	一九·二八	三八·五五	七七·一一	一九二·七六	三八五·五二
三年	一二·二八	二四·五五	四九·一一	一二三·七七	二四五·五四
四年	八·七五	一七·四九	三四·九八	八七·四七	一七四·九四
五年	六·六一	一三·二二	二六·四四	六六·〇八	一三二·一六
六年	五·二五	一〇·五〇	二一·〇〇	五二·五一	一〇五·〇一
七年	四·二一	八·四二	一六·八四	四二·一〇	八四·一九
八年	三·五〇	七·〇〇	一三·九九	三四·九八	六九·九六
九年	二·八八	五·七六	一一·五二	二八·七八	五七·五七
十年	二·四五	四·八九	九·七九	二四·四八	四八·九五
十一年	二·一〇	四·二一	八·四二	二一·〇三	四二·〇六

續　表

定期年限	到期可得本利				
	五百元	一千元	貳千元	五千元	壹萬元
十二年	一·七六	三·五二	七·〇四	一七·五八	三五·一六
十三年	一·五三	三·〇五	六·一〇	一五·二六	三〇·五一
十四年	一·三三	二·六六	五·三二	一三·三一	二六·六二
十五年	一·一七	二·三三	四·六六	一一·六六	二三·三二

2. 整存整付儲金

此項儲金係以整數存入，訂定經若干年到期本息一併提取，每半年計息一次，利上生利。如個人家庭或公私機關以及團體會社等預計經若干時須得整數若干，或有整數款項於某時期內可不需用，而欲使其長期存放，享受優厚利息者，此種儲金最為適用。

存數　存入金額或預期金額須在銀元五十元以上，由本行填給存單為憑。

期限　此項儲金年限由存戶斟酌訂定，但至少須在二年以上。

利息　此項儲金利息每扣足六個月結算一次，併入本金利上生利。定期二年至三年週息八厘，四年至五年週息八厘半，六年至七年週息九厘，八年至九年週息九厘半，十年以上週息一分。期限愈長，利息愈厚。

取款　到期支取本息，留有印鑑者須在存單背面照原印鑑式樣簽印；未留印鑑者憑單辦理。

附表　此項儲金一次存入若干，到期時應得本息若干，列表如後。

整存整付儲金年限本利表

期限	假定滿期後可得洋一千元應一次預存金額	假定存洋一千元滿期後可得金額
二年滿期	八五四‧八〇	一一六九‧八六
三年滿期	七九〇‧三一	一二六五‧三二
四年滿期	七一六‧七九	一三九五‧一一
五年滿期	六五九‧五四	一五一六‧二一
六年滿期	五八九‧六六	一六九五‧八八
七年滿期	五三九‧九七	一八五一‧九四
八年滿期	四七五‧九二	二一〇一‧一八
九年滿期	四三三‧七四	二三〇五‧五三
十年滿期	三七六‧八九	二六五三‧三〇
十一年滿期	三四一‧八五	二九二五‧二六
十二年滿期	三一〇‧〇七	三二二五‧一〇
十三年滿期	二八一‧二四	三五五五‧六七
十四年滿期	二五五‧一〇	三九二〇‧一三
十五年滿期	二三一‧三八	四三二一‧九四

3. 整存零付儲金

此項儲金係以整數存入，分期支取本息。凡有意先期劃出整款，預備分期撥作經常費用，或額定開支，如子女教育費、個人及家庭日用費、慈善機關經常費、老年生活費者，以存儲此種儲金為最適宜。

存數　存入金額至少須銀元一百元，由本銀行填給存摺為憑。

利率　利息於每支付一次本息後結算一次，併入本金利上生利。定期二年者週息六厘，三年者週息六厘半，四年者週息七厘，五年者週息七厘半，六年者週息八厘，七年者週息八厘半，八年者週息九厘，九年者週息九厘半，十年至十一年週息一分，十二年以上週息一分零五毫。

取款　支取本息分每月、每三月、每半年或每一年一次，每次按訂定日期領款。留有印鑑者，隨帶存摺並簽印於取款條；未留印鑑者憑摺辦理。

附表　此項儲金第一次存入若干，以後按期得支取本息若干，列表如後。

整存零付儲金年限本利表（假定存入一千元 按期應支本利數）

定期年限	每月一付	每三月一付	每半年一付	每年一付
二年	四四·二八	一三三·五一	二六九·〇三	五四六·一二
三年	三〇·六一	九二·三一	一八六·一三	三七八·三一
四年	二三·九〇	七二·一一	一四五·四八	二九六·〇五
五年	一九·九八	六〇·三二	一二一·七六	二四八·〇九
六年	一七·四七	五二·七五	一〇六·五五	二一七·三七
七年	一五·七六	四七·六一	九六·二四	一九六·五七
八年	一四·五六	四四·〇一	八九·〇二	一八二·〇四
九年	一三·七一	四一·四五	八三·八八	一七一·七五
十年	一三·一〇	三九·六三	八〇·二四	一六四·五〇
十一年	一二·六七	三八·三五	七七·七一	一五九·五〇
十二年	一一·九五	三六·〇〇	七二·四七	一四六·七六
十三年	一一·四八	三四·五七	六九·五六	一四〇·七八
十四年	一一·〇八	三三·三七	六七·一二	一三五·七五
十五年	一〇·七五	三二·三五	六五·〇五	一三一·四七

4. 存本付息儲金

此項儲金係以整數存入，以後分期支取利息，到期取本。凡不欲動用本金，而以存款所生利息充作子女教養費、個人或家庭日用費、學校醫院慈善機關以及其他團體會社等經常費者，以本金或基金撥存此種儲金最為相宜。

存數　此項儲金至少須在銀元壹百元以上，但最多不得超過一萬元。由本行填給存摺為憑。

期限　此項儲金期限須在貳年以上。

利率　此項儲金利率二年週息七厘半，三年週息八厘，四年週息八厘半，五年週息九厘。

取款　此項儲金付息之期，由存戶擇定每半年或每年取息一次均可照辦。但一經訂定之後，不得更改，本金須滿期後方可支取。

5. 儉約儲金（即特種零存整付存款）

朱子治家格言："自奉必須儉約"，本行此項儲金即為鼓勵社會人士儉約而設。由存戶於開戶時規定期限，此期內祇存不取。以後即將每月節餘之款，不論數目，不拘日期，存儲生息，經相當時期後，積成鉅數，可作創業之用。

存數　每次存入金額不必一律，但至少銀元五元，由本銀行填給存摺為憑。自開立存摺之後，在規定期限內不拘日期，隨便可存；但每月至少須存入一次，每月存款總數不得超過銀元貳百元。

期限　期限至短二年，最長五年為度。

利率　利息照左列存滿期限及利率計算，每扣足六個月複利一次。

存滿二年，週息八厘計息；存滿三年，週息八厘半計息；

存滿四年，週息九厘計息；存滿五年，週息九厘半計息。

存戶如欲於未到訂定年限以前提取時；本銀行得將已算之利息扣除，照原本酌給利息；但存入未滿六個月者，不計利息。

取款　此項儲金於到期時本息一次支取。留有印鑑者，支取時隨帶存摺。並照原印鑑式樣簽印於取款收條；未留印鑑者，憑摺辦理。

轉存　此項儲金到期以後，如轉存本行定期儲金或存本付息儲金，一律照各該儲金原訂利率加給半厘，以示優待。

6. 定期儲金

此項儲金適用于個人之巨額積蓄，學校、醫院及慈善團體之基金，可作長期存儲，而得優厚利息。且期限在三年以上者，利息更可特別從優。

存數　此項儲金金額至少在銀元壹百元以上，由本銀行填給存單為憑。

期限　至短六個月。

利率　利率照規定期限分列如下：

一年，週息七厘半；二年，週息八厘半；三年，週息九厘；三年以上另議。

取款　此項存款須到期後方可支取本息。留有印鑑者，支取時在存單背面照原印鑑式樣簽印；未留印鑑者憑單辦理。

7. 人壽儲金

此項儲金係寓保險於儲蓄，存儲既輕而易舉，利益則兼收並蓄。本辦法不僅個人利用之可增殖財源，預防意外，尤適用於公私團體及機關作為職工團體儲蓄與團體保險。（編者案此項儲金另有詳章錄後。）

8. 教育儲金

此項儲金專為協助家長得以最簡捷易行之方法，解決子女教育費問題而設。分為甲、乙兩種。甲種為一次躉數存入，按期支取本息。乙種係每月依照定額存入，按期支取本息。二者各有特點。凡關心子女教育費之家長，可斟酌經濟情形，預為開戶存儲，庶免臨渴掘井之虞。（另備詳章承索即奉。）

9. 團體儲金

此項儲金專為協助公私機關團體辦理儲蓄，以謀安定職工生活，提倡公眾儉德而設。凡公務機關、私人團體以及公司、商店、工廠為職員、工友按期提存儲蓄金獎勵金，或在職員工自願按期在薪工中提存儲蓄金者，均得與本銀行訂立合同，按照團體儲金辦法，享受特殊利益，以示優待。

開戶　團體儲蓄存款用機關名義開戶者，須由機關負責人員具函聲明。儲金性質及存取辦法如訂有章程者，應一併附送本銀行存查。如用個人名義開戶者，須由服務機關負責人具函申請。人數至少須有十人以上，陸續加入者祇須由機關證明。

團體儲蓄之個人戶名限於領取薪工所用之真姓名，每人以一戶為限。堂記別號概不適用。

存款　團體儲蓄存款以機關名義開戶者，應訂定存儲日期及每次存儲金額；以個人名義開戶者，每次存儲數目自五角起至五十元為限。開戶時須訂定存儲日期，及每次存儲數目。以後如有變更，應由服務機關負責人保函聲明。

利率　團體儲蓄存款利率隨存儲年期增高之。第一年八厘，第二年八厘半，第三年九厘，第四年九厘半，第五年起一分，均照週息計算。滿六個月複利一次，存儲未滿六個月者，不計利息。

支取　團體儲金支取時，以存摺及開戶時所存之印鑑為憑。凡以個人名義開戶而支取時須得服務機關之同意者，應於開戶時預先聲明。

團體儲蓄存款如在存儲未滿期前，因必要用途須支取一部份者，應先期由服務機關負責人具函商得本銀行同意後辦理。

附《通信存款辦法》

本銀行志在服務，對於顧客存款手續，力求便利。故上列各項存款，均可通信辦理。其辦法如下：

一、存戶先將款項匯交本銀行，同時來信將戶名住址及存款種類、金額、期限等詳細開示。（注意）來信於署名下所蓋之圖章或簽字，須與日後填寫於印鑑紙上之式樣相同。

二、本銀行實際收到款項後，卽照來信開具存單或存摺，連同空白印鑑紙二份，由郵局掛號寄與存戶。

三、存戶收到存單或存摺後，卽將簽字或圖章式樣填明於印鑑紙，立卽復信，將印鑑紙寄還本銀行備查。以後存戶支取本息，卽以此項印鑑為憑。（注意）印鑑紙上所填簽字或圖章式樣，須與第一次來信開立存戶時所用簽字或圖章相同。

四、定期存款到期續存，存戶祇須在存單背面批註轉期年限，並寫明"此單轉期不憑支取"，於空白處照原印鑑簽印後，由郵局掛號寄來。俟本銀行收到後，卽行更換新存單，寄與存戶。

五、存戶續存款項，祇須來信開明原存摺號數戶名金額，不必將存摺寄來。俟本銀行實際收到款項後，先行開具收條，必與存戶；將來再憑收條補入存摺。

六、存戶匯來款項，可託銀行、錢莊、郵局開具本銀行抬頭之匯票寄下。倘係其他支票、期票等，須由存戶在票背簽印，並寫明"憑上海新華信託儲蓄銀行親收，別人拾得作廢"字樣。如所寄來之支票、期票等不能兌取現款，本銀行卽將該票等寄還存戶，不負任何責任。

上載該行儲蓄存款章程所列各種儲金，大都亦為其他經營儲蓄業務各銀行所辦理。吾人觀此章程，卽可知現在各銀行辦理儲蓄方法之大概。惟其中有人壽儲金一項為該行所創辦，始辦於二十年五月。其用意在使一般食力之輩如商店、公司、機關之職員、工廠之職工、學校之教師，有擔保性與強制性之儲蓄，故撮取儲蓄與保險二者之長融合為一，創為一種手續簡捷之定期儲蓄，兼予儲戶補償意外損失之利益。推行以來，認儲者極為踴躍。茲將該行最近改訂之《人壽儲金章程》及《團體認儲辦法》錄後，以供參考。

新華銀行新華人壽儲金章程 ^{（民國二十三年一月修正施行）}

一、本儲金為本銀行特創定期儲金之一種，儲戶有補償意外損失之利益。團體與個人均甚適用。

二、儲戶認儲可自一元起至二十元止，認定數額，按月繳儲，以五年（六十個月）為期。期滿領取本利計月存一元者得本利六十六元，其月存二十元者得本利一千三百二十元，餘類推。

三、儲戶不論男女，年在十二歲以上五十五歲以下，身體健康，經本行認可者，均可認儲。祇須備最近半身照片壹張，填認儲書一紙，至本銀行或代理處繳納儲金。

四、每月繳儲日期上半月定為每月之一日至五日，下半月定為每月之十六日至二十日，於認儲前由儲戶認定一繳儲之期。過期補繳貼息每元每月洋壹分，不足一月亦以一月計算。儲戶為簡省每月繳儲手續起見，可將儲金分期預繳；或按月儲一元預存一百五十元為比例，將應存數存入本銀行，自第二個月起卽可將息金劃充儲金。

五、儲戶繳儲幷經過滿十二個足月後，如中途身故，除自殺、犯罪、從軍、兵災致亡故外，由登記領款人報告本銀行，經調查確實，備具手續，領取儲償金，按照每月存一元者領取六十六元為標準。

六、繳儲滿六個月以上，中斷後如未過六個月，得繼續繳儲，或改作定期存款，到滿期領取本息，或卽估值付還，均照另表辦理。（表從略）

七、繳滿二十個月之儲金證，得向本銀行按七折抵押。

八、儲戶住址職業印鑑等如有變更，須卽通知本銀行登記。如遺失儲金證或印章，須卽向本銀行照手續掛失。補給儲金證，每戶取手續費洋壹元。

九、儲金滿期或中途停繳，估值付還，或身故領取儲償金，均憑儲金證及收據領款。但領儲償金者，本銀行須領款人提出各項證件與相當保證書，方得付款。

十、儲戶自殺、犯罪、從軍、兵災致死，或于遲繳儲金期內身故，祗還原本，不加償金。又繳儲經過未滿十二個足月身故者亦同。

十一、團體認儲本儲金在三十人以上，或月繳總額在二百元以上者，可與本銀行訂約享受團體認儲辦法之利益。

十二、本章程所訂各條，本銀行得隨時修正之。

新華銀行新華人壽儲金團體認儲辦法（民國二十三年一月修正施行）

一、凡機關商店學校工廠等團體認儲人壽儲金作團體儲蓄，而兼有壽險利益者，祗須滿三十人，或月繳總額在二百元以上，卽可訂立契約，按照本辦法辦理。

二、團體認儲每戶一角起至二十元為限，認儲手續除填認儲書外，其他事項得與本銀行商定辦法，訂明于契約。

三、凡填給團體之儲金證及收據等件，本銀行均總交訂約團體所指定之代表人收轉。至每月繳儲或按契約領款，亦由訂約團體代表人辦理之。

四、團體儲戶繳滿六個月後，即可享受個人儲戶十二個月之利益。

五、團體儲戶中如有個人中途離職，除照估值付還或改存外，並得過戶與繼任者。但過戶後須經三個足月方可繼續享受前儲戶儲償利益。過戶費每戶壹元。

六、團體儲戶按月繳儲常在六百元以上者，至滿期領取本息得照總數加給百分之二；滿三千元以上者，得另商訂加給利息辦法。

七、團體儲金證非訂約團體與儲金本人雙方同意，不能向本銀行抵押。

八、其他未詳事項，悉照《新華人壽儲金章程》辦理。（編者案：表從略。）

該行自創辦迄今已歷廿載，初辦之年存款祇七十餘萬元。民國八年辦公共儲金，存款額增至八百九十餘萬元。其後十年之中受政局影響，存款額略見減少，至十九年底數為二百三十餘萬元。二十年改組開幕時，辦理紀念儲金，定期一年。兩個月中，收數達三百二十餘萬元。最近三數年來，儲蓄業務殊見穩進，二十二年底儲蓄存款總額達八百六十餘萬元。茲將歷年儲蓄存款總額列表於下。

新華銀行歷年儲蓄存款總額表（一）　(民國三年至十九年)

（元）

年別		金額
民國	三年末	七四一、三一一・三一
	四年末	一、四八〇、三五五・三六
	五年末	七〇一、六〇五・〇〇
	六年末	四、一八三、七三四・二八
	七年末	三、二八一、四一七・四一
	八年末	八、九三六、三二二・六八
	九年末	三、八六三、一六六・四八
	十年末	五、二二一、五〇〇・六〇
	十一年末	四、四三七、七二八・二五
	十二年末	四、四七三、〇六四・五四
	十三年末	四、四一五、四二四・七九
	十四年末	三、七一八、一六二・四五
	十五年末	二、七六七、三一四・七四
	十六年末	三、〇一九、八九五・七七
	十七年末	二、八七一、二七九・六一
	十八年末	二、五五八、二六〇・二一
	十九年末	二、三〇四、九五二・二七

新華銀行歷年儲蓄存款總額表（二）　(民國二十年至二十二年)

（元）

年別	活期	定期	總額
二十年末	四五四、七四三・五一	五、六三七、一一七・〇六	六、〇九一、八六〇・五七
二十一年末	六八八、一二一・九七	四、九五五、二七二・三七	五、六三三、三九四・三四
二十二年末	二、四九七、三六一・四二	六、一五六、九七二・四二	八、六五四、三三三・八四

至於資金運用之情形，可以最近兩年年底之數字為代表觀察，茲列表示之如下。

新華銀行儲蓄部資金運用概況表^{（民國二十一年底}

^{與二十二年底）}

運用途徑	二十一年		二十二年	
	金額（元）	百分數	金額（元）	百分數
抵押放款	六九二、二六三・四八	一〇	七八四、〇二五・四九	八
有價證券購置	一、六九六、六七一・二〇	二六	二、〇五七、八一二・四一	二一
房地產購置	六三〇、三六〇・四二	九	一、三三九、九二九・七七	一四
現金及銀行往來	三、七九九、六一七・一一	五五	五、五一〇、二七七・〇二	五七
現金與存放同業	一、〇五七、五六四・〇一	一五	一、五九〇、三三七・七八	一六
本行往來	二、七四二、〇五三・一〇	四〇	三、九一九、九三九・二四	四一
共計	六、八一八、九一二・二一	一〇〇	九、六九二、〇四四・六九	一〇〇

（一〇）上海商業儲蓄銀行

上海商業儲蓄銀行開辦於民國四年，乃莊得之、陳光甫諸氏所創辦。初辦時股本祇十萬元，現已收足五百萬元。二十一年底公積金為二百六十七萬元，存款總數為一萬二千六百二十六萬元；二十二年底公積金增至三百三十一萬元，存款總額增至一萬四千三百五十萬元。發展之速，在我國銀行中首屈一指。該行總行設於上海，分行設於南京、鎮江、常州、無錫、蘇州、南通、蚌埠、臨淮、板浦、蕪湖、安慶、九江、南昌、武昌、漢口、長沙、鄭州、開封、陝州、天津、北平、青島、濟南、濟寧、沙市、宜昌、廣州、香港等埠。現任董事為莊得之、陳光甫、楊敦甫、楊介眉、孔庸之、朱如堂、夏筱芳、金宗城、黃煥南、黃靜泉、伍渭英、貝哉安、李桐村、金伯屏、榮宗敬、徐靜仁、李馥蓀諸氏，監察人為林康侯、羅國瑞、薛敏老諸氏，總經理為陳光甫氏。

　　該行之儲蓄處設於民國六年，十五年起遵部令會計獨立。資本現為五十萬元。公積金二十一年底為五十二萬元，二十二年底增為五十六萬元。二十二年底，儲蓄存款之總額達三千三百三十萬餘元。自民國六年至今增至三百倍。我國各銀行所收儲蓄存款之數，推該行為第一。茲將其歷年年終之總額列表於後。

上海銀行歷年儲蓄存款總額表（一）（民國六年至十八年）

（元）

年別		金額
民國	六年底	一〇五、三七三·五八
	七年底	六六三、六六二·九〇
	八年底	三五二、二五九·四五
	九年底	八三八、九〇三·一七
	十年底	一、一六六、七一九·五五
	十一年底	一、七一一、二二五·一九
	十二年底	二、三五九、一五八·一七
	十三年底	二、七七一、六五〇·〇一
	十四年底	四、四七二、一一〇·二八
	十五年底	五、二九八、七一一·四四
	十六年底	六、一一四、七七六·九〇
	十七年底	八、四八八、八六二·五二
	十八年底	一一、二七五、九二四·九〇

上海銀行歷年儲蓄存款總額表（二） (民國十九年 至二十二年)

（元）

年別		活期	定期	總額
民國	十九年底	一三、八六二、〇七七·三七	三、〇九一、八八六·六二	一六、五三、九六三·九九
	二十年底	一五、二九二、二二〇·三四	四、四九三、〇二三·五五	一九、七八五、二四三·八九
	二十一年底	二〇、八〇九、二一〇·一四	五、八四四、二七六·七〇	二六、六五三、四八六·八四
	二十二年底	二五、八六〇、九五六·一四	七、四四一、八九八·四九	三三、三〇二、八五四·六三

至其資金運用之情形，可以最近兩年底之數字為代表觀察，茲列表示之於下。

上海銀行儲蓄處資金運用概況表 (民國二十一年底 與二十二年底)

運用途徑	二十一年		二十二年	
	金額（元）	百分數	金額（元）	百分數
抵押放款	八、五二五、一一六·三〇	三一	八、八八〇、六一七·五四	二六
證券購置	三、八八一、四三〇·〇二	一四	四、七一八、八七八·六六	一三
現金及本行往來	一五、四六四、四四四·八四	五五	二〇、九八一、四五六·〇〇	六一
現金	二、〇八八、三八五·五七	七	三、〇五八、二〇〇·〇〇	九
本行往來	一三、三七六、〇五九·二七	四八	一七、九二三、二五六·〇〇	五二
共計	二七、八七〇、九九一·一六	一〇〇	三四、五八〇、九五二·二〇	一〇〇

（一一）*農業儲蓄銀行

農業儲蓄銀行創立於民國五年七月。總行設威海衞，分行設烟台，支行設上海。資本總額五十萬元。民國九年終實收二十五萬五千三百元，公積金六萬餘元。董事谷銘訓、劉文經、李濯之、呂象坤諸氏，監察人益成棧，總經理蕭蘭亭民，副經理叢芹譜氏。營業數年，以故停業。

（一二）浙江實業銀行

浙江實業銀行係浙江銀行遞嬗而來。浙江銀行設於宣統元年，係官商合股。總行在杭州，分行在上海。民國四年改組為浙江地方實業銀行，股本定為一百萬元，官六商四，仍為官商合股之局。十二年官商分離，杭州、海門、蘭溪各行改歸官辦，稱為浙江地方銀行。上海、漢口各行改歸商辦，稱為浙江實業銀行。兩行資產負債完全劃分。今浙江實業銀行之總行設上海，分行設漢口、杭州及上海之虹口。資本收足二百萬元。二十一年底公積金達二百五十三萬元，存款總額達三九、四一〇、〇八三·七六元；二十二年底公積金增至二百六十六萬元，存款總額增至四四、六六五、九一七·五四元。現任董事長為李銘氏，常務董事為陳大畇、盧學溥、錢永銘、陳選珍諸氏，董事為薩福楙、曾宗鑒、周亮、陳輝德、徐陳冕、朱博泉、王伯羣、岑立三諸氏，監察人為蔣鴻林、徐棠、孫世偉、徐光溥、黃漢梁諸氏，總經理為李銘氏。

該行在民國六年卽設儲蓄處。資本初僅十萬元，十九年增為二十萬元。歷年盈餘悉轉入公積金。二十一年底有公積金四十三萬元，翌年終增為四十六萬元。儲蓄存款歷年增加殊速。民國六年時祇六萬餘元，十二年增至一百萬餘元，二十二年底增至一千一百十餘萬元。茲將其歷年總額列表如下。

浙江實業銀行歷年儲蓄存款總額表（民國六年至二十二年）

（元）

年別		活期	定期	共計
	六年底	四八、二三四·一二	一六、五九〇·四一	六四、八二四·五三
	七年底	七六、二七三·七二	四八、五四〇·二六	一二四、八一三·九八
	八年底	一〇一、〇一六·〇七	五六、九七一·八五	一五七、九八七·九二
	九年底	一三七、三七三·三六	七一、四九二·五四	二〇八、八六五·九〇
	十年底	二四四、九六九·三四	二〇七、五五二·〇七	四五二、五二一·四一
民國	十一年底	四二九、七六二·六三	四三一、五八六·二九	八六一、三四八·九二
	十二年底	四一二、五八三·〇五	六一二、五五〇·一八	一、〇二五、一三三·二三
	十三年底	六三九、三九七·八一	一、〇二八、三五三·八六	一、六六七、七五一·六七
	十四年底	一、一八五、五二四·八五	一、六七一、七六五·五一	二、八五七、二九〇·三六
	十五年底	一、四七九、一八一·九九	二、五七七、一〇八·八三	四、〇五六、二九〇·八二
	十六年底	二、一七二、六八四·〇二	三、三一九、二二三·五〇	五、四九一、九〇七·五二

續　表

年別		活期	定期	共計
民國	十七年底	二、二八六、一〇七·五〇	四、二九七、七二二·八九	六、五八三、八三〇·三九
	十八年底	二、八〇三、〇五二·二九	五、一三四、〇二六·二四	七、九三七、〇七八·五三
	十九年底	二、四二九、四九六·五一	五、五四二、一三四·七一	七、九七一、六三一·二二
	二十年底	二、二五七、五三·五四	六、四七九、七〇五·四〇	八、七三七、六五八·九四
	二十一年底	二、六三二、〇三六·六三	七、〇二四、八二四·二六	九、六五六、八六〇·八九
	二十二年底	二、九七〇、九二九·八四	八、一四八、四八四·八二	一一、一一九、四一四·六六

　　至於資金運用之情形，可以最近兩年底之數字為代表觀察，茲列表示之於下。

浙江實業銀行儲蓄處資金運用概況表^{（民國二十一年底與二十二年底）}

運用途徑	二十一年		二十二年	
	金額（元）	百分數	金額（元）	百分數
抵押放款	一、三一三、九四四·四五	一三	一、三〇三、二一〇·九五	一一
證券購置	三、五二九、一六一·一四	三三	三、九七三、七八五·八六	三三
現金與本行往來	五、六六七、八二五·一五	五四	六、七六九、四四三·三四	五六
現金	二九九、五〇三·一二	三	三五〇、五三〇·〇〇	三
本行往來	五、三六八、三二二·〇三	五一	六、四一八、九一三·三四	五三
共計	一〇、五一〇、九三〇·七四	一〇〇	一二、〇四六、四四〇·一五	一〇〇

（一三）浙江地方銀行

浙江地方銀行係浙江銀行遞變而來。浙江銀行設於宣統元年，係官商合辦，總行在杭州，分行在上海。民國四年改組為浙江地方實業銀行，股本為一百萬元，官六商四，仍為官商合股之局。十二年官商分離，上海、漢口各行改歸商辦，稱為浙江實業銀行，杭州、海門、蘭谿各行改歸浙江省府所辦，稱為浙江地方銀行。今浙江地方銀行設總行於杭州，設分行於嘉興、紹興、湖州、寧波、海門、蘭谿、溫州等埠。資本總額三百萬元，實收一百萬元。二十一年終有各項公積金約十四萬元，存款總額約三百八十七萬餘元。現任董事長為王徵瑩氏，常務董事為徐恩培、曹豫謙二氏，董事為金百順、張法成、徐懋來、徐行恭四氏，監察人王錫榮、宓福衡、魏頌唐三氏，總經理徐恩培氏。

該行在民國六年即設儲蓄處。十九年起資本增至拾萬元，會計獨立。二十一年終公積金約有二萬九千元，二十二年終增至三三、七一八・一九元。十七年底有儲蓄存款五十萬一千餘元，十八年底有六十五萬餘元，十九年底有八十三萬餘元，二十年底有九十八萬餘元，二十一年底有一百二十萬餘元（內活期二四三、一五八・一三元，定期一、〇〇一、二〇一・六二元），二十二年底有一、六〇三、五二九・二七元（內活期二一九、九八三・五九元，定期一、三八三、五四五・六八元）。至其資金運用之情形，可以最近二年底之數字為代表觀察，茲列表示之如下。

浙江地方銀行儲蓄部資金運用概況表 （民國二十年底
與二十二年底）

運用途徑	二十一年		二十二年	
	金額（元）	百分數	金額（元）	百分數
抵押放款	七四、六七五・九一	五	五九、二八三・三八	三
證券購置	二五六、九九二・六〇	一七	二六五、〇四四・六〇	一五
本行往來	一、一二〇、〇〇〇・七一	七八	一、四九〇、六四三・二七	八二
共計	一、四五一、六六九・二二	一〇〇	一、八一四、九七一・二五	一〇〇

（一四）中孚銀行

　　中孚銀行成立於民國五年冬，初辦時資本定為二百萬元，收足一百零二萬元開業，其餘陸續增收足額。二十一年底有公積金四六一、〇〇〇元，存款總數一三、二〇五、二六〇・一五元，二十二年底有公積金五二、七一九・一七元，存款總額一六、五四五、〇六二・九七元。總行初設天津，二十年移於上海。上海、北平、天津、定縣、漢口等埠設有分行。現任董事長為孫多鈺氏，常務董事為聶其煒孫仲立氏，董事為孫觀方、林葆恆、孫元方、龔心湛、傅增湘、卞壽孫諸氏，監察人為周詒春、孫多巘、顧震福諸氏。滬行經理為孫元方氏。

　　該行在民國六年卽兼營儲蓄，十九年始闢儲蓄部，會計獨立。二十一年有資本二十萬元，公積金一、六五四・二六元。翌年資本額仍舊，公積金增至二、七一九・一七元。最近儲蓄存款總額達二百三十餘萬元，茲將其歷年儲蓄存款增加狀況列表示之如下。

中孚銀行歷年儲蓄存款總額表（一）^{（民國十年至十八年）}

（元）

年　別		金　額
民國	十年底	三三八、二八三・〇〇
	十一年底	四六八、八一六・〇〇
	十二年底	五六二、七六〇・〇〇
	十三年底	六八〇、九七二・〇〇
	十四年底	七九三、一八九・八一
	十五年底	九五〇、八一二・〇九
	十六年底	一、〇三八、七五一・七四
	十七年底	一、一〇〇、八九二・三二
	十八年底	一、一六九、四八九・九九

中孚銀行歷年儲蓄存款總額表（二）^{（民國十九年至二十二年）}

（元）

年　別	活　期	定　期	總　計
十九年底	六四二、七五〇・一六	五七三、六〇九・五一	一、二一六、七二〇・三〇
二十年底	七二三、一八一・七五	八〇二、四九四・七〇	一、五二五、六七六・四五
二十一年底	八四八、三四五・四七	九四七、四七六・五八	一、七九五、八二二・〇五
二十二年底	一、〇九三、四八五・四五	一、二五五、七八四・八二	二、三四九、二七〇・二七

　　至於該行儲蓄部資金之運用情形，可以最近兩年底之數字為代表觀察，茲列表如下。

中孚銀行儲蓄部資金運用概況表^{（民國二十一年底
與二十二年底）}

運用途徑	二十一年		二十二年	
	金額（元）	百分數	金額（元）	百分數
抵押放款	一〇九、八二七·四〇	五	二〇一、四六四·〇一	八
有價證券	七二七、八二七·四五	三六	一、一二二、七二〇·八〇	四四
房地產	二六八、九三八·一四	一四	—	—
現金與本行往來	八九〇、八二五·〇三	四五	一、二二五、六七五·二五	四八
共計	一、九九七、四一八·〇二	一〇〇	二、五四九、八六〇·〇六	一〇〇

（一五）[*]華孚商業銀行

　　華孚商業銀行創立於民國六年。總行初設杭州，後遷上海，上海、北京、湖州、蘇州、杭州俱設分行。資本定額一百萬元，十年底實收四十三萬三千五百元。董事長盛澤承氏，常務董事厲樹雄氏，董事潘鑑宗、屈文六、潘馨航、沈聯芳、林子英、劉子玉、袁寅昉諸氏。滬行經理厲樹雄氏。九年底有儲蓄存款一萬五千餘元，十年底有七千餘元，十一年受交易所風潮影響而停閉。

（一六）[*]工商銀行

　　工商銀行開辦於民國六年。總行設於香港，向香港政府註冊。上海、天津、廣州、江門、漢口、九龍六處設立分支行，而上海分行營業最盛。該行重要職員迭更，及薛仙舟氏任總經理，熱心振作，羅致人才，業務大盛。十九年薛氏逝世，該行以匯兌營業失敗，停業清理。當時僅滬行一處即有儲蓄存款五六十萬元，至今僅攤還四分之一。

（一七）永亨銀行

永亨銀行成立於民國七年，為施省之氏所創辦；行址在上海。二十年底有股本七十萬元，公積金一二六、五九八‧七七元，各種存款三、○六六、九八八‧四一元。二十二年底公積金增至一四一、五九八‧七七元，各項存款為二、一七一、三九七‧九一元。經理為徐寶琪氏。該行專營商業，附帶收受儲蓄存款，為額甚微。歷年結數俱在二萬元以下。

（一八）＊豫源商業儲蓄銀行

豫源商業儲蓄銀行係蘇州程覲岳氏獨資創辦，以秦潤鄉氏為經理，行址上海，股本五十萬元。旋以獨資銀行慮有未便，於民國八年收歇，改辦福源錢莊。對外存款，如數發還。

（一九）＊山東工商銀行

山東工商銀行創立於民國七年。總行設濟南，分行設天津，支行設上海。濟南設辦事處三所。資本總額定二百萬元，九年底收足五十二萬元。陳澤普、馬惠階、勞遜五、安善甫、蕭頫公、顏文卿、王鹿泉諸氏為董事。監察人為黃吉甫、東野甲三❶氏，經理為顏粹甫氏，副經理為劉鼎泉氏。九年底有儲蓄存款九萬餘元，十年底增至十五萬元。十四年冬以週轉不靈停業，存款本息未能如數發還。

（二〇）* 五族商業銀行

五族商業銀行創立於民國七年九月。總行設北京，分行設天津。資本總額一百萬元，九年底收足四十二萬餘元。董事為梁士詒、周自齊、劉冠雄、鄧君翔、陳日初、胡憲徽、林守堅諸氏，總理陳文泉氏，協理伍錫河氏，經理胡憲徽氏，襄理張為章氏。該行設儲蓄部兼營儲蓄，資本十萬元。十四年有儲蓄存款三十八萬餘元，旋以故停業。

（二一）* 香港華商銀行

香港華商銀行成立於民國七年，在香港政府註冊。總行設於香港，分行設於廣州、上海。資本總額定港幣五百萬元。十三年以香港總行虧累停業，儲蓄部存款發還四分之一。

（二二）　益通商業銀行

益通商業銀行開辦於民國八年一月。總行設長春，分行設哈爾濱、吉林、遼寧、大連、上海、天津等埠。資本定額一百萬元，實

---

❶　疑為“二”字——編者註

收二十五萬元。二十一年底有各項公積金二五八、二四七·四三元。開辦時設儲蓄部，同年底有儲蓄存款一、七四八、九〇〇·〇〇元。該行現任董事為王荊山、孫秀三、李墨林、王秉信、遲適夫、史煥亭、張鳴東諸氏，監察人為馬祝三、楊維周二氏，經理為田新吾、史享五二氏。

（二三）　東邊實業銀行

東邊實業銀行原名安東商業儲蓄會，地址在安東。安東商業儲蓄會設立於民國七年七月，十年七月改組為該行。初設時資本二十萬元，後增至收足一百五十萬元。現任專務董事王建極氏，常務董事高煥宸、劉寬民二氏，董事方萬成、孫榮明、陳憲、顧善法、張本政、李萬英、佟兆元、李春裕諸氏，經理王建極氏。設儲蓄與營業兩部，會計劃分，開東北銀行界之新紀元。二十二年六月共有存款二百十一萬五千餘元。東三省各地儲蓄會之資本都以奉幣為本位，惟該行始終以現大洋為本位，故民國十五年後奉幣跌價，其他儲蓄會均受影響，該行獨免，不可謂非幸事也。

該行之儲蓄部設立於民國十年，資本十萬元。曾為扶助安東市政，興辦電燈、自來水以及發展市內其他殖利事業起見，仿萬國儲蓄會之辦法，辦理有獎儲蓄。二十二年六月底共有各種儲蓄存款七十七萬八千零三十七元九角七分，內活期三十一萬三千七百七十元七角五分，定期四十六萬四千三百十七元二角二分。

（二四）中國實業銀行

中國實業銀行開辦於民國八年四月，係李士偉、周學熙、熊希齡、錢能訓諸氏所創辦。總行初設天津，二十一年遷至上海，改組為總管理處。寧、津、漢、廈、青各設分行，其他如安慶、蘇州、無錫、南通、鎮江、甯波、常熟、蕪湖、杭州、濟南、濰縣、定海、溫州、蚌埠、泰縣、福州、長沙、南昌、北平、秦皇島、唐山均設有支行辦事處。該行名為實業銀行，以我國實業幼稚，仍從事於商業，亦係商業銀行兼辦儲蓄者。二十一年時股本已收足三百五十萬零七十四百元，公積金約九十一萬元，存款總數為五〇、五三三、〇二九‧五〇元。現任董事長為龔仙舟氏，董事為劉晦之、楊味雲、周實之、李季芝、唐壽民、賈頌平、周澤歧、李宏章、李贊臣、李叔芝、馮念魯、陳卓甫、孫履安、沈蘊石諸氏，總經理為劉晦之氏。

該行儲蓄部自民國八年起撥資本拾萬元，開辦有獎儲蓄。其辦法以二千戶為全額，每戶儲款以二千元為限，分十四年攤交，第十五年期滿還本。儲戶認一整戶或半額或四分之三或四分之一均可。每月開獎一次，得頭獎者每全會得二千元，餘按比例推算。二十年六月加撥資本五十萬元，合計為六十萬元，添辦普通儲蓄，會計獨立。二十一年底各項公積金一〇三、〇七八‧二一元，二十二年底為一〇九、五七六‧六一元。茲將其歷年儲蓄存款總數列表如下。

中國實業銀行歷年儲蓄存款總額表^{（民國九年至二十二年）}

中國實業銀行歷年儲蓄存款總額表（民國九年至二十二年）

年別		性質	金額
民國	九年底	有獎儲蓄存款	六〇、八八七·九一元
	十年底	有獎儲蓄存款	一〇二、四〇三·三八元
	十一年底	有獎儲蓄存款	一一四、七六〇·七二元
	十二年底	有獎儲蓄存款	五七三、四四六·五四元
	十三年底	有獎儲蓄存款	七六三、一一六·六四元
	十四年底	有獎儲蓄存款	八八〇、八九四·五九元
	十五年底	有獎儲蓄存款	一、〇一五、三〇三·七八元
	十六年底	有獎儲蓄存款	一、一〇〇、九〇七·五一元
	十七年底	有獎儲蓄存款	一、一八四、二二六·九五元
	十八年底	有獎儲蓄存款	一、二四三、五二七·九一元
	十九年底	有獎儲蓄存款	一、三〇七、三九六·三二元
	二十年底	有獎儲蓄存款	一、四〇二、〇一七·一一元
		普通儲蓄存款	三、一八六、六二九·三〇元
	二十一年底	有獎儲蓄存款	一、四三四、六二〇·七九元
		普通儲蓄存款	三、二一七、九七九·三八元
	二十二年底	有獎儲蓄存款	三、一四七、九五五·〇三元
		普通儲蓄存款	四、五九一、七七一·八二元

　　該行儲蓄部資金運用之情形，可以最近兩年底之數字為代表觀察，茲列表示之如下。

中國實業銀行儲蓄部資金運用概況表^{（民國二十一年底與二十二年底）}

中國實業銀行儲蓄部資金運用概況表（民國二十一年底與二十二年底）

運用途徑	二十一年		二十二年	
	金額（元）	百分數	金額（元）	百分數
抵押放款	一、七一五、六七六·五九	三八	一、四七七、〇六〇·四九	一八

續　表

運用途徑	二十一年		二十二年	
	金額（元）	百分數	金額（元）	百分數
有價證券	一、二四八·七七九·四六	二八	三、二五五、二二八·八〇	三九
房地產	一	一	二六〇、〇六八·三七	四
現金與銀行往來	一、五二三、九八七·三八	三四	二、四八七、九一二·四五	三〇
存出金	一	一	七九四、〇五五·九五	九
共計	四、四八八、四四三·四三	一〇〇	八、二七四、三二六·〇六	一〇〇

（二五）　國民合作儲蓄銀行

國民合作儲蓄銀行為我國特殊之儲蓄銀行，亦為我國最早成立之信用合作社也。行址在上海，開辦於民國八年。創其事者為復旦大學師生，而合作先進薛仙舟氏實最與有力者也。茲節錄該行之旨趣書並簡章如次，以見其特點與辦法之一般。

該行初辦之時，曾揭布旨趣書昭告社會。其文曰：

……這個國民合作儲蓄銀行就是以借貸合作社的精神組織的。這個銀行的特點，就是公有的而非私有的。並不是銀行家的銀行，也不僅是股東的銀行，乃是儲蓄存戶的銀行，並且簡直是無論什麼人的銀行。無論什麼人只要能儲蓄，只要贊成這銀行的宗旨，就可以享這銀行的完全利益。不但是儲蓄的得利益，就是借貸的也能間接的得利益，因為利息輕微的緣故。

　　所以這銀行的好處是完成各人經濟上的獨立平等與自由，是打破資本家的壟斷，是培養民眾的勢力。

　　……我們想從這個合作儲蓄銀行增進國民經濟的實力。雖然現在的規模很小，但是深望國民有遠大的眼光迎接新的潮流，改革舊的秩序，使這種組合能以擴大光大。積極的方面，固然可以增進國民經濟的實力；消極的方面，也可以消除社會上競爭私利種種的惡德。總而言之，我們希望以這個銀行為經濟解放的起點。

　　吾人從右錄旨趣書觀之，卽知該行創辦諸人實有藉該行為起點，以改革現社會經濟秩序，謀大多數人民經濟解放之偉大志願。故其所訂章程亦與普通銀行之章程迥然不同。茲錄之如下，以誌鴻爪。

國民合作儲蓄銀行章程

　　一、定名　本銀行定名為國民合作儲蓄銀行（People's Cooperative Savings Bank），簡稱合作銀行。

　　二、宗旨

　　（甲）提倡合作主義。

　　（乙）資助合作事業。

　　（丙）為各存戶保留存款所應得之全部份利息。

　　（丁）發展民眾經濟。

　　（戊）鼓勵同胞儲蓄。

　　三、資本

　　（甲）資本暫定十萬元，分股份總額為二萬股，每股定國幣五元。

　　（乙）股銀或一次交足，或按月分五個月交足，聽購股者便。

　　（丙）每股股利由股銀付足之日起計算，於每年陽曆年底結算一次。

（丁）本銀行股份無論何人均可隨時向本銀行認購，多少不拘。

（戊）資本總額遇必要時得由董事會隨時議決酌量增加，惟須由股東會通過。

四、負擔 各股東負擔以各個人所認購股本之總額為限。

五、紅利

（甲）每年除給存戶照章應得之利息（卽普通利息），及行中一切開銷外，所獲餘利分配如下：

　　（子）以十分之二撥充公積金。

　　（丑）以十分之一撥為平民教育經費（辦法另議）。

　　（寅）其餘則儘先按每股八釐分給股東作為股利。

　　（卯）餘先提十分之三作為辦事人員酬勞金，其餘則由股東及存戶均分之。分配之法，所有股本皆作為存款，與各項存款合併計算，一律按其數目之多寡，以及期限之久暫為標準。其分給股東者謂之紅利，分給存戶者謂之特別利息。

　　（辰）倘當年贏餘豐厚、董事會得酌撥若干作為特別公積金，以同信用。

（乙）凡存戶欲享本條“卯”項之權利者（卽欲得存款特別利息），必須購有本行股份。凡認購一股者，其存款總數中得享特別利息之數以一百元為限；認購二股者，以二百元為限。倘存款一千元而欲享存款全部份之特別利息者，至少必須購有本行股份十股；存款二千元而欲享存款全部份之特別利息者，至少必須購有本行股份二十股。餘以類推。

六、營業

（甲）凡普通銀行所經營之各種業務，本行皆得經營之，但須以穩固為主，不得貪圖厚利，致遭危險。

（乙）本行總行設於上海，將來營業發達，得由董事會議決設分行於他處。

（丙）除由董事會特別許可外，須嚴守下列之規則，以昭慎重。

（子）存款總數至多數不得逾資本總額之二十倍。

（丑）每戶借款至少自十元始，至多不得逾本行資本總額八分之一。

（寅）借款訂期限至多不得過一年。

七、股票

（甲）股票用記名式，由董事長簽署，經理副署。

（乙）倘遺失損毀等情，可卽詳細報告本行掛失，並登報聲明。如過一月別無糾葛，再行換給新票，每紙納費洋一角。

（丙）股票如轉讓時，應照本行所定之過戶書，由退股人、受股人及證人連同簽字，方可過戶註冊，換給新票，每紙納洋二角。

八、組織　分股東會、董事會、執行部：

（甲）股東會

（子）股東會以本行全體執有股票之股東組織成之。

（丑）股東大會由董事會召集之。其主席由董事長充之；董事長缺席時，由監察董事中一人充之。

（寅）每年開股東大會常會一次，由董事會報告本年營業狀況，并將資產負債贏虧及贏餘分配等帳提交查核，及推選董事。

（卯）遇有特別事故，得由董事會隨時召集臨時股東大會。

（辰）倘有股東四十人以上要求開臨時股東大會，董事會須立卽定期召集之。

(巳) 每開股東會必須於開會前二十日通知各股東。

(午) 股東會議投票時，不以各人所占股份額數之多寡為
比例。每人一律祇有一權。其議決案以得到會股東
過半數之通過為合法。

(未) 股東因事不能出席股東會時，得具正式委託書，委
託他股東代表。但每一人至多只能代表二人。

(申) 修改章程必須得到會股東三分之二以上之同意。

(酉) 凡屬股東皆有被選任為董事及執行部職員之權。

(乙) 董事會

(子) 本銀行設董事十一人至二十一人，由股東中推選。

(丑) 董事會代表全體股東力謀本行發展，並監理一切
行務。

(寅) 第一次董事會逕由股東互相推選。自後每年候選者
須先經董事會擬定，再交股東大會公舉。

(卯) 候選之人數至少必須較當選者多二倍；滿任董事亦
得為候選人。

(辰) 董事未足額時應否增加，亦須先由董事會議決。

(巳) 董事選定之後，當卽互推董事長一人，監察董事及
查帳董事各二人。

(午) 董事以三年為一任，每年輪選三分之一；初兩年以
抽籤法改選之（但董事長不在抽籤之列），續被選
者得連任。

(未) 董事會遇有必要時，得由董事長召臨時大會。

(申) 董事會至少每月開常會一次，由董事長召集之。

(酉) 董事會開會時，總副經理皆得列席與議，惟無表

決權。

（戊）董事會有任免執行部職員之權，惟須經全體董事三
分之二以上通過。

（亥）董事會各職員皆盡義務，不受酬勞。

（丙）執行部

（子）執行部由董事會就本行股東委任下列之職員組成
之。其俸給亦由董事會定之。

一、總經理一人，總理一切行務，各行員應聽其指
揮，負本行營業上完全之責任。任期六年，續
被任者得連任。

二、副經理二人或三人，襄理一切行務。總經理缺
席時，得代行職權。任期同總經理。

（丑）其餘各科主任及科員概由經理就本行股東中舉薦，
歸董事會委任之。人數得隨時由經理請董事會酌量
增減。

九、營業細則由執行部隨時議訂，交董事會核准。

十、本章程自股東會通過之日起施行。

該行初辦之時，經薛仙舟氏及復旦大學師生之努力，與社會之
維護，營業甚佳。民國十六年春薛氏為欲擴充行務，普及民間，復
為昭示銀行信譽，易於招募新股計，主張將已收股本發還各股東，
而以歷屆股息作為股本。此項意見，經董事會同意，股東大會議決
通過照辦。同年九月薛氏逝世，該行失一保姆，後繼者不能光大其
業，以致行務中落，基礎動搖。今則祇為一學生實習之普通學校儲
蓄銀行矣。然而我國合作事業，該行實其濫觴。其本身雖未見成功，
而合作事業之波浪因該行之提倡而普及全國，不可謂非幸事也。

（二六）＊上海工部局儲蓄銀行

上海工部局儲蓄銀行開辦於民國八年八月，以便利各戶儲蓄，積成鉅數，購買該局公債券為宗旨，故其性質與他種儲蓄銀行不同。據民國十年之調查，由此項儲蓄存款派購之公債已達一百五十萬餘元，次年更增至三百七十七萬餘元。惟自民國十六年後因受時局影響，投資於公債者頓減，故十七年僅二十萬餘元。十八年工部局出售電氣事業，所得之價除償還公債外，餘款尚多，無須再發公債，遂於是年四月將該行停辦。茲將其十一年四月廿七日重訂之章程錄後，以誌鴻爪。

上海工部局儲蓄銀行章程_{（一千九百二十二年四月二十七日重訂）}

一、存款無論多寡，或本埠通用銀兩或銀圓一律收受。如付銀圓，照付款之日市價算成銀兩記帳，但鉅額存款本局得隨時限制。

二、每月收款日期自第一日起至第五日止，首尾兩日在內，所有存款須遞交三馬路十六號工部局支銀處。

三、凡存戶由本局取回存款簿登載存項細帳，遇存款時應將該簿一齊帶來。

四、利率隨時酌定，揭登報端。其利息係照第二條日期於每月之第五日結算，俟至四季總結帳之期，卽二月五號、五月五號、八月五號、十一月五號四次登入存戶帳內。

五、每屆四季結帳之期，卽二月五號、五月五號、八月五號、十一月五號將各存戶本利合成總數，本局卽按數發給本局常年公債票。票價實收，照發給債票之日而定。至票面價值由百兩起至百進數以上，隨存戶之便。但當月存款不得發給公債，須先一月收入者

127

為有效。倘發給公債後尚有餘剩，仍滾存各戶帳內。

六、除下列各章外，所有存款不得提取。

（一）凡存戶倘遭身故，該存款并利得由法定管理人具函領取。

（二）若本局欲將該銀行停辦時，除照上列第五條發給公債外，即將餘款發還。

（三）凡存戶欲清結存帳時，當於三日前具函知照，仍遵第五條發給公債外，得發還餘款，但損失其利息。然照第四條所載已得之利，不在損失之數。

（二七）＊北京中華儲蓄銀行

北京中華儲蓄銀行創立於民國八年。總行在北京，分行在天津。資本總額一百萬元，民國十年已繳資本為三十四萬元。總董為劉文揆氏，協董陸定氏，董事張勳、楊壽枬、劉文揆、陸定、陶家瑤、屈映光、慕學勛、吳乃琛、李徵、劉世珩、周家彥諸氏，監察人谷鐘秀、張弧、惲公孚、曹汝霖、李慶璋諸氏，經理沈祚延氏，副經理唐煒氏。該行兼辦有獎儲蓄。民國十年有各種儲蓄存款四十餘萬元。因受政局影響，於十四年停開。

（二八）＊正利商業儲蓄銀行

正利商業儲蓄銀行創立於民國八年十一月。總行設上海南市，分行設北市。資本收足五十萬元。葉鴻英氏任總董，榮宗敬、王一亭、顧馨一、周玉衡、張效良、郭宣倩諸氏任董事，王寶崙氏任總經理。九年底有儲蓄存款一萬五千餘元，十年底有二五、七四二·

五五元。十四年一月以不願繼續經營，宣告收歇，存款本利如數發還。股東除股本外尚得紅利三分。

（二九）* 東陸銀行

東陸銀行創立於民國八年一月。總行在北京，分行在北京、天津、上海。資本總額二百萬元，收足一百萬元開業。董事張岱杉、劉右常、于志昂、沈吉甫、李曉滄、吳鼎昌、朱虞生諸氏，總理為賀得霖氏，滬行經理為方椒伯氏。初劃資本八萬元辦儲蓄部，後增至二十萬元，營業尚佳。民國十四年二月總經理辭職。該行因不願繼續經營收歇，存款如數發還。

（三〇）* 豐大商業儲蓄銀行

豐大商業儲蓄銀行創立於民國八年。總行在濟南，分行設於上海、蘇州、常熟。資本總額一百萬元，繳足五十萬元開業。董事為潘馨航、靳翼青、趙治生、呂同輔、袁寅昉、許佩臣、顧克民、吳松生、劉子玉、王慕周、靳鳴皋諸氏。總行經理為劉玉書氏，滬行經理為顧克民氏。該行兼營有獎儲蓄業務，但不甚發達。後受交易所風潮之影響停業。

（三一）明華商業儲蓄銀行

明華商業儲蓄銀行開辦於民國九年。總行設上海，分行設於青島、天津、北平。資本定額五百萬元，二十一年底實收二百七十五萬元。同時有公積金四七三、八四〇・七二元，存款總數一〇、三〇五、一四三・〇三元。現任董事長為童金輝氏，董事張絅伯、林爾卿、童廣甫、張亦飛、余月亭、邵生華諸氏，總經理為張絅伯氏。

該行開辦之時即設儲蓄部。二十一年底有基本金三十萬元，公積金一二〇、七二四・三一元。二十年底有儲蓄存款一、八九六、八四四・八五元；二十一年底有二、六六五、六三九・九二元，內活期一、四四六，五三二・八〇元，定期一、二一九、一〇七・一二元。同時有抵押放款二、四五三、二一六・九二元，約佔運用資金總額之百分之八〇；證券購置五六、七五三・二二元，約佔百分之二；房地產二九三、五六三・五八元，約佔百分之九；現金與本行往來二九一、九一六、一三元，約佔百分之九，內現金一五八、六三二・一八元，約佔百分之五，本行往來一三三、二八三・九五元，約佔百分之四。

（三二） 聚興誠銀行

聚興誠銀行設立於民國三年十二月，其組織為股份兩合公司，蜀人楊依仁、楊培賢等所組織者也。先是重慶有楊文光氏，在前清光緒中經營疋頭棉花雜糧等進出口貿易，獲利甚豐。嗣又兼營匯兌業務，稱聚興誠商號。鼎革後，川省經營匯兌之大清銀行天順祥與山西票號數家歇業，惟聚興誠獨存，乃由楊氏後人協議改為股份兩合公司，組織銀行。資本一百萬元，全數收足。由無限責任股東楊姓擔任一半，其餘一半歸有限責任股東擔任。二十一年底有公積金三〇六、四〇七・二七元，存款總數為一四、〇六一、九七五・六〇元；二十二年底有公積金三三三、四七九・四五元，存款總額為一六、

一三一、九五九·二五元。該行總管理處初設重慶，後因川中政局不甯，連年戰爭，派墊頻仍，為避免苛派計，曾一度遷移漢口，十九年冬復遷回重慶。現在成都、重慶、萬縣、瀘縣、漢口、宜昌、沙市、武昌、長沙、常德、上海、蘇州、南京、北平均設分行。現任事務員為楊依仁、楊培英、楊培齡、楊培榮、楊錫嘏諸氏，監察人為張熙午、黃錫滋二氏，總經理為楊粲三氏。該行之組織在我國金融機關中頗為特殊，用將其公司章程錄後，以供參考。

修正聚興誠銀行股份兩合公司章程

第一章 總綱

第一條 本銀行為股份兩合公司組織，定名曰聚興誠銀行股份兩合公司。

第二條 本銀行之營業種類如下：

一、收受存款及放款；

二、票據貼現；

三、匯兌或押匯；

四、買賣生金銀及有價證券；

五、代募公債及公司債；

六、倉庫業；

七、保管貴重物品；

八、代理收付款項；

九、兼營儲蓄業務；

十、其他商業銀行一切營業。

第三條 本銀行總管理處設於重慶，其成都、萬縣、上海、漢口、北平、沙市、宜昌、長沙、常德、南京、老河口、蘇州以及一切商業繁盛地方，均得酌設分行，或與他行號訂結代理合同，及匯兌契約，但仍須呈報財政部核准備案。

第四條　本銀行自開業之日起以二十五年為限，但得由無限責任股東與股東會之同意呈准續辦。

第五條　本銀行資本損失過半時，得由無限責任股東全體之同意解散之。

前項之外，有無限責任股東全體之同意，並股東會之議決一致，無論何時亦得解散之。

第六條　本銀行公告於總分行所在地最通行之一日報上登報行之。

第七條　關於總分行內部之組織及營業上一切章程規則，由事務員定之，但不得與本章程及《銀行法》《公司法》有所抵觸。

第八條　如為第四條期滿解散，及第五條第二項之解散時，本行之財產應如下列之分配：

一、當年度之純益金仍照第十七條分配之；

二、照原數給還股本；

三、所有公積金及特別公積金對於無限股及有限股每股以六與四之比例分配之。

但前項解散，其資本已見損失，或為第五條第一項之解散時，所餘財產按股平均分之。

第二章　資本及公積金

第九條　本銀行資本額定壹百萬元，計分壹千股，每股銀圓壹千圓。由無限責任股東擔任五百股，名曰無限股；其餘五百股名曰有限股。

前項資本依照呈部核准專案，以四拾萬圓為本行兼營儲蓄業務之資本。

第十條　本銀行以下列目的設公積金：

第一　備充資本之損失；

第二　備第十七條第一項第二款股息之不足。

前項之外，為救濟特別災害起見，設特別公積金。

第十一條　公積金、特別公積金至與資本之數相等時為止。其運用所得之利益，應歸入總盈餘中辦理。

第三章　無限責任股東及股票

第十二條　本銀行無限責任股東為楊依仁、楊培賢、楊培英、楊培善、楊培榮、楊錫蝦、楊培齡七人，其住址均在重慶寒家橋。

無限責任股東擔任資本之股數如下：

楊依仁　認壹百伍拾股計洋拾伍萬元正；

楊培賢　認陸拾股計洋陸萬元正；

楊培英　認陸拾股計洋陸萬元正；

楊培善　認陸拾股計洋陸萬元正；

楊培榮　認陸拾股計洋陸萬元正；

楊錫蝦　認陸拾股計洋陸萬元正；

楊培齡　認伍拾股計洋伍萬元正。

第十三條　無限責任股東退股或除名時，若本行資本已見損失，則對於該股東股本之給還，準用第八條第二項之規定；若資本外尚有贏餘，則準用第八條第一項之規定辦理。

第十四條　除無限股不給股票外，有限股概由本行發給記名式股票。

第十五條　股票章程另定之。

第四章　結算報告及利益分配

第十六條　本銀行每年結帳二次，於六月末日及十二月末日行之。六月末日為初結期，十二月末日為終結期。

前項結算須造各項表冊呈主管官廳。其終結期之資產負債表及損益計算書，並登報公告之。

第十七條　每年終結期決算後所得之純益金，以下列比率分配之：

第一，以十分之二為第十條第一項之公積金。

第二，對於股本收人額付給年利八厘之股息。

第三，除第一第二兩款外；餘數作為二十分分配如下：

　　　一、二十分之二為總協理之酬勞金，總經理與協理以五與三之比例分之。如協理為二人時，則總經理與協理以五與六之比例分之。

　　　二、二十分之四為監察人之酬勞金，及行員之獎勵金，準其各人所得薪水數目及出力之多寡比例分之。

第四，除第三款外，餘數作十分分配如下：

　　　一、十分之一為第十條第二項之特別公積金；

　　　二、十分之八為股本之紅利無限股與有限股每股以六與四之比例分之；

　　　三、十分之一為行員優遇金。

本條第三款第二目之酬勞金，總協理不得分受。

本條之分配，於必要時經事務員之同意，及股東會之過半數議決，得延至第二年終結期行之。

第五章　事務員

第十八條　本銀行執行機關由事務員組織之。無限責任股東均為事務員，按照本章程以合議制主持行務。

第十九條　事務員應組織事務員會議，每月至少開會一次，議決本行一切應行事件。由總經理主席，以列席過半數決之。但總經理係延聘時，應由事務員互選一人為主席。事務員因事不能列席時，得以信函發表其意見，但不得加入表決之列。

第二十條　本銀行設總經理一人，協理二人，由事務員互選之；以兩年為任期，任滿後得再被選。但由事務員全體之同意，得延聘事務員以外之人充當之。本條選舉用記名投票法。除第一次外，概於二月之第二星期二日在總管理處所在地行之。

本條選舉及延聘，股東會均不得干預之。

第二十一條　總經理對外為本行之代表，並指揮任免本行人員，及執行本行一切事務。但不得有背第十九條事務員會議議決之旨。

協理輔佐總經理處理行務。總經理因故不能執行職務時，得代理其職務。但總經理退股或死亡及辭職時，應由事務員會議另選或延聘之。

第二十二條　無限責任股東因故不能執行事務員職務時，應酌定期間出具願書請求於事務員會議，得其許可，方為有效。

前項期間內選舉總協理或延聘總協理，仍得行使其選舉及同意之權。

第二十三條　總經理協理及事務員均由本行按月給與薪金，其數目由事務員會協定之。

但前條不能執行事務員職務之無限責任股東，於其一定期間均不得給薪。

第二十四條　事務員得兼充本行各項職員。

第六章　監察人

第二十五條　監察人額定二人，由定期股東會就股東中選任之，任期一年，任滿後得再被選。

監察人因事辭職或死亡時，以得票最多之候補人補充之，但以其未滿之期為限。

第二十六條　監察人經股東會會員四分之三以上出席，所有投票權過半數之議決，得開除之。

第二十七條　監察人每月薪金伍拾元，由本行支給。

第七章　股東會

第二十八條　股東會以有限責任股東組織之，代表有限責任股東全體之權利。無限責任股東雖認購有有限股份，亦不得為股東會會員。

第二十九條　本章程特有規定外，下列諸項非得股東會之同意不得有效。

一、本銀行營業種類之變更；

二、本銀行章程之更改；

三、與他行合併；

四、無限責任股東之加入；

五、公司債之募集。

第三十條　有限責任股東之股份自一股至十股，每股有一投票權；但一股東而有十一股以上者，其逾額之股，每五股加一投票權；一股東而有五十股以上者，每十股加一投票權；百股以上者，每五十股加一投票權。

前項投票權限於會期二個月以前繼續為本行股東者有之。

第三十一條　股東會開會以監察人為主席，議事日程由監察人編定之。

第三十二條　事務員得在股東會陳述意見，但無表決權。

第八章　附則

第三十三條　本章程無規定者，悉照《公司法》辦理之。

第三十四條　本章程自呈奉核准之日實行，其修改時亦同。

該行之儲蓄部設立於民國九年三月，資本由實收資本撥出四十萬元充之。會計自二十二年起獨立。

是年底有公積金二七、〇七二・一八元。該行之儲蓄存款額增加頗速。茲將其歷年總額列表如次。

聚興誠銀行歷年儲蓄存款總額表 _(民國十三年至二十二年)

年別		金額
民國	十三年終	二一八、一二九・三四元
	十四年終	二二四、四九〇・二六元
	十五年終	六三三、七六七・五九元
	十六年終	七二二、八六七・一一元
	十七年終	九一二、一六〇・四二元
	十八年終	一、七七〇、四九四・一〇元
	十九年終	二、二九一、七四六・三八元
	二十年終	二、六七二、三三七・九二元
	二十一年終	三、六九〇、六三七・〇二元
	二十二年終	五、五〇〇、七二七・八三元（內活期一、四七一、〇六一・九二元，定期四、〇二九、六六五・九一元）

二十二年底儲蓄部有抵押放款五七五、四六八・〇五元，約合運用資金總額之百分之十；證券購置四五八、〇二九・六六元，約合百分之八；房地產一、〇五三、七六六・五三元，約合百分之一八；現金及本行往來三、七七八、一二八・一七元，約合百分之六四，內現金二二四、六五五・〇二元，本行往來三、七七八、一二八・一七元。

（三三）*勸業銀行

勸業銀行創立於民國九年。總行設北京，分行設北京、上海、天津、寧波。資本五百萬元，民國十年收足二百三十九萬餘元。董事長潘復氏，董事虞和德、沈化榮、榮宗敬、靳雲鶚諸氏，監察人李欽、王世澄、屠用錫諸氏，行長張壽鑄氏，副行長吳師善氏，監理官張瓆氏。十年底有儲蓄存款一四、三五七・六一元。二十年因時局關係收歇。

（三四）* 蘇州儲蓄銀行

蘇州儲蓄銀行創立於民國九年。總行在蘇州，上海設分行兩所，辦事處一所。資本五十萬元。董事為洪玉鱗、鮑宗漢、鄧文藻、周特人、王孟鐘、嚴鞠甫、馬式如、曾戢丞、金紹城、吳養之、胡筠諸氏。總行經理為洪玉麟氏。該行兼營有獎儲蓄業務。十六年四月，以內部管理困難及軍人勒借款項停業。儲款發還事，至二十三年二月了結。

（三五）* 淮海實業銀行

淮海實業銀行創立於民國九年一月。總行在南通，分行設上海、蘇州、唐閘、揚州、鎮江、海門、東坎等埠。資本定額五百萬元，繳足一百二十五萬元開業。董事張退庵、張嗇庵、周扶九、馬敷五、徐靜仁、陳光甫、王已勁、吳寄塵、張作三等氏，監察人顧伯言、沈燕謀二氏，總經理張孝若氏，副經理陳心銘、徐賡起氏。民國九年終有儲蓄存款十萬餘元。卒因受南通紗廠鹽墾事業呆滯之影響而停業。

（三六）*中華國寶銀行

中華國寶銀行創立於民國九年，在香港政府註册，以商業銀行兼營儲蓄。總行設香港，分行設上海。資本額定一百萬鎊，收足五十萬鎊開業。董事長王少咸氏，總司理何麗石氏，副司理黃廣田氏。滬行監理李硯莊氏，正司理李孝述氏，副司理翁沅青氏，協理鄭筱舟氏。十二年二月停業。

（三七）*富華儲蓄銀行

富華儲蓄銀行創立於民國九年五月。總行設於常州。初設分行於上海，十一年冬裁撤。資本額定二十萬元，繳足六萬六千餘元開業。董事為于瑾懷、黃闓塵、江上達、楊翼之、鮑星槎、榮鄂生、徐果人氏，監察人為錢琳叔、黃溯初兩氏，以徐果人氏任總經理。該行兼辦有獎儲蓄，十一年六月底止，共收有獎儲蓄存款十六萬元。卒以常州紗廠借款擱淺而停閉。

（三八）**民富儲蓄銀行

民國九年，蘇州儲蓄銀行總董洪少圃，協董鮑星槎兩氏以上海銀行林立，大都趨重巨商，而於平民之金融機關尚付缺如，擬仿照意大利庶民銀行辦法，出借零星小款，裨有益於平民生計。凡小販小業小商店之確實可靠者，得酌量情形接濟資本。取息輕微，期限較久；每日就其盈餘提取十分之一，代為生息。延請孫欽慎氏為經理，薛仙舟氏為評議；定名為民富儲蓄銀行。後以故未能成為事實。

（三九）[*]華大商業儲蓄銀行

華大商業儲蓄銀行創立於民國九年八月，地址在上海。資本定額一百萬元，先繳足五十萬元。民國十年底有儲蓄存款一八、八三二‧六七元。顧棟三、榮宗敬、王一亭、姚紫若、葉鴻英、萬振聲、程志范、瞿鶴鳴、顧馨一等氏為董事，顧馨一氏為總經理，張頌周氏為經理。後以故停業。

（四〇）[*]華豐銀行

華豐銀行創立於民國九年，地址在上海，以商業銀行兼營儲蓄。資本定額六十萬元，收足二十一萬元開業。董事為樓映齊、張樹屏、陶華瑚、王筱籟、吳位西、汪芸青、金焜甫、葉山濤、陳雲九等氏，經理為范宗文氏。創辦不久，以營業困難停業。

（四一）中國通商銀行

中國通商銀行創辦於光緒二十二年十月，係盛宣懷氏奏請部款並招商股所辦，為本國銀行中之歷史最久者。總行在上海，分行設南京、漢口、寧波、廈門、蘇州等埠。資本定額七百萬元，實收三百五十萬元。二十一年底有公積金二十五萬餘元，存款總數二〇、二九二、〇四九‧三一元；二十二年底公積金略增，存款總額二六、

140

六二〇、六二八・四一元。現任董事長傅筱菴氏，董事周高鄉、厲樹雄、朱耐寒、徐冠南、杜月笙、張嘯林、徐聖禪、謝光甫、朱子奎、孫衡甫諸氏，經理為朱子奎氏。

該行之儲蓄部設於民國十年一月，資本五十萬元。二十一年底有公積金六千餘元，二十二年增至八、六〇〇・二四元。二十年底有儲蓄存款三、五九六、九二六・〇八兩，以七二計，合四、九九五、七三〇・六七元；二十一年底有四、九九三、七五七・三二元，內活期三、〇四四、一七〇・五七元，定期一、九四九、五八六・七五元；二十二年底有六、七五一、一五三・三九元，內活期二、五五三、九九六・二五元，定期四、一九七、一五七・一四元。

至於該行儲蓄部資金之運用，則可以最近兩年之數字為代表觀察，茲列表示之如下。

中國通商銀行儲蓄部資金運用概況表^(民國二十一年底與二十二年底)

中國通商銀行儲蓄部資金運用概況表（民國二十一年底與二十二年底）

運用途徑	二十一年		二十二年	
	金額（元）	百分數	金額（元）	百分數
抵押放款	一一一、一二五・〇〇	二	二一四、八九二・九九	三
有價證券	八六二、六三〇・七四	一六	二、三六七、八二一・二〇	三二
房地產	一	一	八四二、八五一・七三	一一
現金與存放銀行	四、六四五、六八七・二八	八二	四、〇八八、五七五・二〇	五四
現金	一、六二一・九六	一	一、五三〇・六一	一
存放同業	一五、二四七・七六	一	五五、二三四・六一	一

141

運用途徑	二十一年		二十二年	
	金額（元）	百分數	金額（元）	百分數
本行往來	四、六二八、八一七·五六	八二	四、○三一、八○九·九八	五四
共計	五、六一九、四四三·○二	一○○	七、五一四、一四一·一二	一○○

（四二）　大陸銀行

　　大陸銀行創立於民國八年。其初股本額定二百萬元，後增至五百萬元。二十二年底收足三百七十八萬一千元，營業、儲蓄、信託三部公積金為二、二八七、○八二·八四元，存款總額為九六、四三九、四五五·八八元。該行總行設天津，上海、北平、漢口、南京、濟南、長沙、青島、杭州、無錫、蘇州、石家莊等處各設分支行。現任董事錢永銘、龔心湛、萬弼臣、顏惠慶、蘇省吾、沈季宣、蘇延驥、談公遠、賈頌平諸氏，監察人王笑雲、齊翰卿兩氏，總經理許福昞氏，協理葉薰氏；上海分行經理由葉薰氏兼。民國十二年該行聯合中南、鹽業、金城三行組織四行儲蓄會及四行準備庫，世所稱四行之一也。

　　該行民國十年始兼辦儲蓄，十四年遵部令設儲蓄部，另撥資金，會計獨立。基金六十萬元，業務頗為發達。二十二年底公積金有一○一、○四四·五三元。十年末儲蓄存款不及萬元，二十二年末增至一千四百十餘萬元。茲將其歷年年底之總額列表於後。

大陸銀行歷年儲蓄存款總額表^(民國十年至二十二年)

（元）

年別		活期	定期	總計
民國	十年末	九、三三五·七四	一	九、三三五·七四
	十一年末	二三、九二一·九六	一	二三、九二一·九六
	十二年末	二九三、〇三二·四六	一	二九三、〇三二·四六
	十三年末	五一五、九七八·六二	一	五一五、九七八·六二
	十四年末	六八三、四二二·八九	四七〇、八六三·六一	一、一五四、二八六·五〇
	十五年末	一、一二八、五七九·九〇	七〇七、五〇四·四五	一、八三六、〇八四·三五
	十六年末	一、〇二〇、六二八·一八	九八九、七〇六·六四	二、〇一〇、三三四·八二
	十七年末	一、三〇〇、五〇九·二二	一、一七二、八三七·一五	二、四七三、三四六·三七
	十八年末	一、六四六、四九八·九五	一、五一一、三五一·六五	三、一五七、八五〇·六〇
	十九年末	二、〇一六、三四二·九六	二、三三九、〇五八·五二	四、三五五、四〇一·四八
	二十年末	三、〇三〇、〇六三·八七	四、四一二、〇九三·一七	七、四四二、一五七·〇四
	二十一年末	四、四四三、四七〇·二〇	五、六九四、九九三·四二	一〇、一三八、四六三·六二
	二十二年末	五、八五〇、七三一·一四	八、二六八、七三二·三五	一四、一一九、四六三·四九

　　至於該行儲蓄部資金運用之情形，則可以二十一年底與二十二年底之數字為代表觀察，茲列表示之如下。

大陸銀行儲蓄部資金運用概況表 （民國二十一年底
與二十二年底）

運用途徑	二十一年		二十二年	
	金額（元）	百分數	金額（元）	百分數
抵押放款	三、七四六、八八六·二九	三四	四、六〇〇、〇七五·一五	三〇
有價證券購置	三、六九五、一一九·九四	三四	五、八二四、八八三·七一	三九
現金與存放銀行	三、五二七、四四〇·五九	三二	四、六〇〇、五六〇·七八	三一
現金	一、三五八、七〇七·八〇	一二	一、九二六、一一·九七	一三
存放銀行	二、一六八、七三二·七九	二〇	二、六七四、三七八·八一	一八
共計	一〇、九六九、四四六·八二	一〇〇	一五、〇二五、五一九·六四	一〇〇

（四三）信通商業儲蓄銀行

信通商業儲蓄銀行開辦於民國十年，行址在上海。初辦時股本二十萬元，十九年收足五十萬元。二十年因營業損失，另招新股增足股額。現任經理為孫景如氏。

該行之儲蓄部設於民國十年，基本金七萬五千元。十年底儲蓄存款不及千元，翌年增為二萬餘元，至十四年底有一一三、八七五·三〇元，十六年底有一八三、九三七元，十七年底有一四六、四九四元，十八年底有二九五、七九八元，十九年底有三八九、〇六〇元。

（四四）惇敘商業儲蓄銀行

　　惇敘商業儲蓄銀行開辦於民國十年九月。行址設上海。資本收足二十萬元。二十一年底各項公積金二、一七八・一六元，存款總數七八七、三八三・二三元；二十二年底公積金增至三萬一千元，存款總額增至九二八、八二六・九〇元。現任董事長為蔡仁初氏，董事為蔡芳卿、蔡欽生、蔡和鏞、蔡同源、蔡良初、蔡榮傅、吳達卿、蔡同滋諸氏，監察人為蔡尚卿、蔡康琪、董漢文諸氏，經理由蔡同滋氏兼。

　　該行開辦之時即設儲蓄處。資本五萬元，由該行資本內撥充。二十一年底有公積金四、七八一・六〇元，翌年終增至一萬元。其歷年儲蓄存款額如下表。

惇敘銀行歷年儲蓄存款總額表^{（民國十年至二十二年）}

（元）

年別		金額
民國	十年底	一八、八七三
	十一年底	三一、三三四
	十二年底	五四、九〇六
	十三年底	六八、六四六
	十四年底	八一、七八二
	十五年底	一〇七、〇七〇
	十六年底	一六二、五七二
	十七年底	二一〇、六五四
	十八年底	三一八、五八三
	十九年底	三〇六、三五六
	二十年底	四三七、六三九
	二十一年底	四九〇、五四九
	二十二年底	四九八、八二二

至於該行儲蓄處資金運用之情形，可以最近兩年底之數字為代表觀察，茲列表示之如下。

惇敍銀行儲蓄處資金運用概況表^{（民國二十一年底
與二十二年底）}

運用途徑	二十一年		二十二年	
	金額（元）	百分數	金額（元）	百分數
抵押放款	三六九、三九八·一七	六六	二六七、七四一·五三	四六
有價證券	三四、〇〇〇·〇〇	六	七〇、五〇〇·〇〇	一二
房地產	—	—	一一四、一三五·二四	二〇
現金與存放銀行	一五四、九七二·六九	二八	一三一、三三一·二七	二二
現金	三、七四〇·四〇	—	七、八七一·六〇	一
存放同業	—	—	八一、〇三一·〇〇	一四
本行往來	一五一、二三二·二九	二七	四二、四二八·六七	七
共計	五五八、三七〇·八六	一〇〇	五八三、七〇八·〇四	一〇〇

（四五）中華勸工銀行

中華勸工銀行開辦於民國十年十一月。行址設上海。股本收足一百萬元，每股金額二十元。二十一年底各項公積金為一〇六、一六四·六四元，存款總數為九、一〇三、四二四·六一元；二十二年底各項公積金增至一三二、〇五三·九九元，存款總額增至九、二五七、七四四·七二元。現任董事長為李詠裳氏，董事為穆藕初、朱吟江、黃任之、張蘭坪、劉星耀、吳瑞元、胡筠庵、劉聘三諸氏，監察人為李伯勤、王雲甫、顧子檠諸氏，總經理為劉聘三氏，經理為陳爾梅氏。

該行開辦時卽設儲蓄部。資本撥二十萬元。二十一年底有公積金二萬零五百元，翌年增至三萬元。十九年起始會計獨立。二十二年底有儲蓄存款一百五十五萬餘元。茲將其歷年總額列表如下。

中華勸工銀行儲蓄部儲蓄存款總額表（民國十年至二十二年）

（元）

年別		活期	定期	總計
民國	十年底	一三、三一六·三一	一〇、四七三·六九	二三、七九〇·〇〇
	十一年底	七九、四六九·一五	四六、八二九·八一	一二六、二九八·九六
	十二年底	一〇六、〇〇九·五四	七三、八九七·五四	一七九、九〇七·〇八
	十三年底	一四八、九八五·九四	一〇三、五六四·六三	二五二、五五〇·五七
	十四年底	一九九、八七五·一五	一四〇、六六一·〇二	三四〇、五三六·一七
	十五年底	二五四、九七二·三三	一七五、三六一·一二	四三〇、三三三·四五
	十六年底	四〇六、五九九·七三	二一一、七七八·一五	六一八、三七七·八八
	十七年底	四一〇、六五七·〇九	二五六、一六四·七五	六六六、八二一·八四
	十八年底	五四一、九一四·九九	三〇三、五二六·五九	八四五、四四一·五八
	十九年底	六八六、九七七·〇八	四一二、三五四·八三	一、〇九九、三三一·九一
	二十年底	七八五、〇〇八·五三	四三六、四五九·〇五	一、二二一、四六七·五八

	年別	活期	定期	總計
民	二十一年底	一、〇二〇、五九〇·三三	四五八、〇四三·六七	一、四七八、六三四·〇〇
國	二十二年底	一、〇〇七、〇三四·六三	五四六、一七一·二四	一、五五三、二〇五·八七

　　至於該行儲蓄部資金運用之情形，可以最近兩年底之數字為代表觀察，茲列表示之如下。

中華勸工銀行儲蓄部資金運用概況表（民國二十一年底與二十二年底）

運用途徑	二十一年		二十二年	
	金額（元）	百分數	金額（元）	百分數
抵押放款	七二四、七六四·三一	四二	三八四、二二〇·二八	二一
有價證券	三五九、四三六·二七	二〇	五一三、一〇八·二一	二七
存放同業	六六七、二〇五·二三	三八	九六七、六六八·〇二	五二
共計	一、七五一、四〇五·八三	一〇〇	一、八六四、九九六·五一	一〇〇

（四六）* 中國女子商業儲蓄銀行

　　中國女子商業儲蓄銀行為王宋雲舫、張佩芬等女士組織。行址設於北京。資本收足五十萬元。十年十月成立。十四年七月以公債風潮影響停業。

（四七）*徐州儲蓄銀行

徐州儲蓄銀行為徐州中英儲蓄會所組織，民國十年冬開幕。行址在徐州。營業不久，即宣告停業。

（四八）*惠工銀行

惠工銀行開幕於民國十年十一月。行址在上海。資本額定一百萬元，收足二十五萬元開業。儲款以絲紗廠男女工人之零星活期儲款為多。董事長李瑞九氏，董事姬覺彌、李國裕、蔡漢卿、季銘義、劉子鶴、黃振聲、諸文綺、陳公哲諸氏，監察人沈樹蕃、諸青來、席德輝諸氏，經理沈奎年氏。十二年二月以交易所風潮影響，內部週轉不靈，宣告清理。其時儲蓄存款約一萬餘元。儲戶組惠工儲蓄債權團，向農商、財政兩部總商會銀行公會呼籲。最後決定先發四分之一，餘與普通債權一律辦理，未能全部清償。

（四九）香港國民商業儲蓄銀行

香港國民商業儲蓄銀行成立於民國十年十二月。總行設香港，分行設廣州、上海、漢口、天津等埠。資本五百萬元，分為五十萬股，每股十元。二十二年底實收二百五十七萬四千一百元。二十一年底有公積金二十萬元，各項存款九、七三六、一〇六‧六六元；二十二年底公積金仍為二十萬元，各項存款為七、一〇九、〇四六元。現任董事局主席蔡興氏，董事馬永燦、邱都明、馬應彪、湯信、郭泉、杜澤文、馬祖容、湯榮耀、譚偉利、唐溢川、王國璇、馬專弼、盧仲清等氏及先施公司。總行正司理王國璇氏，滬行司理為盧仲清氏。

（五〇）＊＊京都市儲蓄銀行

民國十年，北京銀行界談荔孫、方仁元、卓定謀、羅鴻年、吳延清、陳福頤、吳榮鬯、賀雪阬、陳其采、凌霄鳳諸氏，以北京都市經濟問題日形重要，市民儲蓄實為當務之急。特籌設京都市儲蓄銀行，對於婦孺存款尤設法優待。後以故未能實現。茲將其簡章覓誌於下。

京都市儲蓄銀行簡章

第一條　本銀行遵《公司條例》按照股份有限公司之組織。定名為京都市儲蓄銀行股份有限公司。呈請財政部核准，農商部註冊。

第二條　本銀行設總行於北京，將來得於四城繁庶之區酌設辦事處。

第三條　本銀行資本定為國幣銀五十萬元，分為一千整股，每整股五百元。又一整股分為十零股，每零股五十元。概用記名式。

第四條　本銀行股款分四期收清：第一期收足四分之一，卽行開幕。餘四分之三俟開幕後於必要時由董事會議決續收。

第五條　本銀行因營業之發展，必須增加股額時，經股東會議之議決，得續招股本。除照《公司條例》辦理外，應呈報財政、農商兩部備案。

第六條　本銀行營業種類如下：

一、各種儲蓄存款及各種儲金；

二、各種抵押放款；

三、匯兌及代理收付各種款項；

四、有價證券之買賣；

五、保管重要物品。

第七條　本銀行營業期限為三十年。期滿時得由股東會議決，呈請財政、農商兩部展期。

第八條　本銀行設董事七人，監察人三人，均由十整股以上之股東中選出。其任期董事三年，監察人一年，續舉者得連任。

第九條　本銀行設經理一人，副經理一人，由董事會聘任。其餘辦事人員由經理商承董事會選任。

第十條　本銀行由董事互選董事長一人，專務董事二人，遵照《儲蓄銀行則例》理事人之規定，對於本行債務負無限責任。

第十一條　本銀行行員得以婦女充之，但須依照《商人通例》第六條辦理。

第十二條　本銀行每年召集股東常會一次，定期舉行。遇有特別事故，由董事會議決，或由股東十分之一以上之請求，得開臨時會，均於一個月前登報通知。但股東會須有本銀行實收股額二分之一以上到會，始得決議。

第十三條　股東會議決權及選舉權，每一整股一權，有十股以上之股東，每二整股遞加一權；又每十零股照一整股算。

第十四條　本銀行每年結賬所獲淨利，除提給股東官利陸厘外，須提十分之一以上作為公積金。其股東紅利行員酬勞金等，均由董事會議決分配。

第十五條　本銀行每半年結賬一次，每一年總結一次。應造營業報告書、財產目錄、資產負債表等由監察人查核簽字，提交股東會承認後，卽呈報財政部備案，並將資產負債表登報公佈。

第十六條　本銀行一切詳細章程，悉遵照《儲蓄銀行則例》及《公司條例》股份有限公司之規定辦理。

（錄自民國十年十一月五日出版之《銀行月刊》第一卷第十一號）

（五一）金城銀行

金城銀行開辦於民國六年五月。資本初定為二百萬元，收足五十萬元開業；其後屢次增資，至十二年定為一千萬元，二十二年末實收七百萬元。同時有公積金二百八十萬元，存款總額一二六、四五三、一三〇‧四二元。該行以商業銀行兼營儲蓄。總處設於北平，天津、上海、漢口、大連、哈爾濱、青島、鄭州、蘇州、南京等處設有分行辦事處。民國十二年與鹽業、大陸、中南三行共同組織儲蓄會及準備庫，世所稱為四行之一也。現任董事為朱寶仁、倪道杰、任振采、甯彩軒、錢永銘、吳鼎昌、周作民諸氏，監察人為胡筠、范銳二氏，總經理為周作民氏；上海分行經理為吳在章氏。

該行之儲蓄部於民國十一年呈准政府另撥資本設立，會計獨立。二十二年底有資本五十萬元，公積金四十萬元，儲蓄存款三千一百七十萬元。茲將其歷年儲蓄存款總額列後。

金城銀行歷年儲蓄存款總額表（民國十一年至二十二年）

（元）

年別		活期	定期	總額
民國	十一年底	五五六、〇四五·三五	六一〇、二七一·九四	一、一六六、三一七·二九
	十二年底	一、〇一一、七七一·七八	一、四四一、七一五·一九	二、四五三、四八六·九七
	十三年底	一、三九六、七九五·六〇	一、九五八、四〇九·二四	三、三五五、二〇四·八四
	十四年底	二、四九六、一八七·八〇	三、三九四、七四六·六九	五、八九〇、九三四·四九
	十五年底	一、九九三、六四五·六九	四、一〇〇、二三四·〇三	六、〇九三、八七九·七二
	十六年底	一、九〇一、〇〇三·九九	四、六二七、七三三·五五	六、五二八、七三七·五四
	十七年底	二、〇〇三、四九六·二五	五、三五九、三九二·五九	七、三六二、八八八·八四
	十八年底	一、九六八、九四七·三四	六、二〇三、二〇〇·三二	八、一七二、一四七·六六
	十九年底	二、三二四、七〇五·六四	八、七七六、四八二·一三	一一、一〇一、一八七·七七
	二十年底	三、六五九、六四二·四七	一二、三九〇、八三〇·六〇	一六、〇五〇、四七三·〇七
	二十一年底	五、四七八、五九二·四八	一六、二二〇、八九七·三八	二一、六九九、四八九·八六
	二十二年底	八、〇四〇、三六八·〇一	二三、六三八、二六〇·五七	三一、六七八、六二八·五八

　　至於該行儲蓄部資金運用之情形，可以最近兩年底之數字為代表觀察，茲列表示之於下。

金城銀行儲蓄部資金運用概況表（民國二十一年底 與二十二年底）

運用途徑	二十一年		二十二年	
	金額（元）	百分數	金額（元）	百分數
抵押放款	九、五八一、五〇〇·五五	四一	一三、三一四、九九六·二三	四〇
有價證券購置	三、七四七、五九五·三〇	一六	七、五七四、五一一·二一	二二
現金及存放銀行	九、八九一、〇七五·七九	四三	一二、七八〇、四一七·九七	三八
現金	四、五六九、八九〇·六六	二〇	四、八〇三、九九三·六二	一四
存放銀行	五、三二一、一八五·一三	二三	七、九七六、四二四·三五	二四
共計	二三、二二〇、一七一·六四	一〇〇	三三、六六九、九二五·四一	一〇〇

（五二）東萊銀行

　　東萊銀行開辦於民國七年二月，為劉子山氏所創辦。最初資本二十萬元，係劉氏獨資經營。民國十二年改組為有限公司，資本增至三百萬元，仍以劉氏為大股東。二十二年底有各項公積金二九〇、九七四·八九元，存款總數為一四、七二四、二六三·五九元。行址初設青島，十五年移設天津，現有上海、大連、青島、濟南四分行。現任董事長為劉子山氏，常務董事為徐青甫、吳蔚如、劉子山三氏，董事為劉星山、吳蔚如、常勉齋、徐嶧山、劉子山、徐青甫、劉文山諸氏，監察人為劉錫三、劉占洪二氏，總經理為徐青甫氏；上海分行經理為吳蔚如氏。

　　該行自民國十一年始兼營儲蓄，後設儲蓄部。二十一年底有資本十萬元，公積金二二、四〇八‧九八元；二十二年底資本額增至十五萬元，公積金增至二九、〇六四‧六六元。十二年底儲蓄存款額祇三萬餘元，二十二年底增至一百十八萬餘元。茲將歷年總額列表如下。

東萊銀行儲蓄部歷年儲蓄存款額表 (民國十二年至二十二年)

年別		金額（元）
民國	十二年底	三四、〇四八
	十三年底	六五、七八四
	十四年底	一一二、三九六
	十五年底	一三八、七七六
	十六年底	二三九、七七二
	十七年底	二〇二、八四一
	十八年底	二二二、二〇九
	十九年底	三一七、九四三
	二十年底	四〇九、〇四六
	二十一年底	五七九、七八五
	二十二年底	一、一八三、〇九〇

至於該部資金運用之情形，可以最近兩年底之數字為代表觀察，茲列表示之於下。

東萊銀行儲蓄部資金運用概況表 (民國二十一年底與二十二年底)

運用途徑	二十一年		二十二年	
	金額（元）	百分數	金額（元）	百分數
抵押放款	二八八、六三一‧五一	四〇	三六六、一八六‧四二	二六
有價證券購置	一八五、五二一‧四〇	二五	五六五、四九一‧五〇	四〇
現金與存放銀行	二四九、一一四‧九四	三五	四七〇、一八一‧〇四	三四

運用途徑	二十一年		二十二年	
	金額（元）	百分數	金額（元）	百分數
現金	二一六·八四		一〇、八七九·三二	一
存放銀行	二四八、八九八·一〇	三五	四五九、三〇一·七二	三三
共計	七二三、二六七·八五	一〇〇	一、四〇一、八五八·九六	一〇〇

（五三）江豐農工銀行

　　江豐農工銀行開辦於民國十一年三月，行址在江蘇吳江之震澤鎮。資本收足二十萬元。兼辦儲蓄，不設專部。二十一年底有公積金二〇、一二八·三七元，存款總額一、三一九、七九〇·五七元；二十二年底有公積金二五、一二八·三七元，存款總額一、二四三、九六七·六七元。其儲蓄存款額十九年終為五〇、三九六·〇七元，二十年終為五九、八六八·二二元，二十一年終為六三、七八三·七〇元，二十二年終為七二、三九六，八八元。現任董監事為費仲深、倪次阮、龐蘅裳、施玉聲、施和伯、倪佩鶴、施博羣、徐秉夷諸氏，經理為施文卿氏。

（五四）華南儲蓄銀行

　　華南儲蓄銀行開辦於民國十一年八月，行址在福州，資本收足二十萬元，為林春丞氏所創辦。現任董事長為孫馨鎣氏，董事為林春丞、張采章、陳賡虞、王霞軒、孫文寶、羅壽山諸氏，監察人為鄭千里、林德銘二氏，總理孫瑞甫氏，經理林春丞氏，襄理陳賡虞氏。二十二年底有各項公積金十一萬五千餘元，各項存款七十八萬餘元，其中儲蓄部份存款約五十八萬八千元。

該行附設儲蓄百壽會，即小額保險之意。其法加入者每人每月納費一元，一百五十個月為滿期，償二百元。十個月內身故者還已納本金，十個月以外賠六十元，四十個月以外賠一百元，八十個月以外賠一百五十元，滿一百五十個月者償二百元。八歲至十二歲之孩童與五十六歲至六十歲之老年人亦得加入，但賠償數目除十個月內亦還原本外，十個月外二十個月內祇照所納會金加倍給與，二十個月後則與十二歲以上五十五歲以下之會員同。此外納足十個月以外之會券，如有要需，得向該會借款。茲覓錄詳章如下。

華南儲蓄銀行附設儲蓄百壽會（簡稱保壽部）入會章程

（一）會法　本會原定輕便一種，每名每月納會金壹元，按月一次。南台定期初一至初五，城內定期初六至初十。十天之內均可照納（但遇正月順延初四至初八，五月初五改初六）。

（二）年齡　凡年在十二歲以上至五十五歲者，無論男女均可入會。

（三）會期　凡起納之日起照陰歷月度扣計至一百五十個月為滿期（但中途不測者，領回賠款，即以脫離）。

（四）手續　凡入會者祇須簽定入會請願書，粘附二寸半身相片二張，經查合格者，即可照納。相片如未早備，可於入會時就本行代為映照，費由會友自理。

（五）賠償　凡會友起納後中途設遇不測，除十個月內祇還原本外，十個月後給與數目如下：

十個月以外賠六十元；

四十個月外賠壹百元；

八十個月外賠壹百五十元；

一百五十個月滿期加息伍拾元共償二百元正。

上數係指每名每月納會金壹元者，其餘多少照此類推。

（六）老幼　凡年在八歲至十二歲及五十六歲至六十歲者，如願入會亦可照收。但賠償數目除十個月內亦還原本外，十個月外二十個月內，祇照所納會金加倍給與。二十個月後，則與前條無異。

（七）通融　按月會金定期之十天外，如有逾期滯納，可以分別通融如下：

三個月內，須具康健證書，或允加限，可以補息補納。

六個月內，本人能到行重復映相，或加限，亦可照補。

六個月後，恕不補收，前納當然無效。但納滿二十個月者，如在滯納後一年內將滯納情形聲明，尚可准將已納原本改為無息存款，於滿期或不測時領回。

（八）借款　凡納足十個月以外之會券，如有要需，可以持向本行押借現款，利率祇定一分。

（九）附則　會友如要變更請願書上之條款，如更換領款人遷移住址等，不論何時，均得聲明之。

（五五）＊百匯商業儲蓄銀行

百匯商業儲蓄銀行開辦於民國十一年，行址在上海，股本二十五萬一千元。以孫衡甫氏為董事長，徐季鳳氏為經理。十六年終有儲蓄存款三萬六千餘元。二十一年經一二八日軍侵滬之變，卽行收歇，聞儲蓄存款七萬元照數發還云。

（五六）江南商業儲蓄銀行

江南商業儲蓄銀行創辦於民國十一年，行址在上海。民國二十年時收足股本五十萬元，公積金為五千元，存款總數為一、一五〇、九四一・六四元；二十二年底有存款總數一、五四三、七四七・三六元。現任董事為王一亭、徐乾麟、金廷蓀、錢志翔、金能之、夏質均、郁震東、俞守正、韓雲甫諸氏，監察人為沈田莘、胡國城二氏，經理為錢志翔氏，副經理為夏質均氏。

該行開辦之時卽收儲蓄存款。現設儲蓄部，基本金為十萬元。其儲蓄存款總額在十四年末為四六、八四二・二二元，十七年末為七八、〇八四・七二元，十八年末為九五、九三一・三〇元，十九年末為一九九、六六八・五六元，二十年末為二九九、三七八・八六元，二十二年末為六六八、八二〇・四二元。二十年底有抵押放款二〇、六六八・五六元，約佔運用資金總額之百分之五；有價證券一二〇、六五三・四六元，約佔百分之三十；房地產八三、三一三・八四元，約佔百分之二十；現金與本行往來一九一、〇四九・一八元，約佔百分之四十五，內現金四九〇・二九元，本行往來一九〇、五五八・八九元。二十二年底有抵押放款八六、九三四・〇八元，約佔百分之十一；有價證券一〇六、三三〇・三一元，約佔百分之十四；現金及存放銀行五六九、四六八・七九元，約佔百分之七十五。

（五七）上海國民商業儲蓄銀行

上海國民商業儲蓄銀行開辦於民國十一年十一月，行址在上海。

資本實收二十五萬元。二十一年底有公積金五萬二千餘元，存款總額為一、八五六、〇〇七・〇五元；二十二年底公積金增至五六、二三九・〇三元，存款總數為一、五七二、六〇〇・〇六元。現任董事長為張文彬氏，董事為周桂笙、孫毅臣、方瑞清、黃金榮、杜月笙、程齡蓀、朱孔嘉、瞿鶴鳴、袁履登、蔣尉仙諸氏，監察人為李春芳、裘載深、費楚珍三氏，經理由張文彬氏兼。

該行開辦之初卽收儲蓄存款。民國十二年底為一九、二〇七・九二元，十三年底為八九、八六九・二九元，十四年底為二〇八、八二六・五五元，十五年底為二四一、六一七・三八元，十六年底為三二〇、〇三六・四四元，十七年底為四二八、九三九・〇〇元，十八年底為五〇七、四三八・四四元，十九年底為五九七、〇五九・七四元，二十年底六五三、三二六・九四元，二十一年底為六三三、二一二・八七元，二十二年底為五三四、〇二五・七八元。

（五八）*中華懋業銀行

中華懋業銀行為中美合辦之銀行，總行在北平，上海設分行。十八年四月以政治關係，被政府封庫停辦。是時有儲蓄存款十餘萬元，今尚在清理中。

（五九）嘉華儲蓄銀行

嘉華儲蓄銀行開辦於民國十二年一月，總行設香港，分行設廣州、上海，專營儲蓄業務。股本定額港幣二百萬元，二十一年底實收港幣一百萬元。同年底公積金為港幣一萬元，各種儲蓄存款合港

幣四、三六八、六三二・二〇元；二十二年底公積金為港幣一萬五
千元，存款為港幣四、四六六、四六四・五〇元。二十一年底各項
放款為港幣二、六一四、四九二・八八元，約佔運用資金總額百分
之五十；有價證券為港幣二三〇、九八四・七〇元，約佔百分之四；
房地產為港幣八三三、五三六・四八元，約佔百分之十五；現金及
存放同業為港幣一、七〇九、九六六・〇二元，約佔百分之三十一。
二十二年底各項放款為港幣二、八四六、九一八・一八元，合佔運
用資金總額之百分之五十五；有價證券為港幣二九二、二二八・二
五元，合百分之五；房地產為港幣八三四、二三九・六一元，合百
分之十六；現金及存放同業為港幣一、二六一、八八五・四三元，
合百分之二十四。現任總行董事為顏成坤、黃耀東、陳子昭、夏從
周、簡達才、馮強諸氏，上海分行參事為趙普卿、李耀邦、張澹如
等，總行總司理為譚希天氏，司理為林子豐氏。

（六〇）* 中國儲蓄銀行

　　中國儲蓄銀行開辦於民國十二年四月。行址在上海。資本定額
五十萬元，收足四分之一開業。經理單以亨氏。該行兼營商業銀行
業務，歷年營業狀況不得其詳。惟知除辦理普通儲蓄外，兼辦有獎
儲蓄。辦法悉仿萬國儲蓄會之有獎儲蓄會章。以二千整戶為一組，
每整戶儲款以二千元為限，分十三年十一個月攤繳，其末期可少繳
四元，合成儲洋二千元，至十五足年期滿還本。期內按月有得獎機
會。二十三年初，奉財政部令結束停辦，各項存款均發還。

（六一）上海女子商業儲蓄銀行

上海女子商業儲蓄銀行創辦於民國十三年五月，行址在上海。資本收足五十萬元。二十一年底止公積金為五六、三三七・二九元，存款總數為四、〇三九、九三四・〇五元；二十二年底公積金增至九〇、九五七・九五元，存款總額增至四、六三八、〇一〇・六六元。現任董事長為姚慕蓮氏，副董事長為張公權氏，董事為陳光甫、黃家枬、鮑慶林、黃涵之、謝繩祖、郁均侯、張默君、嚴叔和、謝姚稚蓮諸氏，監察人為虞張湘湄、張郁鏡清、李耘孫諸氏，總經理為嚴叔和氏，副經理為謝姚稚蓮、張嘉鈖二氏。

該行開辦之時即設儲蓄部。二十一年底有股本十萬元，公積金一二、五六三・四〇元；二十二年底公積金增至一六、七四一・五五元。其歷年儲蓄存款額如下表。

上海女子銀行歷年儲蓄存款總額表（民國十三年至二十二年）

年別		金額（元）
民國	十三年底	四〇、二八九
	十四年底	八二、六一〇
	十五年底	一〇五、三八七
	十六年底	一七六、二五五
	十七年底	二五四、四四七
	十八年底	三九四、一二〇
	十九年底	八五三、六一八
	二十年底	一、四〇六、二三〇
	二十一年底	一、八七〇、八二九（活期一、一八七、四一六，定期六八三、四一三）
	二十二年底	二、二七三、一三三（活期一、四二〇、三五一，定期八五二、七八二）

至於該行儲蓄部資金運用之情形，可以最近兩年底之數字為代表觀察，茲列表示之如下。

上海女子銀行儲蓄部資金運用概況表 (民國二十一年底與二十二年底)

運用途徑	二十一年		二十二年	
	金額（元）	百分數	金額（元）	百分數
抵押放款	七三六、六〇七·四五	三七	一、三三〇、五八七·三八	五五
證券購置	一七五、二〇六·二二	九	七六、七四七·九一	三
現金與存放銀行	一、〇七五、三二五·八〇	五四	一、〇〇二、〇八五·五〇	四二
現金	七二、〇一二·〇七	四	一八五、一四三·三二	八
存放銀行	一、〇〇三、三一三·七三	五〇	八一六、九四二·一八	三四
共計	一、九八七、一三九·四七	一〇〇	二、四〇九、四二〇·七九	一〇〇

（六二）　上海通和銀行

上海通和銀行開辦於民國十四年。股本初為五十萬元，二十年收足一百萬元。二十一年底有各項公積金十五萬元，存款總數四、三三四、三一四·六四元。行址設於上海。現以朱吟江氏為董事長，陳光甫、顧叔衡、顧吉生、葉鴻英、郁葆青、王伯元、潘志文、沈葆義、萬綏青諸氏為董事，趙仲英、阮介藩、葉山濤三氏為監察人，總經理為劉鴻源氏。

該行開辦之時即兼收儲蓄存款，其後設儲蓄處，二十二年底有資本十萬元。民國十四年底有儲蓄存款總額一三〇、一〇九·四五元，十五年底有一七九、一九五・四二元，十六年底有二五四、五八七・二六元，十七年底有一九九、八九三・九五元，十八年底有二一六、六三八・一七元，十九年底有二八五、三○七・七四元，二十年底有二○七、○八五・五三元，二十一年底有二四二、五○七・六九元。

（六三）正大商業蓄儲銀行

正大商業儲蓄銀行開辦於民國十四年。行址在上海。股本二十五萬元。二十年底有公積金二八、二○○・○○元，各項存款二、二七四、六○七・二九元。現以葉鴻英氏為董事長，王文治氏為經理。

該行之儲蓄部資本金為五萬元，會計獨立。其儲蓄存款在民國十四年末為二九、八五五・八四元，十五年末為七六、三一七・○○元，十六年末為一○一、二○二・七八元，十七年末為一一二、四○五・四二元，十八年末為一六二、九七六・八五元，十九年末為一六二、九四二・四○元，二十年末為二三八、二七三・四一元。其資金運用之情形可以二十年末之數字為代表觀察。是時抵押放款為四○、二二六・三一元，約佔運用資金總額之百分之十三；證券購置為一六五、○一八・一一元，約佔百分之五十五；地產為三四、五三三・八五元，約佔百分之十二；現金及行莊往來為六○、三二四・○二元，約佔百分之二十，內現金三、○七二・六九元，存放本行及錢莊五七、二五一・三三元。

民國二十三年初，該行以營業清淡，擬事結束，曾一度登報催告存戶領款，一面聞有改組之訊云。

（六四）*上海正義商業儲蓄銀行

上海正義商業儲蓄銀行開辦於民國十五年十一月，地址在上海，資本二十五萬元，一次繳足。以葉鴻英氏為董事長，朱嘉瑞氏為經理。十六年底，該行有儲蓄存款一萬一千餘元。十九年十一月，以經營困難停業。儲蓄存款照數發還。

（六五）中國農工銀行

中國農工銀行係由大宛農工銀行（民國七年設立）所改組而成。十六年二月開業。總管理處初設北平，二十年移於上海。杭州、漢口、天津、北平、南京、唐山、定海、長沙等埠設分支行。資本定額一千萬元，二十二年底收足五百萬元。二十一年底有各項公積金五〇六、四五八‧五六元，存款總額一七、三八二、六二七‧一二元；二十二年底各項公積金增至五四三、二八八‧五六元，存款總額增至二三、八四〇、六九九‧〇五元。現任董事長為李煜瀛氏，常務董事為王大貞、魏道明、方本仁、張嘉璈諸氏，董事為常耀奎、馮耿光、周作民、齊致、呂志琴、胡若愚、錢永銘、周家彥、宋子良、何葆華諸氏，監察人為張人傑、王君宜、彭濟羣、吳震修、夏蔚如諸氏，總經理為齊致氏。

該行之儲蓄部開辦於二十年四月，有基金四十萬元，會計獨立。二十一年底有公積金三千元，二十二年底增至五千元。儲蓄存款在十六年底有一三四，九〇六元，十七年底有一五八、六六〇元，十八年底有三三二、五三九元，十九年底有六九七、六八六元，二十

年底共有一、三八五、四六九元（內定期七二〇、七二九‧七七元，
活期六六四、七三九‧三三元）；二十一年底共有一、三七九、〇六
四元；二十二年底為二、二八四、一七三元。至於資金運用之情形，
可以最近兩年底之數字為代表觀察，茲列表示之如下。

中國農工銀行儲蓄部資金運用概況表^{（民國二十一年底與二十二年底）}

運用途徑	二十一年		二十二年	
	金額（元）	百分數	金額（元）	百分數
抵押放款	三二三、〇四〇‧一〇	一八	八四一、〇六五‧八〇	三〇
有價證券購置	五四九、一七三‧五六	三〇	七五〇、九三三‧七一	二八
現金與存放銀行	九五二、一二六‧五〇	五二	一、一五七、三五六‧五八	四二
現金	一一一、七九四‧八四	六	二四二、三一六‧〇五	九
存放銀行	八四〇、三三一‧六六	四六	九一五、〇四〇‧五三	三三
共計	一、八二四、三四〇‧一六	一〇〇	二、七四八、九四一‧〇九	一〇〇

（六六）中國墾業銀行

中國墾業銀行係由天津墾業銀行移轉而來。民國十六年春由秦
潤卿、王伯元、李馥蓀、徐寄廎、梁晨嵐諸氏接辦改組。資本一次
收足二百五十萬元。二十一年底有公積金一三二、五〇〇元，存款
總數為一一、九四八、〇九八‧六七元；二十二年底公積金增至一
五〇、〇〇〇元，存款總數增至二二、八八三、二七二‧一八元。

總行設上海，天津、甯波、南京、北平均設分行辦事處。除經營各種銀行業務外，兼營儲蓄。現任董事長為秦潤卿氏，常務董事為何谷聲、梁晨嵐、王伯元、王仲允諸氏，董事為龔子漁、周宗良、李馥蓀、徐寄廎諸氏，監察人為徐補孫、方巨川、趙仲英諸氏，秦潤卿氏兼任總經理，王伯元氏兼任經理。

該行改組後卽設儲蓄處。資本另撥十萬元，營業獨立，會計公開。二十一年底與二十二年底公積金均為六萬五千元。其儲蓄存款總額民國十八年底為五五一、三三七‧二四元；十九年底為一、二五七、九四九‧五九元；二十年底為一、七九六、○七九‧二八元；二十一年底為二、六七三、○九六‧四一元，內活期為一、○二一、○一九‧七八元，定期為一、六五二、○七六‧六三元；二十二年底六、○一七、六九八‧一○元，內活期一、二九七、八七三‧七六元，定期四、七一九、八二四‧三四元。至於該處資金運用之情形，可以最近兩年底之數字為代表觀察，茲列表示之如下。

中國墾業銀行儲蓄處資金運用概況表（民國二十一年底與二十二年底）

運用途徑	二十一年		二十二年	
	金額（元）	百分數	金額（元）	百分數
抵押放款	一、○○八、八一八‧七四	三三	一、八九七、七九九‧九二	二九
有價證券購置	七一一、六四六‧○○	二三	一、四○五、七三三‧八八	二一
現金與本行往來	一、三四○、八九七‧一四	四四	三、二九○、七三七‧○七	五○
現金	—	—	二五三、九一八‧四一	四

運用途徑	二十一年		二十二年	
	金額（元）	百分數	金額（元）	百分數
本行往來	一、三四〇、八九七·一四	四四	三、〇三六、八一八·六六	四六
共計	三、〇六一、三六一·八八	一〇〇	六、五九四、二七〇·八七	一〇〇

（六七）國華銀行

　　國華銀行創辦於民國十六年夏，為鄒敏初、唐壽民等所發起設立。資本初定二百萬元，其後增加至四百萬元，二十二年底已收二、五七五、三〇〇·〇〇元。二十一年底各項公積金為二三九、二八二·五七元，存款總數為一六、七九二、七三二·九〇；二十二年底各項公積金增至二八四、四八七·四七元，存款總額增至二五、〇五四、二六二·四二元。該行經營商業銀行及儲蓄信託堆棧等業務。總行設於上海，分行設南京、蘇州、常州、廣州、廈門、香港等埠。現任董事長為鄒敏初氏，副董事長為唐壽民氏，董事瞿季剛、沈叔玉、鄒殿邦、劉劍侯、胡筆江、錢新之、胡文虎、饒韜叔諸氏，監察人胡孟嘉、葉扶霄、楊富臣諸氏，總經理為饒韜叔氏。

　　該行創辦之初，即設儲蓄部，總部經理李道南氏，副理姚應齡氏。該部會計獨立，資本初為十萬元，二十二年增至二十萬元。二十一年底有公積金三萬元，二十二年底增為三萬五千元。歷年儲蓄存款總額增加頗速。十七年終為三五九、〇〇〇元，十八年終為四七七、〇〇〇元，十九年終為一、四七〇、〇〇〇元，二十年終為二、四七六、〇〇〇元，二十一年終為二、九三五、〇〇〇元（內活期佔一、七四二、〇〇〇元，定期佔一、一九三、〇〇〇元），二十二年終為四、三七二、〇〇〇元（內活期為一、九五三、〇〇〇元，定期為二、四一九、〇〇〇元）。至於資金運用之情形，可以最近兩年底之數字為代表觀察，茲列表示之如下。

國華銀行儲蓄部資金運用概況表（民國二十一年底與二十二年底）

運用途徑	二十一年		二十二年	
	金額（元）	百分數	金額（元）	百分數
抵押放款	三一二、四九三・六一	一〇	四四六、八一三・〇六	九
證券購置	一八四、五八四・三一	六	五六四、四七〇・三五	一二
房地產購置	一四六、〇七一・八七	五	五九〇、三一六・四三	一三
現金與存放銀行	二、五一八、四八〇・七五	七九	三、一一四、八七八・〇七	六六
現金	一八五、四六六・七八	六	二二三、一一四・六五	五
存放同業	九六三、四〇〇・一三	三〇	一、四六七、七二一・二五	三一
本行往來	一、三六九、六一三・八四	四三	一、四二四、〇四二・一七	三〇
共計	三、一六一、六三〇・五四	一〇〇	四、七一六、四七七・五一	一〇〇

（六八）浦東商業儲蓄銀行

浦東商業儲蓄銀行開辦於民國十七年三月。總行在上海，分行在浦東。當時股本僅十萬元，至二十二年份增至收足五十萬元。二十一年底有公積金一一、五〇六‧五七元，存款總數六六一、一六一‧七五元；二十二年底有公積金一三、〇〇〇‧〇〇元，存款總額一、一八五、三七九‧四〇元。現任董監事為吳鳳如、杜月笙、斐雲卿、陳子馨、潘志文、朱靜安、李濟生、奚萊青、張錫華、胡子興、裴振鏞、馬文祥、何允梅、鄒九如、沈夢蓮、楊偉欽諸氏，經理為斐振鏞氏。

該行開辦之時即設儲蓄處，基金逐增為十萬元。二十一年底有公積金五〇六‧五七元，由該年純益項下撥入一、四九三‧四三元，合計二、〇〇〇元；翌年終增至二、〇〇〇元，由該年純益項下撥入一八、〇〇〇元，合計二〇、〇〇〇元。其儲蓄存款在二十年底為七四、六一四‧七三元，二十一年底為一〇二、七九一‧六一元，二十二年底為二六四、〇二九‧八二元。至其資金運用之情形，可以最近兩年底之數字為代表觀察，茲列表示之如下。

浦東銀行儲蓄處資金運用概況表（民國二十一年底與二十二年底）

運用途徑	二十一年		二十二年	
	金額（元）	百分數	金額（元）	百分數
抵押放款	六、五〇〇‧〇〇	一	六、八二〇‧〇〇	二
證券購置	四七、一四四‧二七	二九	九〇、八五〇‧〇〇	二三
現金與本行往來	一一二、三七〇‧二〇	七〇	九二、一五八‧七〇	七五
現金	一二‧一七	一	一八‧六八	一
本行往來	一一二、三五八‧〇三	七〇	二九二、一四〇‧〇二	七五
共計	一六六、〇一四‧四七	一〇〇	三八九、八二八‧七〇	一〇〇

（六九）恆利銀行

恆利銀行為甬商李詠裳、樂俊葆諸氏所組織，開辦於民國十七年，以商業銀行兼辦儲蓄。行址在上海。二十二年底資本總額為七十五萬元，公積金三五、五四五‧二六元，存款總額三、三四〇、九二二‧一二元。現以李詠裳氏為董事長，樂賡榮氏為經理。

該行開辦之時即收儲蓄存款。十九年撥基金十萬元，設儲蓄部，會計獨立。二十二年底有公積金一、九五九‧二二元。其儲蓄存款在十七年終為一〇一、二二四元，十八年終為五三一、四二一元，十九年終為六九、一〇八元，二十年終為一四四、八六六元，二十一年終為二〇九、九五一元，二十二年底為五五二、五一五元。至於資金運用之情形，則大略如下表所示。

恆利銀行儲蓄部資金運用概況表 <small>（民國二十一年底
與二十二年底）</small>

運用途徑	二十一年		二十二年	
	金額（元）	百分數	金額（元）	百分數
抵押放款	四五、四〇〇	一五	一八、〇〇〇	三
有價證券	九四、二七六	二九	一三五、四五二	二〇
現金存放同業與本行往來	一七九、五四二	五六	五一八、八二七	七七
共計	三一九、二一八	一〇〇	六七二、二七九	一〇〇

（七〇）福建東南銀行

福建東南銀行開辦於民國十七年，行址在福州。資本額定一百萬元，收足二十五萬元開業。二十二年底有存款總額三〇九、四三七・二〇元。現任董事長為陳可敏氏，董事為姚宗頤、楊驤、陳蔭同、王子植、張治禮、王瑾光、吳星濤、吳永聰、楊瑞、陳質鈞諸氏，監察人楊壽圖、林秉珪、林幼銘三氏。十七年底有儲蓄存款一萬五千元，十八年底有二萬五千元，十九年底有四萬六千元，二十年底有五萬四千元，二十一年底有六萬五千元，二十二年底有三萬六千餘元。

（七一）重慶平民銀行

重慶平民銀行開辦於民國十七年十月，為張子黎、朱汝謙二氏所發起創立。總行設於重慶，巴縣、磁鎮、江北縣、上海等地設分行辦事處。最初資本定額十萬元，收足七萬餘元開業。二十一年擴充資本為二十五萬元，收足半數十二萬五千元。同時有公積金四千六百餘元，各項存款六三一、八三四・八九元。該行對於興利小貿抵押等放款極為重視。組織初採委員會制，股東會以下設執行、監察兩委員會。執行委員會設常務委員二人，其中一人為主席，對外代表該行，對內總攬行務。監察委員會負監督行務進展，清查帳目之責。後因註冊關係，與公司條例規定不合，仍改為董監制。現任董事長為李奎安氏，董事為張子黎、盧南康、陳子才、楊國平、劉仲密、黎人鏡、何小勳、何文瀚諸氏，監察人為劉翌叔、郭穉韓、謝照臨、陳賡虞、張茂熙諸氏，總經理張子黎氏，副經理楊國平氏。

該行開辦之時卽兼辦儲蓄。至二十二年一月設儲蓄部，資本為五萬元，會計獨立。十八年底儲蓄存款為一二四、九七五‧八二元，十九年底為一九三、二〇四‧六五元，二十年底為二一五、六七三‧五八元，二十一年底為二八六、五九七‧三七元。

（七二）中匯商業儲蓄銀行

中匯商業儲蓄銀行民國十八年由杜月笙氏創辦，行址在上海。資本二百萬元。二十一年底有各項公積金一三九、九七六‧二五元，存款總額七、三一七、八一五‧三九元；二十二年底公積金為二四六、四七七‧一五元，存款總額七、六五六、三〇七‧五七元。現任董事長杜月笙氏，常務董事錢新之、周文瑞、朱如山、徐懋棠諸氏，董事張嘯林、金廷蓀、魏晉三、姚蔭鵬、張慰如、張效良諸氏，監察人王仲奇、林蘭圃、李應生、何衷筱諸氏，經理為傅品圭氏，副理陳國華氏，襄理鄧奇琨氏。

該行開辦之時卽設儲蓄處，基金為二十萬元。二十一年底公積金為八、九七六‧二五元，翌年底增至三九、九三二‧〇五元。儲蓄存款在十八年底為一七四、八八七‧一一元，十九年底為四七八、一六〇‧七二元，二十年底為三六九、九三七‧七三元，二十一年底為三八六、五七七‧六一元，二十二年底為三四八、七五五‧七六元（內活期一八六、七五二‧六八元，定期為一六二、〇〇三‧〇八元）。至其資金運用之情形，可以最近兩年底之數字為代表觀察，茲列表示之如下。

中匯銀行儲蓄部資金運用概況表^{（民國二十一年底
與二十二年底）}

運用途徑	二十一年		二十二年	
	金額（元）	百分數	金額（元）	百分數
抵押放款	三七九、四八六・九〇	六〇	一七六、〇六八・一四	二八
有價證券購置	七二、五〇〇・〇〇	一二	一六〇、六〇〇・〇〇	二六
現金與存放銀行	一七三、七二三・二六	二八	二八七、四五三・九三	四六
現金	一	一	二一、二八三・八八	三
存放銀行	一七三、七二三・二六	二八	二六六、一七〇・〇五	四三
共計	六二五、七一〇・一六	一〇〇	六二四、一二二・〇七	一〇〇

（七三）公董局儲蓄銀行

公董局儲蓄銀行為上海法租界公董局所設，開辦於民國十八年六月，性質與前述工部局儲蓄銀行相同，亦係以儲款代購公董局債券之銀行。其營業狀況不詳。

（七四）[*]安徽商業儲蓄銀行

安徽商業儲蓄銀行開辦於民國十八年。總行設蕪湖，分行設上海。股本五十萬元。朱晉侯氏為總經理，舒振庭氏為經理。二十年底有公積金三〇、三〇〇・〇〇元，各種存款總數七一九、一一九・九八元。

該行開辦之時即設儲蓄部，資本為十萬元。十九年末有儲蓄存款六四、一〇九・六八元，二十年末有一一一、八八四・四七元。至其資金運用之情形，可以二十年底之數字為代表觀察。是時該部

有抵押放款五八、二六六・〇五元，本行往來一五九、七三八・六
九元，前者合百分之二十六，後者合百分之七十四。

　　二十三年春，該行以總行週轉不靈停業，現正在延會計師清
理中。

（七五）　中南銀行

　　中南銀行開辦於民國十年七月，係南洋華僑黃弈住氏與胡筆江氏
所創辦。總行設上海，分行設天津、漢口、廈門、北平、南京、杭州
等處。股本已收足七百五十萬元。二十一年底公積金達一百七十萬元，
存款總額為九八、〇八〇、一九九・六七元；二十二年底公積金為一
百九十萬元，存款總額為一〇四、一七〇、一〇八・九四元。該行以
商業銀行兼營儲蓄。民國十二年與鹽業、金城、大陸三銀行合組儲蓄
會，又以該行呈准發行之鈔票會同三行合組準備庫，世所稱為四行之
一也。現任董事為黃弈住、史量才、黃弈守、胡筆江、林鼎銘、徐靜
仁、黃浴沂諸氏，監察人為陶希泉、黃鼎銘二氏，總經理為胡筆江氏。

　　該行之儲蓄部創辦於十八年十一月，基金二十萬元。公積金二
十一年底為十五萬元，二十二年底為二十五萬元。其儲蓄存款總額，
在十九年底為二、六三三、四二九・九八元，二十年底為五、二二
三、七三八・九一元，二十一年底為五、六七五、九三〇・七三元，
二十一年底激增至一一、三〇七、四二六・一三元。至其資金運用
之情形，可以最近兩年底之數字為代表觀察，詳見下表。

中南銀行儲蓄部資金運用概況表^{（民國二十一年底
與二十二年底）}

運用途徑	二十一年		二十二年	
	金額（元）	百分數	金額（元）	百分數
抵押放款	二、三〇二、八六二・七七	三七	四、四四九、六四六・三六	三七
有價證券購置	九六九、三七〇・〇五	一六	二、六〇二、五〇〇・一五	二二
房地產購置	一	一	九七、九五一・六五	一
現金及存放銀行	二、八六九、九八七・二二	四七	四、八一三、二〇九・八〇	四〇
現金	二〇〇、一一〇・〇〇	三	三六五、八五八・二六	三
存放銀行	二、六六九、八七七・二二	四四	四、四四七、三五一・五四	三七
共計	六、一四二、二二〇・〇四	一〇〇	一一、九六三、三〇七・九六	一〇〇

（七六）鹽業銀行

　　鹽業銀行成立於民國四年三月。初集股本五百萬元，十二年增加股本總額為一千萬元，實收七百五十萬元。二十二年底各項公積金為五、四八六、九八八・五〇元，存款總額為八二、七三六、八四六・二九元。該行總行現設上海，分支行設於北平、天津、漢口、香港、杭州、南京、廣州等埠。現任董事長為吳鼎昌氏，董事為張伯駒、任鳳苞、丁道津、岳榮堃、紹曾、錢永銘等氏，監察人為林彥京、陳靜涵氏，總經理由吳鼎昌氏兼任，總行經理為陳介氏。該行於民國十二年聯合大陸、金城、中南三行組織儲蓄會及準備庫，世所稱為四行之一也。

　　該行自民國十九年起兼辦儲蓄，設儲蓄部，資本金二百萬元。廿一年底公積金二萬餘元；二十二年底增至三五、九八六・七六元。其儲蓄存款總額在十九年末為八三九、九九四・三一元；二十年末為三、一九四、一四七・八四元；二十一年末為四、八七八、二一九・六六元，內活期一、八六二、七三九・九一元，定期三、〇一五、四七九・七五元；二十二年末為七、九七七、七八八・〇一元，內活期二、六〇三、四八三・〇二元，定期五、三七四、三〇四・九九元。至於該行儲蓄部資金之運用情形，可以最近兩年底之數字為代表觀察，茲列表示之如下。

鹽業銀行儲蓄部資金運用概況表（民國二十一年底與二十二年底）

運用途徑	二十一年		二十二年	
	金額（元）	百分數	金額（元）	百分數
抵押放款	一、五三五、九六一・三二	二二	二、〇三〇、四二九・六七	二〇
有價證券	二、三二九、五二九・七六	三三	二、七五一、三五〇・一六	二六
房地產	—	—	三五、〇〇〇・〇〇	—
現金與存放同業	三、二三八、八五五・一二	四五	五、六三一、四六四・一四	五四
現金	三、二三八、八五五・一二	四五	三、〇四五、八九九・三六	二九
存放同業	—	—	二、五八五、五六四・七八	二五
共計	七、一〇四、三四六・二〇	一〇〇	一〇、四四八、二四三・九七	一〇〇

（七七）中國國貨銀行

中國國貨銀行設立於民國十八年十一月，創辦人為孔祥熙氏，係官商合辦，資本收足五百萬元，內官股二百萬元，商股三百萬元。二十一年底有公積金四三、八八八・三二元，存款總數為一二、七一一、七〇〇・九〇元；二十二年底公積金增至六四、〇九〇・二二元，存款總額為一八、〇二三、七〇六・六二元。總行設上海，分行設南京、蘇州、廣州、天津、南昌、遼甯。現任董事長為孔祥熙氏，董事為陳行、陳光甫、葉琢堂、陳家棟、許世英、宋子靖、宋子良、徐堪、張學會、盛蘋臣、唐壽民、錢新之、李石曾、胡文虎諸氏，監察人為徐新六、黃漢樑、温嗣康、汪雲松、劉鴻生、楊敦甫、陳紹嫣、穆藕初、李清泉諸氏，總經理為宋子良氏。

該行儲蓄部開辦於民國十九年三月。資本二十萬元，會計公開獨立。二十一年底有公積金二〇、七〇〇・〇〇元，二十二年底增至三一、一二五・六六元。十九年底有儲蓄存款一九四、七六八・一〇元，內活期一五七、七一一・七七元，定期三七、〇五六・三三元；二十年底有四八七、四四四・三六元，內活期二八四、六六九・二三元，定期二〇二、七七五・一三元；二十一年底有九九三、五九一・八七元，內活期六三九、五七四・四七元，定期三五四、〇一七・四〇元；二十二年底有二、〇七九、三一七・五一元，內活期一、二九八、七一八・九九元，定期七八〇、五九八・五二元。

至於該部資金之運用情形，可以最近兩年底之數字為代表觀察，茲列表示之於下。

中國國貨銀行儲蓄部資金運用概況表 ^{(民國二十一年底} _{至二十二年底)}

運用途徑	二十一年		二十二年	
	金額（元）	百分數	金額（元）	百分數
抵押放款	二六〇、五二六・〇二	二一	五二九、四〇四・一二	二二
證券購置	七八、八七四・三九	六	八五三、六一七・〇八	三六
現金與存放銀行	九一〇、三六三・二四	七三	一、〇〇一、三七六・六二	四二
現金	五〇、一二〇・五〇	四	二〇一、三五八・三七	八
存放同業	八六〇、二四二・七四	六九	二〇六、五五八・四二	九
本行往來	—	—	五九三、四五九・八三	二五
共計	一、二四九、七六三・六五	一〇〇	二、三八四、三九七・八二	一〇〇

（七八）交通銀行

交通銀行係前清光緒三十三年經郵傳部奏准設立。除經營銀行普通業務外，所有路、電、郵、航四政款項均歸經理，並有代理國庫及發行兌換券之權。原定資本額為庫平銀一千萬兩，先收五百萬兩開業。民國十七年，國民政府公布該行條例，改組為發展全國實業銀行。股本總額為國幣一千萬元，由政府認股二成，餘作商股。現已收足八百七十一萬餘元。二十一年底有公積金二、三四五、六一四・一一元，存款總額一九二、六七〇、四六五・一〇元；二十二年底有公積金二、二七三、八八二‧九四元，存款總額二三〇、一五九、三五四‧〇八元。現任董事長為胡筆江氏，常務董事兼總經理為唐壽民氏，常務董事為錢新之、胡孟嘉、陳健庵氏，董事為張詠霓、李莘侯、秦潤卿、周作民、李馥蓀、王子崧、陳光甫、葉扶霄、楊蔭孫、張公權諸氏，監察人主席于志昂氏，常駐監察人許修直氏，監察人梁定蘇、葉子剛、賈果伯諸氏。該行總行設於上海，分支行遍設江蘇、浙江、福建、安徽、湖北、江西、河南、河北、陝西、山西、山東、綏遠、察哈爾、遼寧、吉林、黑龍江等省各大城市。

該行在十八年七月呈部核准添辦儲蓄，翌年七月設儲蓄部，撥基本金五十萬元。營業獨立，會計公開。在上海、北平、天津、張家口、歸化、瀋陽、四平街、營口、孫家台、洮南、哈爾濱、長春、吉林、黑龍江、漢口、杭縣、寧波、紹興、餘姚、定海、蘭谿、溫州、大連、濟南、棗莊、南京、青島、濰縣、烟台、龍口、吳縣、常熟、無錫、鎮江、揚州、九江、長沙、武進、南通、蕪湖、沙市、泰縣、宜昌、丹陽、清江浦、鹽城、如皋等埠設分支部。二十年底有公積金一一、一二一‧五一元，二十一年底增至二八、八九〇‧〇一元，二十二年底增至七九、二八七‧三六元。十九年年終儲蓄存款總額為一、六九三、九三七‧三一元；二十年增至四、八一一、八四七‧二〇元；二十一年增至一〇、二九〇、一三八‧五三元，內活期四、九七四、〇三二‧八六元，定期五、三一六、一〇五‧六七元；二十二年增至一八、四二〇、三〇五‧〇四元，內活期六、九九四、九四一‧五〇元，定期一一、四二五、三六三‧五四元。至於儲蓄部資金運用之情形，則可舉最近兩年底之數字為代表觀察，茲列表示之如下。

交通銀行儲蓄部資金運用概況表 ^(民國二十一年底 與二十二年底)

運用途徑	二十一年		二十二年	
	金額（元）	百分數	金額（元）	百分數
抵押放款	一、五九〇、三一一·九〇	一五	二、九八一、三〇〇·九三	一五
有價證券	三、四三六、六五二·六五	三一	三、七五〇、〇八一·六八	一九
現金與本行往來	五、九九九、九七六·四三	五四	一二、七四二、六四八·〇五	六六
現金	七〇、六八九·七八	—	六六五、八八九·四七	四
本行往來	五、九二九、二八六·六五	五四	一二、〇七六、七五八·五八	六二
共計	一一、〇二六、九四〇·九八	一〇〇	一九、四七四、〇三〇·六六	一〇〇

（七九）大來商業儲蓄銀行

　　大來商業儲蓄銀行開辦於民國十九年，係甬商所組織。行址在上海。股本五十萬元。二十二年底公積金為九、六二〇·五一元，各項存款總數為九四五、八六三·六五元。現任董事為陳希坊、陳壽芝、吳芑汀、徐聖禪、竺梅先、鄭少坪、俞佐庭、劉同嘉、周智卿諸氏，監察人為王文翰、金潤庠二氏，經理為竺梅先氏，副經理謝定黼、陳正翔二氏。

　　該行開辦之時即設儲蓄部，基金為十萬元。二十二年底公積金一、八六七·五二元。十九年底有儲蓄存款五六、五八三·二六元，二十年底有九一、一一四·五一元，二十二年底一一七、〇八一·

五〇元。二十二年底有抵押放款一六〇、九五〇‧〇〇元，約佔運用資金總額百分之七十二；有價證券五九、六四二。二四元，約佔百之二十七；商業部往來三、二一六‧二九元，約佔百分之一。

（八〇）*民信商業儲蓄銀行

民信商業儲蓄銀行係皖商所創辦，開辦於民國十九年，行址上海，股本五十萬元。以許俊人氏為董事長，陳正有氏為經理。設儲蓄部，資本五萬元。十九年底約有儲蓄存款四千元。現已停業。

（八一）太平銀行

太平銀行開辦於民國十九年，行址在上海。資本額定國幣一百萬元，二十一年底收足八十一萬五千元，二十二年七月收足一百萬元。同時有公積金一一、六四九‧八八元，存款七七〇、六一〇‧〇三元。是年底公積金為二〇、一七八‧〇六元，存款總額為一、〇五七、七五〇‧四九元。現任董事長為李木公氏，董事為張趾卿、唐壽民、裴雲卿、李徵甫、朱靜安、萬茂之、李駿孫、蔣用藩、朱雲青、李端甫諸氏，監察人為賈頌平、李厚甫二氏，總經理為朱靜安氏，經理為萬茂之氏。

該行創辦之時即設儲蓄部，基金為五萬元，二十二年底有公積金二千元。十九年底有儲蓄存款四七、八二〇元，二十年底有七八、四六六元，二十一年底有一五八、九三〇元，二十二年底有一九八、一六〇‧〇一元。是年底有抵押放款四九、三五五‧〇〇元，約佔運用資金總額之百分之十九；有價證券七七、七九五‧八五元，約佔百分之三十；總行往來一三二、一四五・三二元，約佔百分之五十一；現金為四〇・四〇元。

（八二）川康殖業銀行

川康殖業銀行開辦於民國十九年。總行設重慶，分機關設萬縣、宜昌、漢口、上海、瀘縣。資本實收洋一百萬元。二十一年底各項存款約有三百萬元。二十二年底有公積金十三萬餘元，各項存款三百七十餘萬元。現任董事為何北衡、劉航琛、盧作孚、范崇實、湯壺嶠、張必果、陳學池諸氏，監察人為王汝舟、甘典夔氏，總經理為劉航琛氏，協理為周季悔氏。

該行開辦之時卽設儲蓄部。基金十萬元，會計獨立。二十一年底約有儲蓄存款三十餘萬元。

（八三）陝西省銀行

陝西省銀行成立於民國十九年十二月，行址在西安，係合資組織。額定資本五百萬元，實收一百二十五萬元。現任董事長王怡然氏，常務董事楊北梅、張德樞二氏，董事張定九、王謙梅、謝焜、謝子衡、白少畬、甯升三、胡毓威、李宜之、韓威西、謝文靑諸氏，常駐監察人武念堂氏，監察人景萃農、鄭伯愚、范紫東、孟昭侗諸氏，經理韓光琦氏，協理李梅卿、李維城二氏。二十一年底各項存款總額為一四、九二九、二七九・〇二元，二十二年底增至一八、二八六、九八一・二九元。

該行之儲蓄部開辦於二十年一月一日，資本五萬元，會計獨立。

二十年底有儲蓄存款二十七萬餘元，二十一年底有六十萬餘元，二十二年六月底有四萬餘元。

（八四）*大達銀行

大達銀行開辦於民國二十年一月，行址在上海，股本五十萬元。以黃明道氏為總經理；唐海珊氏為協理，兼滬行經理。二十一年經"一·二八"日軍侵滬之變，即行停業。儲蓄部存款五萬餘元如數發還。

（八五）北洋保商銀行

北洋保商銀行開辦於宣統二年三月，我國歷史悠久之銀行也。先是前清光緒三十四年津商因進口貿易疲敝，積欠洋款甚鉅，宣統元年經北洋大臣議設北洋華洋商務理事會，由該會建議創設該行，以資救濟，乃於宣統二年成立，至今已二十餘年矣。總辦事處設北平，平津、綏遠、石家莊等處設分行辦事處。現任董事長顧維鈞氏，董事王克敏、徐世章、陳光遠、周作民、馮耿光、李光啟諸氏，監察人曹秉權氏，總理王克敏氏，協理王毓霖氏。資本實收一、一二九、五〇〇·〇〇元。二十一年底共有存款三百五十餘萬元，二十二年底增至五、八〇〇、七七五·八四元。

該行之儲蓄部開辦於民國二十年二月。基金十萬元。二十一年底有儲蓄存款三一四、二七三·七四元；翌年增至五四六、二二七·四三元，內活期三一四，二九八·一八元，定期二三一、九二九·二五元。

（八六）華東商業儲蓄銀行

華東商業儲蓄銀行開辦於民國二十年，係賈果伯、徐眉軒諸氏所組織。行址在上海。股本七十五萬元。初徐味軒氏任經理，後龐奉之氏繼之。

（八七）浙江典業銀行

浙江典業銀行開辦於民國十一年一月，行址在杭州。資本定額一百萬元，實收二十五萬七千八百元。二十一年終有各項公積金二萬八千餘元，存款總數八十一萬三千餘元；二十二年終有公積金三萬五千餘元，存款總額七十六萬五千餘元。現任董事為王錫榮、謝永康、沈方中、姚紹坦、姚文沂、沈昌熊、徐光溥、紐家璜、汪文鏞、張光華、劉頌驥諸氏，監察人為陳其業袁承綱凌阜基孫鏡清屠秋澄邵恂言宋源歸諸氏，經理王錫榮氏，副經理謝永康氏。

該行於民國二十年四月開辦儲蓄部，資本金十萬元，會計獨立。公積金二十一年底為五、四五六・〇八元，二十二年底為一萬餘元。二十年底有儲蓄存款一四七、七二九・〇五元，二十一年底有一六七、〇三二・一四元，二十二年底有二一一、二五九・〇九元。

至於儲蓄部資金運用之情形，則可以最近兩年底之數字為代表觀察，茲列表如下。

浙江典業銀行儲蓄部資金運用概況表^{（民國二十一年底
與二十年底）}

運用途徑	二十一年		二十二年	
	金額（元）	百分數	金額（元）	百分數
抵押放款	八二、四四二・〇〇	三〇	四七、〇七二・二八	一四
證券購置	七五、一四一・〇九	二八	六六、七六八・八一	一九
本行往來	一一五、〇一九・〇四	四二	二三四、八七六・〇三	六七
合計	二七二、六〇二・一三	一〇〇	三四八、七一七・一二	一〇〇

（八八）*華通商業儲蓄銀行

　　華通商業儲蓄銀行開辦於民國二十年四月，行址在上海，資本收足五十萬元。二十一年底有公積金四千四百元，存款總額一百十萬餘元。董事長為鄭淇亭氏，董事為鄭鑑之、鄭佐之、鄭伯邃、李香谷、孫毅臣、葉清和、沈履康、陳子久諸氏，監察人為柳克昌、張錫華二氏，總經理沈履康氏，副經理陳子久氏。

　　該行開辦之時即設儲蓄部，資本五萬元。二十一年底有公積金四百元。二十年底儲蓄存款十三萬五千餘元，二十一年底增至二十三萬餘元。該部二十一年底資金之運用情形，大略如下：抵押放款一〇一、六五八・六二元，約佔運用資金總額之百分之三十六；有價證券三五、三八二・四二元，約佔百分之十四；現金與本行往來一四七、二五八・一八元，約佔百分之五十，內現金八八二・一五元，本行往來一四六、三七六・〇三元。二十二年秋以營業清淡停業，請會計師清算，存款正在陸續發還云。

（八九）世界商業儲蓄銀行

　　世界商業儲蓄銀行開辦於民國二十年六月。行址在上海。資本收足二十萬元。二十一年底有存款總額八八一、三〇八‧五〇元。二十二年底有公積金二千元，存款總額六七五、五二〇‧九九元。現任董事為沈知方、吳蘊齋、林君鶴、張雲石、姚詠石諸氏，監察人為李祖虞、孫羹梅二氏，經理為沈知方氏。

　　該行初辦時即設儲蓄處，資本十萬元。二十年底各種儲蓄存款四四三、八九七元，二十一年底五五八、〇〇二元，二十二年底五九五、〇六七元。至其資金運用之情形，可以最近兩年底之數字為代表觀察，詳見下表。

世界銀行儲蓄處資金運用概況表（民國二十一年底與二十二年底）

運用途徑	二十一年		二十二年	
	金額（元）	百分數	金額（元）	百分數
放款	二二〇、六五八‧七二	三二	三一、四一五‧〇〇	四
有價證券	八〇、九一七‧二一	一二	一九一、八七五‧六六	二六
現金與存放銀行	三八五、二〇九‧三三	五六	五一九、八八五‧九八	七〇
現金	三〇、五〇八‧八六	四	七二、八六一‧〇八	一〇
存放同業	五四、四三〇‧二五	八	一二、六一九‧七〇	一五
本行往來	三〇〇、二七〇‧二二	四四	三四、四〇五‧二〇	四五
共計	六八六、七八五‧二五	一〇〇	七四三、一七六‧六四	一〇〇

（九〇）中和商業儲蓄銀行

中和商業儲蓄銀行開辦於民國二十年七月，係越商所組織，行址在上海，股本五十萬元。二十一年底有公積金四、一七一‧三四元，存款總數一、〇五一、八七八‧〇八元；二十二年底有公積金五、九〇五‧三三元，存款總數二、一〇八、三四八‧八五元。現任董事馮仲卿、袁崧藩、謝韜甫、宋漢章、秦潤卿、盛筱珊、陳青峯、榮宗敬、郭竹樵、吳培初、徐補孫諸氏，監察人張清笙、李濟生、程少甫三氏，經理為夏遐齡氏。

該行開辦之時卽設儲蓄部，基金五萬元。二十一年底有公積金四十二元五角，二十二年底有三六七‧五九元。儲蓄存款總數在二十年底為一三八、二六九‧一四元，二十一年底為五五、一五八‧〇八元，二十二年底為三八四、一八一‧四九元。至其資金運用之情形，可以最近二年底之情形觀之，詳見下表。

中和銀行儲蓄部資金運用概況表^{（民國二十一年底與二十二年底）}

運用途徑	二十一年		二十二年	
	金額（元）	百分數	金額（元）	百分數
抵押放款	九〇‧〇〇	一	一、八〇〇‧〇〇	一
有價證券	一五、八四〇‧〇〇	七	三七八、二〇五‧五〇	七八
現金與本行往來	一九七、二〇九‧七四	九二	一〇五、一三九‧六〇	二二
現金	一、〇一三‧二七	一	一、八三七‧八九	一
本行往來	一九六、一九六‧四七	九二	一〇三、三〇一‧七一	二二
共計	二一三、一三九‧七四	一〇〇	四八五、一四五‧一〇	一〇〇

（九一）亞東商業儲蓄銀行

亞東商業儲蓄銀行開辦於民國二十年八月，行址在上海，資本收足五十萬元。二十一年底共有存款五九八、八〇〇·六七元；二十二年底有公積金一千五百元，存款總額六七三、八九七·四五元。現任董事為沈晉鏞、諸文綺、華霽光、丁益生、李耀章、唐選青、匡仲謀、徐伯熊、祝善寶、倪大椿、柱月笙諸氏，監察人為俞志青、陳光照二氏，經理為沈毅氏，協理為倪渠峯氏。

該行開辦之時卽設儲蓄部，基金五萬元，會計獨立。儲蓄存款二十年底為二五、三八五·三三元，二十一年底為四六、二七一·七四元，二十二年底為一五一、五七五·三一元（內活期四九、二八七·五三元，定期一〇二、二八七·七八元）。至其資金運用之情形，可以最近兩年底之數字為代表觀察，詳見下表。

亞東銀行儲蓄部資金運用概況表 _(民國二十一年底 與二十二年底)

運用途徑	二十一年		二十二年	
	金額（元）	百分數	金額（元）	百分數
抵押放款	一三、九二三·三四	一四	八六、五四七·七三	四一
有價證券	八、四二〇·〇〇	八	七四、四八一·二五	三五
現金與存放銀行	七九、一二三·一四	七八	四九、九七六·六九	二四
現金	五九七·九五	一	一、四八三·六七	一
存放同業	—	—	二、〇〇六·五〇	一
本行往來	七八、五二五·一九	七七	四六、四八六·五二	二二
共計	一〇一、四六六·四八	一〇〇	二一一、〇〇五·六七	一〇〇

（九二）上海綢業商業儲蓄銀行

上海綢業商業儲蓄銀行開辦於民國二十年九月，總行在上海，分行設上海、杭州。股本總額原為六十萬元，二十二年四月五日後增為一百二十萬元。二十二年底有各項公積金一萬八千一百元，存款總額三、三一一、四四一·二八元。現任董事為王延松、俞佐廷、沈琴齋、王伯元、陳小蝶、孫鶴皋、王伯瀛、壽毅成、裴雲卿、張澹如、陳子明、陳松源、馮仲卿諸氏，監察人為徐寄廎、程用六、魯正炳、葛叔謙諸氏。

該行開辦時即設儲蓄部，基本金原為十萬元，二十三年五月增撥十萬元，共為二十萬元。二十一年底有儲蓄存款三七八、六〇六·三七元，二十二年底增至七四六、一一四·四〇元（內活期二二四、九三九·八八元，定期五二一、一七四·五二元）。至其資金運用之情形，可以最近兩年底之數字為代表觀察，詳見下表。

上海綢業銀行儲蓄部資金運用概況表^{（民國二十一年底}與二十二年底）

運用途徑	二十一年		二十二年	
	金額（元）	百分數	金額（元）	百分數
抵押放款	一四六、七七六·七〇	三〇	二一三、九六四·五六	二五
證券購置	六二、六〇〇·〇〇	一三	一五一、〇〇七·〇二	一七
現金與存放銀行	二七七、九七五·〇二	五七	四九九、七七八·六七	五八
現金	一一、二二八·九五	二	一八、〇九九·二六	二

續　表

運用途徑	二十一年		二十二年	
	金額（元）	百分數	金額（元）	百分數
存放銀行	二六六、七四六・〇七	五五	四八一、六七九・四一	五六
共計	四八七、三五一・七二	一〇〇	八六四、七五〇・二五	一〇〇

（九三）中國企業銀行

中國企業銀行開辦於民國二十年十一月，係劉鴻生氏所創辦。行址在上海。資本定額二百萬元，收足一百萬元開業。二十一年底有公積金五、六七六・七一元，各種存款三、二〇三、三二五・五四元；二十二年底有公積金二一、〇〇〇・〇〇元，各種存款五、一一四、四二八・四二元。現任董事長為劉鴻生氏，董事為劉吉生、馬竹亭、張公權、胡孟嘉、徐新六、吳啟鼎、張慰如、陸蔭孚諸氏，監察人為唐少侯、林兆棠、戴畔莘諸氏，經理為范季美氏。

該行開辦之時即設儲蓄部，基金二十萬元。二十一年底公積金為六二八・二五元，二十二年底增至一萬元。儲蓄存款二十年底有一〇〇、六六七元，二十一年底為六五九、八四〇元，二十二年底為一、三三七、一四三・四四元。至其資金運用之情形，可以最近兩年底之數字為代表觀察，茲列表示之於下。

中國企業銀行儲蓄部資金運用概況表^{(民國二十一年底} 與二十二年底)

運用途徑	二十一年		二十二年	
	金額（元）	百分數	金額（元）	百分數
抵押放款	三四九、四一一・一一	三九	八八〇、九〇〇・〇〇	五五
證券購置	一	一	三七、五〇〇・〇〇	二
現金與存放銀行	五三六、〇八四・二三	六一	六八九、八四五・二二	四三
現金	四〇、三二八・二四	五	二四、二九七・九九	二
存放同業	二六〇、三九〇・一九	二九	四一、九三・八〇	二五
本行往來	二三五、三六五・八〇	二七	二五四、四五三・四三	一六
共計	八八五、四九五・三四	一〇〇	一、六〇八、二四五・二二	一〇〇

（九四）中原商業儲蓄銀行

中原商業儲蓄銀行開辦於民國二十年十一月，其前身為中原百貨公司之儲蓄部。行址在天津。資本定額一百萬元，實收五十萬元。二十二年底有公積金四、七六九・一八元，存款總額一、〇〇四、四八七・一二元。現任常務董事為林紫垣、林壽田、黃文謙三氏，董事為陳耀珊、婁魯青、關頌聲、鮑翼君、藍贊襄、黃頌華、福興堂、黃啟勳、陳澍彬諸氏，監察人為徐善伯、關鏘庭二氏，經理鄧範吾、孫星垣二氏。

該行開辦之時即設儲蓄部，資本十萬元。二十二年底有儲蓄存款四百二十八萬餘元。同時有定期放款三十萬元，本行往來二十三萬餘元。

（九五）江蘇省農民銀行

江蘇省農民銀行係省辦銀行，成立於民國十七年七月。總行初設南京，後遷鎮江。分行設南京、武進、無錫、蘇州、常熟、松江、嘉定、如皋、鹽城、徐州、吳江、高淳、丹陽、青浦、崑山、金壇、太倉、震澤、上海等埠。實收資本三百五十萬元。二十二年底公積金二十一萬元。設監理委員會。初辦時總經理為過探先氏，副總經理為王志莘氏。後過氏逝世，王氏改任總經理。其後王氏辭職，省府以趙棣華氏繼之。

該行之儲蓄處設立於民國二十一年一月，資本十萬元，會計獨立。二十二年底有公積金一萬二千元。二十一年底有儲蓄存款一、〇七四、八〇〇・〇〇元，內活期九三六、一〇〇・〇〇元，定期一三八、七〇〇・〇〇元。

（九六）寧波實業銀行

寧波實業銀行成立於民國二十一年。股本五十萬元。二十二年底有公積金一、一七三・二七元，存款總數一、〇三五、二四三・五九元。總行在上海，分行在沈家門。現任董事鄔志豪、項繩武、何紹庭、鄔志和、林康侯、董仲修、何紹裕、卓雨亭、陳粹甫、曹國華、周永昇諸氏，監察人袁端甫、莊崧甫、陸祺生三氏，經理為鄔志豪氏。

該行開辦之時即設儲蓄部，劃十萬元充資本。二十一年底約有儲蓄存款十萬元，二十二年底有一四九、一〇一・八二元。同時其抵押放款與本行往來約各佔半數。

（九七）江浙商業儲蓄銀行

江浙商業儲蓄銀行開辦於民國二十一年六月，係甬商吳啟鼎氏等所組織。行址上海。股本總額三百萬元，收足一百五十萬元開業。二十一年底共有存款二、五七六、一二六・〇〇元；二十二年底增至三、一〇二、〇九五・六六元，同時有公積金四萬元。現以吳啟鼎氏為董事長，徐夢梨氏為常駐監察人，徐椿林、張叔馴兩氏為監察人，周文瑞氏為總經理，魏晉三氏為經理，胡式之為副理。

該行開辦之初即設儲蓄部，資本為二十萬元，會計獨立。二十二年底有公積金一萬五千元。儲蓄存款在二十一年底有四四九、八四四・〇四元，內活期一七〇、五六二・〇三元，定期二七九、二八二・〇一元；二十二年底有五七一、一二三・八一元，內活期一九五、四六九・四九元，定期三七五、六五四・三二元。一年半來資金運用之情形見下表。

江浙銀行儲蓄部資金運用概況表^{（民國二十一年底
與二十二年底）}

運用途徑	二十一年		二十二年	
	金額（元）	百分數	金額（元）	百分數
抵押放款	三一八、九六九・〇一	四七	二九八、三〇〇・〇〇	三六
證券購置	一〇三、五四〇・〇〇	一五	四一、四七〇・〇〇	五
現金與存放銀行	二五二、九七五・四一	三八	四七七、六八〇・〇〇	五九
現金	五〇四・二六	一	一、二九〇・五九	一
存放銀行	二五二、四七一・一五	三八	四七六、三八九・四	五九
共計	六七五、四八四・四二	一〇〇	八一七、四五〇・〇〇	一〇〇

（九八）山東民生銀行

　　山東民生銀行開辦於民國二十一年七月。總行在濟南，分行設
山東各埠，官民合股。股本六百萬元，收足三百二十萬元。二十一
年底有存款總額三九、一五三、四四五・四〇元，二十二年底為一
八、八四一、四一〇・五〇元。現任董事長兼總經理為王向榮氏。

　　該行開辦之時卽設儲蓄部，資本二十萬元。二十一年底有儲蓄
存款一四〇、〇五五・五六元，二十二年底有二四〇、四八四・七
七元。

（九九）惠豐儲蓄銀行

　　惠豐儲蓄銀行開辦於民國二十一年八月，係無限公司組織。行
址在上海天津路。資本二十萬元。二十二年底有公積金二千元，儲
蓄存款約一百零二萬元。對外執行代表股東孫直齋氏，經理席季明
氏，副理王毅齋氏，主任王功達氏。

（一〇〇）統原商業儲蓄銀行

　　統原商業儲蓄銀行開辦於民國二十一年八月，行址在上海，資
本收足一百萬元。二十一年底有存款總額三、九六九、三四三・八
五元，翌年年底有公積金八、九四三・〇六元，存款總額三、三五
四、三一九・六七元。現任董事長為余葆三氏，董事徐仲麟、俞佐
庭、陳繩武、李祖蔭、秦善富、秦善福、秦善德、陳潤水諸氏，監

察人徐伯熊、姚德馨、向俠民三氏，經理為陳潤水氏。

該行開辦之初卽設儲蓄部，資本十萬元。二十一年底有活期存款三〇四、一六七・〇〇元，定期存款七二二、二五〇・一九元，共一、〇二六、四一七・一九元；二十二年底有活期存款二九四、三五七・三一元，定期存款一五三、五六六・八七元，共四四七、九二四・一八元。二十一年底有現金三五、二八〇・六〇元，存放商業部一、一〇六、五五八・四九元，合計一、一四一、八三九・〇九元，幾佔運用資金總額之百分之百；抵押放款一、四〇〇・〇〇元，所佔僅千分之一。二十二年底有庫存及存放銀行三五六、七八四・六六元，合運用資金之百分之六十；抵押放款一〇六、五四〇・〇〇元，合百分之十八；有價證券一三六、五〇〇・〇〇元，合百分之二十二。

（一〇一）四川商業銀行

四川商業銀行成立於民國二十一年夏，為湯子敬氏等發起創辦。總行重慶，分行萬縣。資本收足六十萬元。現任總理為湯壺嶠氏，協理戴矩初氏，襄理李崇德氏。

該行開辦之時卽設儲蓄部，資本為十萬元，主任羅芝麟氏。二十二年底有公積金一萬元。二十一年底有儲蓄存款二四、三五一・九八元，二十二年底增至一二一、九三六、七三元。二十三年五月底有放款十八萬元，約佔運用資金總額百分之七十；有價證券八五、五二〇・〇〇元，約佔百分之三十，現金四四七・六六元。

（一○二）豫、鄂、皖、贛四省農民銀行

豫、鄂、皖、贛四省農民銀行開辦於民國二十二年四月。總行設漢口，分行設南昌、安慶。資本定額一千萬元，實收二百五十萬元。兼辦儲蓄，尚未設立專部。現有儲蓄存款一萬三千餘元。設理事與監事。現任理事為徐桴、周蒼柏、郭外峯、賈士毅、浦心雅、周星棠、王徵瑩諸氏，監事為葉琢堂、毛秉禮、李基鴻、文羣諸氏。

（一○三）惠中商業儲蓄銀行

惠中商業儲蓄銀行成立於民國二十二年十月，行址在上海。現任董事長俞佐廷氏，董事厲樹雄、丁家英、魏乙青、孫劫卿、陳繩武、秦善慶、邱彭年、王文治、何谷聲、虞仲言諸氏，監察人樓懷珍、史久鰲、潘久芬諸氏，經理戚仲樵氏。該行設儲蓄部。二十三年春有儲蓄存款三十萬元左右，內定期性質者佔百分之五十六，活期性質者佔百分之四十四。其資金之運用，抵押放款佔百分之四十二，有價證券佔百分之二十七，本行往來佔百分之二十一，現金佔百分之十云。

（一○四）其他

除前文所紀外，據調查所得，尚有已經停辦者黃陂商業儲蓄銀行（民國元年成立，行址黃陂，資本一百萬元）、殖邊銀行（民國三年成立，資本二百萬元，民國五年停業）、東南植業銀行（行址上海，民國十一年開辦，十七年二月以時局影響停業）、百貨商業銀行

（行址上海，民國十年十月開幕）、民興合作儲蓄銀行（行址上海，民國十年十月開幕）、生大銀行（行址上海，民國十一年開幕，翌年春清理）、閘北商業儲蓄銀行（行址上海，民國十二年五月開幕）、日夜銀行（行址上海，民國十年八月開辦，資本定額五十萬元，二十年一月以總經理黃楚九氏逝世倒閉）、永安商業儲蓄銀行（行址上海）、浦海商業儲蓄銀行（行址上海）、大豐商業儲蓄銀行（行址上海）、北京裕華商業儲蓄銀行（行址北平，民國十一年四月開幕，兼營有獎儲蓄）、大華商業儲蓄銀行（行址北平，民國十二年成立）、新民商業儲蓄銀行（行址北平，民國十一年成立，十五年清理）、慶豐合資銀行（行址上海，民國九年成立，資本二十萬元）、法華儲蓄銀行（行址上海，民國九年初成立）、蒙藏銀行（行址北平，十二年開幕）、湖南儲蓄銀行（行址長沙，附設於湖南財政廳內，民國十一年清理）、西南商業儲蓄銀行（行址成都）、重慶勞工儲蓄銀行（行址重慶，民國十二年成立）等家；現存者中國興業銀行（行址上海，民國十四年開辦，資本總額二百萬元，實收一百萬元）、儉德銀行（行址上海，民國十七年開辦，資本壹百萬元，實收六十萬元）、大中銀行（總行上海）、浙江商業儲蓄銀行（行址杭州）、浙江儲豐銀行（行址杭州）、五華信託實業銀行（總行廣州）、嘉南儲蓄銀行（行址廣州）、金華儲蓄銀行（行址廣州）、大中儲蓄銀行（行址廣州）、嘉興商業儲蓄銀行（行址嘉興）、信孚銀行（行址蘇州）、江西裕民銀行（行址南昌，儲蓄部基金十萬元）、華業銀行（總行香港，分行上海）、四川美豐銀行（行址重慶）以及二十二年新設之華安商業儲蓄銀行（行址上海）、大滬商業儲蓄銀行（行址上海）、至中商業儲蓄銀行（行址上海）、阜康商業儲蓄銀行（行址上海）、民孚商業儲蓄銀行（行址上海）、辛泰商業儲蓄銀行（行址上海）等家。其餘遺漏者想尚不少。計劃未實現之儲蓄銀行，不僅本章所述數家，遺漏者亦必甚多。因無從調查，祇能從略。至於各地之學校儲蓄銀行為數亦極夥，然大率供學生實習之用，時作時輟者居多。北京大學學生儲蓄銀行乃此類銀行之歷史較久者。此外現在銀行中之原辦儲蓄，業已停止辦理者，據調查所得，祇有上海煤業銀行一家而已。

第三章　郵政儲金局

（一）動議至創設

　　我國郵政儲金始辦於民國八年七月一日，然其動議則遠在清末，蓋幾經遲迴曲折而後成為事實者也。光緒三十四年，徐世昌氏任郵傳部尚書，以郵政儲金法良意美，早為東西各國所推行，特咨行駐外各公使調查郵政儲金制度，以奧國為最善。遂派學生馮農、陳廷驥、龍紱慈、錢春祺、霍澍霖、陳履祥、謝式瑾、孟錫祉、李景言、鄭義琛、沈承霈、余翔麟、林廷翰、魯彥本、陳柏年、黃國俊、唐文啟、唐漢生、劉勉、徐德培等二十人，由徐秀鈞率領赴奧，入該國商部郵電總管理處附設之郵電專門學校肄習郵政儲金，並在該國儲金總分各局實習。宣統三年回國，暫派在各省郵局服務。民國元年十月，謝式瑾等呈交通部請設郵便儲金籌備處，籌畫各種方法，以策進行。翌年二月，交部於部中設立籌備郵便儲金委員會，派定梅光羲、陸夢熊、張緝光、龍建章、王文蔚為委員長；傅潤章、馮農為專任委員；龍紱慈、權量、徐洪、徐德培、陳履祥、錢春祺為委員，以便草定辦理郵便儲金辦法大綱及章程草案。是年九月，交部以限於預算，明令裁撤該會。所有未盡事宜，由郵政司接辦。直至七年曹汝霖氏任交通總長時始積極進行。是年十一月二十四日遂有大總統令公布《郵政儲金條例》十五條（見附錄二、甲）。明年五月廿六日，又以交通部部令公布《郵政儲金條例施行細則》十四

章五十三條（見附錄二、乙）。六月五日又公布《郵政總局經理郵
政儲金章程》十六條（見附錄二、丙）。七月一日始在北京、天津、
太原、開封、濟南、漢口、南昌、南京、上海、安慶、杭州等十一
處郵務管理局開辦。一切事務統由郵局經理，儲款亦由郵政資產擔
保，不另備資本。是年十月十五日復將郵政儲金展至上開十一處郵
區內交通便利之一二等郵局及郵務支局；並於東三省郵務管理局內
開辦。九年復在廣東、福建兩省郵局內開辦。是時交通部附設郵政
儲金監理會，其職權為決定關於儲金運用生息一切事宜，以審計院
長、財政總長、交通總長、郵政總局局長、郵政總局總辦、交通部、
郵政司司長及國務院特派員一員組織之，而以交通總長為會長（其
辦事規則十二條，見附錄二、丁）。自此以後，郵政儲金制度之基礎
遂告確立。以後發展情形，詳見下文。

（二）　郵政儲金匯業總局之設立及經過

　　民國十八年，萬國郵聯開會於倫敦，交通部派郵政司司長兼郵
政總辦劉書藩氏出席該會；同時帶同隨員赴東西各國考察郵政儲匯
制度。歸國後條陳交通部，請將郵政總局所管之儲匯事務另設專局
辦理。繼由交通部長王伯羣氏呈請國府於十九年一月間核准。同年
三月十五日卽成立郵政儲金匯業總局，專責辦理郵政儲金與匯兌業
務。總局設上海。初以劉書藩氏為總辦，沈叔玉、麥倫達二氏為會
辦。後總辦、會辦改稱為局長、副局長。二十一年劉書藩氏辭職，
楊建平氏繼為局長；沈叔玉氏辭職，任嗣達氏繼為副局長。現任局
長為唐寶書氏，副局長為徐柏園、麥倫達二氏。二十一年五月設立
監察委員會，監督該局一切事宜。二十三年夏，交通部公開考試錄

取王維中、陳家駿、張企恭、汪一鶴、王紫霜、董希錦等復派赴奧國肄習郵政儲匯業務，以便歸國改進發展郵政儲匯事業。

郵政儲金匯業局之設立，在我國郵政儲金史上劃一段落。自此以後，郵政儲金事業與專利性質之遞信事業分離。然全部儲金仍以郵政資產為擔保，不另撥資本；其業務仍由各郵局兼辦。關於各郵局代各儲匯局支出之費用，如辦理儲匯人員之薪金及一部分辦理儲匯之房屋租金等費之負擔，由交通部決定每年以儲匯局所得之全部盈餘提出一部分作公積金外，其餘悉數歸入郵局賬內，歸郵局支配。足徵該局與郵政總局同在交通部整個郵政系統之下。二十二年秋，經郵政經濟制度研究委員會建議將該局改隸郵政總局，由行政院提請中央政治會議討論，通過原則六項，但至屬稿時止，尚未成為事實。然有一事為我人注意者，即儲匯總局改隸郵政總局實行與否係一種組織系統之更變，與儲金業務初無影響也。

茲將該局之《郵政儲金暫行規則》錄後，以資參考。

郵政儲金匯業局郵政儲金暫行規則

第一章　總則

第一條　本規則依據《交通部郵政儲金匯業總局章程》第七條及《郵政儲金條例》訂定之。

第二條　郵政儲金除支票、活期儲金先在郵政儲金匯業局辦理外，其存簿儲金、郵票儲金及定期儲金，郵政儲金匯業局及各郵局均為營業機關。

第三條　凡經營郵政儲金之郵局，其設立及開辦日期由郵政儲金匯業總局擇定，會同郵政總局公布之。

第四條　郵政儲金匯業總局經營儲金，應于每年將營業暨經濟狀況公布，俾眾週知。

第五條　儲金人第一次存入儲金時，應先向郵政儲金匯業局領取請求書，依式填寫，并親自蓋章或簽名或畫押，連同儲金交局驗收，由局將儲金人姓名、住址及儲金數目與存入之年、月、日詳細記載，并將儲金存單或儲金簿交儲金人收執。儲金人如願祇憑簿取款不用印鑑者，聽之。

第六條　各項公益團體或學校第一次存入儲金時，應由該公益團體或學校之代表人照第五條手續辦理。

第七條　儲金人對於請求書及郵政儲金各種條例規則若有不能了解者，郵政儲金匯業局及郵局人員應負解釋之義務。儲金人為本身利益及便於稽攷起見，得將其年齡、籍貫、職業一併填入請求書內，以備查攷；其不願填寫者聽。

第八條　儲金人之姓名、住址或印鑑如有更改時，應立卽用原印鑑書面通知原局。

第九條　儲金人繼續存入儲金時，應將儲金連同儲金簿一併交局驗收後，卽將其存入金額依次登記，并將其儲金簿交還儲金人收執。

第十條　儲金人不得在儲金存單或儲金簿上私自添註塗改，違者郵政儲金匯業局或各郵局得停止付款。

第十一條　儲金簿如有遺失，應立卽以書面用原印鑑向原局聲明掛失，俟經過兩星期後，如無轇轕，始得邀同相當保證人來局補領新簿。但于未補給以前，儲金人不得支取儲金。儲金存單如有遺失，除依照前項辦法外，并須加登原局指定之報紙，揭載遺失補領事由。其揭載期間至少須在三日以上。俟經過一月後，邀同相當保證人來局補領新存單。如儲金人不卽掛失，致發生詐取情事，郵政儲金匯業局及郵局概不負責。遺失之儲金簿或存單如以後覓得時，須繳由原局註銷。儲金人如將印鑑之圖章遺失，其聲明手續應照本條第一項辦理更換新印鑑。儲金簿如有污損不堪使用時，儲金人得請求原局換給新簿，但須繳費大洋兩角。

第十二條　儲金人如已亡故，其遺留之儲金，除照合法遺囑或依據其生前聲明之他項辦法處理外，應由承繼人提出合法承繼身分之憑證及儲金簿向原局於儲金人亡故後六個月內支取或移轉之。過此期限，如有請求給付者，應由該局呈請郵政儲金匯業總局核辦。憑簿取款之儲金不適用上項之規定。

第十三條　儲金人所交儲金，應以十足價值之銀元為準。如係票據，郵政儲金匯業局或各郵局暫給臨時收條，俟兌到現款後，存戶再將此項收據向原局補入存簿，或掉換正式存單。此種臨時收據，不得作為抵押品之用。

第十四條　儲金人如五年內幷無存入支出，或其他請求，自五年期滿之日起，其儲金停止給息。

第十五條　郵政儲金出納所用之銀錢及其他兌換價率；均以當地之銀錢市價為標準，與郵政一律。

第二章　儲金種類

第十六條　郵政儲金分類如下：

一、存簿活期儲金；

二、支票活期儲金；

三、定期儲金；

四、郵票儲金。

第十七條　存簿活期儲金

一、此項儲金每次存入須滿銀元一圓，其不足一圓之零數儲金，按照郵票儲金之規定辦理之。

二、此項儲金利率按週息四厘五計算。

三、此項儲金利息按照半月計算法給息，自月之一日起至十五日止為半個月，自十六日起至月底止為半個月。凡儲金於每半月之起首二天工作日期內存入者，即給與該半月之利息。在上述工作日以後存入之儲金，均自下半月起息。其提款於提出之半個月內不給利息。

四、此項儲金利息於每年六月底及十二月底結算一次。每戶應得之利息，由儲金人於結算後持簿到局登記，併入儲金。

五、凡甲局儲戶欲向乙丙等局續存款項或支取款項者，應照通儲規則辦理。

第十八條　支票活期儲金

一、此項儲金第一次儲入須在一百元以上，續存不限數目，由郵政儲金匯業局給與存款簿及支票簿各乙❶本。

二、此項儲金以每日結餘在壹百元以上者，按週息三厘計算利息。每逢六月及十二月各結算一次，加入本金照章生息。

三、每逢月底由局製成儲戶結單，於次月十日以前分寄各該戶以便核對。

附支票用法：

一、支票活期儲金存款付款時須用本局所發之支票每次所開之金額須在五元以上但結清儲金時不在此限。

二、本局備有中英文支票，儲金人領用時須照下列格式填寫：

甲　出票年月日。

---

❶　疑為"一"字。——編者註

乙　金額。

丙　受款人姓名或來人。

丁　儲金人簽字或蓋章。

三、儲金人開支票時對於存款人須注意下列各項辦法：

甲　書明來人者憑票付款。

乙　書明某人或某行號字樣而未將支票上（或來人）三字塗去者與甲項同。

丙　書明某人或某行號字樣并將支票上（或來人）三字塗去者受款人須簽字蓋章於支票背面，遇疑義時非有正式担保不能付款。

四、支票人簽字或蓋章與原存本總局印鑑不符時不能付款。

五、支票上金額數目字碼必須緊接書大寫并於數尾加一"整"字。

六、支票宜順號使用，不能用鉛筆填寫，如誤寫金額卽行作廢，不能添註塗改。

七、儲金人支票用完時，須簽印於領取支票證，來局換取新支票簿賬目結清時須將未用支票繳還本總局後始能照付，否則本總局扣除支票費銀元五角。

八、支票或圖章遺失時，儲金人須立卽通知本總局查明如未付款或未保付者方可止付。

九、出票人如不注意以上各條因而貽誤發生事故者由出票人自行負責。

第十九條　定期儲金

一、此項儲金期限至少須半年以上，儲額至少須五十元，到期本息併付。

二、此項儲金存入時由郵政儲金匯業局或各郵局填發定期儲金存單為憑，并憑存單及印鑑支取本息。

三、此項儲金利率定期半年週息五釐，一年六釐，二年以上七釐。

四、此項儲金未經到期不得支取。如到期時不來支取者，其本息當由本局代為保管，不另給息。

第二十條　郵票儲金

一、此項郵票儲金分五分及一角兩種，由郵政儲金匯業局及各郵局發售。購買者可向該局領取儲金格紙，照例黏貼。俟貼滿一元時，無論送交郵政儲金匯業局或各郵局印銷，均可作為現金存款。每一儲金格紙應有黏貼二十枚或十枚儲金郵票之空格，領取時不另收費。

第三章　附則

第二十一條　儲金人為自己利益起見，每次存款或提款時須細察存簿或存單之記載，認為無錯誤時始行離局。

第二十二條　郵政儲金匯業局或各郵局於必要時，得通知儲金人檢查其儲金簿。如該局將儲金簿暫時留置，應即發給正式收據。如無正式收據，儲金人不宜將儲金簿任意留置。

第二十三條　儲金款項其零數在一元以下者，概不計息。

利息零數在五釐或五釐以上者，即作一分計算；在五厘以下者概不計算。

第二十四條　儲金人如有陳述事項，應用書面請求郵政儲金匯業局經理或本區郵務長查核。如有重要事項，必須向郵政儲金匯業總局聲明者，其信面可寫明“郵政事務”，寄郵政儲金匯業總局。無論何處之中華郵局均可免費代寄。

第二十五條　如儲金人與郵政儲金匯業局或儲金人與儲金人間因儲金事項發生爭執，不能解決時，得請求郵政儲金匯業總局核辦。

第二十六條　經理儲金人員不得將儲金人姓名印鑑及存入支出之金額與其他事項告知他人。

第二十七條　郵政儲金匯業局及各郵局認為必要時，得暫時停收儲金。

第二十八條　本規則未盡事宜及應行修改之處，得由郵政儲金匯業總局隨時訂正，呈報交通部核准。

第二十九條　本規則自奉交通部核准日施行。

（三）歷年郵政儲金事業概況

我國郵政儲金事業已有十五年之歷史。中間因政局不靖，內戰迭起，民生凋敝，儲蓄能力低下異常，各地郵儲營業頗受影響。遼變起後，東北郵權為暴日刼持，該地郵儲事業實際停止。所有儲金皆在關內郵局發還；其中轉儲者祇一小部分。然而統觀此十五年中之營業情形殊有相當發展。請就儲金局、儲金、儲戶三項述之。

甲、儲金局

（一）歷年局數之增減　民國八年郵政儲金初創之時，全國儲金局數祇有八十一所。九、十兩年增設甚多。十年年終，增至三百三十四所。十二年終，增至三百五十八所，是為郵政儲金匯業局設立前之局數最多者。過此以後，逐漸減少。十七、十八兩年終，祇有二百零六所。十九年，郵政儲金匯業局成立，局數大增。是年年終，

全國儲金局數增至三百九十九所。二十二年六月終，全國共有郵政
儲金局五百八十六所。除在上海設總局外，並在南京、上海、漢口
三處各設儲匯局一所，二十二年底，上海儲匯局併入總局。茲將歷
年全國儲金局數之增減情形，列為下表。

全國郵政儲金局數歷年增減表 ^{（民國八年至}
^{二十二年六月）}

年　　份		局　　數
民國	八年終	八一
	九年終	二一九
	十年終	三三四
	十一年終	三三四
	十二年終	三五八
	十三年終	三四〇
	十四年終	三四〇
	十五年終	三四五
	十六年終	二六三
	十七年終	二〇六
	十八年終	二〇六
	十九年終	三九九
	二十年終	五六六
	廿一年終	五八三
	廿二年六月終	五八六

　　（二）歷年各郵區之儲金局數　我國歷年郵政儲金局總數之增減
俱如上述。其在各郵區之分配，則如下表。

全國各郵區歷年儲金局數表（民國八年至二十二年六月）

郵區別	局　　數														
	民八	民九	民十	民十一	民十二	民十三	民十四	民十五	民十六	民十七	民十八	民十九	民二十	民廿一	民廿二年六月終
上海	二	九	九	九	一三	一四	一四	一七	一七	一五	一五	五二	五五	五六	五六
北平	一二	二〇	三四	三四	三六	三三	三二	四九	三九	三三	三三	四四	六〇	六〇	六〇
河北	六	二七	四〇	四〇	四一	三六	三六	二三	二〇	一六	一六	二三	二三	二三	二三
山西	三	六	七	七	八	九	九	六	四	三	三	二	三一	三一	三一
河南	一三	三四	四六	四八	四七	四五	四五	四七	三五	二五	二五	三一	五五	六五	六五
山東	二	一六	二六	二六	二九	三三	三二	三二	二八	二一	二一	二九	三三	三五	三六
湖北	一〇	一六	一六	一六	一九	二二	二二	二二	一四	一〇	一〇	二一	五四	五五	五五
江西	二	一五	二五	二五	二五	二七	二七	二七	七	四	四	六	七	七	七
江蘇	八	一九	二一	二一	二三	二六	二七	二七	二五	一九	二九	六九	八八	九〇	九一
安徽	四	二八	三五	三五	三六	二五	二五	二五	一三	一〇	（民十八年起改稱蘇皖區）				
浙江	九	一六	三一	三一	二一	二九	二九	二九	二二	一八	一八	四八	六〇	六〇	六〇
遼寧	一	四	一六	一六	一六	九	九	九	九	九	九	一五	一五	一五	一五
吉黑	一	三	八	八	一〇	八	八	六	五	三	三	二五	三七	三七	三七
廣東	一	四	八	八	九	一〇	九	一〇	六	六	一四	一九	一九	一九	一九
福建	一	二	一二	一二	一三	一六	一六	一七	一六	一四	一四	一四	一五	一五	一五
陝西	—	—	—	—	—	—	—	—	—	—	—	—	二	二	二
東川	—	—	—	—	—	—	—	—	—	—	—	—	—	—	一
西川	—	—	—	—	—	—	—	—	—	—	—	—	—	一	一
湖南	—	—	—	—	—	—	—	—	—	—	—	五	一〇	二	三
總計	八一	二一九	三三四	三三四	三五八	三四〇	三四〇	三四五	二六三	二〇六	二〇六	三九九	五六六	五八一	五八六

【註】（1）漢口郵政儲金匯業局之儲金局數字併入湖北區；（2）上海郵政儲金匯業局之數字併入上海區；（3）南京郵政儲金匯業局之數字併入蘇皖區。

　　吾人觀乎上表，則知各郵區之儲金局數歷年增減不一。最近則以蘇皖、河南、浙江、北平、上海、湖北諸郵區為最多，吉黑、山東、山西、河北等區次之，廣東、福建、遼寧、湖南等區又次之。

　　乙、儲金

　　（一）種類與利率　郵政儲金開辦之始，僅辦存簿儲金及郵票儲金二種，係活期儲蓄性質。儲金利率初定為四釐二毫，九年七月一日起增為五釐，十七年七月一日起減為四釐五毫。九年八月廣東省開辦郵政儲金，設大洋及毫銀兩種帳戶，分收儲金，而毫銀帳戶儲金之增加較速。其利率初定為週息五釐，後因在廣州運用儲款感覺困難，匯往外省又以匯率每難合適，迫不得已，自十一年一月一日起減低利率為三釐六毫。其後復自十六年七月一日起減為三釐。自二十一年七月一日起再減為二厘。大洋儲金之利率，則與他省相同。

　　民國十九年春，郵政儲金匯業總局成立，於原辦之存簿儲金及郵票儲金外，添設支票儲金與定期儲金。二十年，又添辦存本付息及零存整付兩種。先在總局及南京、漢口二處儲匯局試辦，不久即將推行至各郵區。

　　（二）總額與性質　民國八年末，全國郵政儲金祇有十萬零八千餘元，十八年末增至一千一百四十餘萬元，十九年末增至二千二百十五萬元，二十年末更增至二千七百八十餘萬元。最近全國郵政儲金額約三千一百餘萬元。茲將歷年各項郵政儲金額列表如下。

全國郵政儲金歷年總額表（民國八年末至二十二年六月末，單位元）

年份	活期			定期				合計
	存簿儲金	支票儲金	共計	定期儲金	存本付息	零存整付	共計	
八年末	一〇八、六二六・〇五	—	一〇八、六二六・〇五	—	—	—	—	一〇八、六二六・〇五
九年末	七五四、〇二九・六五	—	七五四、〇二九・六五	—	—	—	—	七五四、〇二九・六五
十年末	一、一二三、二四九・三三	—	一、一二三、二四九・三三	—	—	—	—	一、一二三、二四九・三三
十一年末	三、四四四、九二九・七一	—	三、四四四、九二九・七一	—	—	—	—	三、四四四、九二九・七一
十二年末	四、六四九、二七九・一二	—	四、六四九、二七九・一二	—	—	—	—	四、六四九、二七九・一二
十三年末	五、八一五、四〇八・七六	—	五、八一五、四〇八・七六	—	—	—	—	五、八一五、四〇八・七六
十四年末	七、七四七、一二七・〇三	—	七、七四七、一二七・〇三	—	—	—	—	七、七四七、一二七・〇三
十五年末	九、五一五、五二一・八三	—	九、五一五、五二一・八三	—	—	—	—	九、五一五、五二一・八三

民國

續　表

年份	活期			定期				合計
	存簿儲金	支票儲金	共計	定期儲金	存本付息	零存整付	共計	
十六年末	八，二六八，五九五·〇三	—	八，二六八，五九五·〇三	—	—	—	—	八，二六八，五九五·〇三
十七年末	八，七四七，〇四七·五六		八，七四七，〇四七·五六	—	—	—	—	八，七四七，〇四七·五六
十八年末	二，四三六，九二四·〇〇		二，四三六，九二四·〇〇	—	—	—	—	二，四三六，九二四·〇〇
十九年末	一六，二七六，五四九·七五	七〇一，八七·四二	一六，九八三，六二一·一七	九二〇，五八三·三二	—	—	九二〇，五八三·三二	一七，八九，二五·四九
二十年末	二二，一六〇，八〇六·四九	一，五四二，九二八·九〇	二三，七〇三，七三五·八七	四，〇六八，七四七·八八	八，一〇〇·〇〇	一，三九〇·五七	四，三二八，二三·四五	二七，一八，二二〇·三二
二十一年末	二〇，四七二，一八九·五〇	一，一九八，〇八三·二二	二一，六七〇，二九七·八二	四，〇六七，三九四·一四	六，〇〇〇·〇〇	九，九五九·六八	四，一三五，三五三·八四	二五，八〇五，六五一·六六
二十二年六月末	二〇，三三九，三二五·七〇	一，〇七三，五五·二二	二一，四一一，六八〇·九二	三，九〇六，八八七·六四	六，〇〇〇·〇〇	一，四一九，一一五·一五	三，九三，三七六·七七	二五，三九七，〇五七·七一

民　國

我國郵政儲金自初辦至十九年郵政儲金匯業局成立止，所有儲金皆為活期性質。十九年該局成立以後，始兼收定期性質之儲金，然歷年總額仍以活期性質者居其大半。最近活期佔總額百分之八十四，定期祇佔百分之十六。茲復將十九年底至二十二年六月底郵政儲金之總額，按其性質，列表如下。

郵政儲金按其性質分類表（民國十九年底至二十二年六月底）

儲金	十九年末		二十年末		二十一年末		二十二年六月末	
性質	金額（元）	百分數	金額（元）	百分數	金額（元）	百分數	金額（元）	百分數
活期	一六、九七八、六三三・一七	九五	二三、七〇三、七三五・八七	八五	二一、六七〇、二九七・八三	八四	二一、四一一、六八〇・九二	八四
定期	九二〇、五八三・三二	五	四、一一八、三三八・四五	一五	四、一三八、五五三・八四	一六	三、九八五、三七六・七九	一六
總計	一七、八九九、二一五・四九	一〇〇	二七、八二二、〇七四・三二	一〇〇	二五、八〇八、八五一・六七	一〇〇	二五、三九七、〇五七・七一	一〇〇

（三）近年各郵區之儲金額　以上所述為郵政儲金之總額及其性質，茲請觀察各郵區之儲金額。我國郵政儲金以廣東區為最多，次之為上海區，再次之為北平、蘇皖兩區。遼寧、吉黑兩區儲金向來不甚發達；遼變後，尤為減色。至二十二年六月底，遼寧區祇十萬餘元，吉黑區祇有七千餘元。茲將二十年至二十二年六月底各郵區之儲金總額列表如下。

全國各郵區儲金額表 <small>(民國二十年末至二十二年 六月末, 單位元)</small>

郵區	二十年底	二十一年底	二十二年六月底
上海	五、五四八、九九四・〇九	四、五三〇、九八七・〇四	四、四一六、一六一・二一
北平	三、三六三、九一一・六九	三、八三一、四五四・八八	二、二三五、六六七・四八
河北	八三一、〇六六・三二	九九三、一一三・九四	六二三、七四三・三五
山西	四八三、五二二・八一	五〇七、八九九・八一	七九九、七二七・六一
河南	一、三四二、三一八・一〇	一、二五〇、八六三・九九	一、四〇三、五〇一・六〇
山東	一、六四二、五七二・一四	一、六六二、〇一三・九七	一、七二〇、二五九・七二
湖北	二、一〇一、六四九・七七	二、三一二、〇六三・二〇	二、四八一、五七五・八九
江西	六〇五、二二四・八九	五三〇、三一〇・五八	六一〇、三一八・三五
蘇皖	二、四六二、九二六・六五	二、四八一、一二四・九五	二、七三九、八六六・二三
浙江	五三一、八四七・八六	七〇六、五八一・三三	七六三、八八〇・九二
遼寧	五〇三、四五八・七八	二三〇、五六九・五九	一〇七、六三八・三三
吉黑	五六、二四六・四七	二一、三四八・四六	七、八六七・七一
廣東	六、三七六、五〇九・六六	四、六二〇、一九一・〇二	五、一五一、二一九・六五
福建	一、一一〇、五〇四・一〇	一、一五五、九五三・七一	一、二二二、四七五・〇〇
湖南	六一一、六五五・一七	七六八、一六一・四六	九一四、五四二・六三
西川	一一六、五五八・五四	八七、五八八・〇三	六三、八二〇・三五
東川	一七、八七七・七五	四一、三六七・二九	四二、七一八・五一
陝西	一五、二二九・五三	七七、二五八・四二	九二、〇七一・一七
總計	二七、八二二、〇七四・三二	二五、八〇八、八五一・六七	二五、三九七、〇五七・七一

【註】(1) 上海郵政儲金匯業局之數字併入上海區；(2) 漢口郵政儲金匯業局之數字併入湖北區；(3) 南京郵政儲金匯業局之數字併入蘇皖區。

（四）每戶平均儲金額　至於每戶平均儲金數則隨各種儲金而異。總而觀之，每戶平均儲金額為一百七十元弱。茲將民國二十一年底與二十二年六月底之情形列表如下。

郵政儲金每戶平均儲金額表_{（民國二十一年底與二十二年六月底）}

儲金種類	二十一年底			二十二年六月底		
	儲金額（元）	儲戶數	每戶平均儲金額（元）	儲金額（元）	儲戶數	每戶平均儲金額（元）
存簿儲金	二〇、四七二、一八九・五〇	一四六、〇五七	一四〇・一七	二〇、二三九、三二五・七〇	一四五、一六六	一四〇・一一
支票儲金	一、一九八、一〇八・三三	一、四三八	八三三・一八	一、〇七二、三五五・二二	一、二〇二	八二三・六二
定期儲金	四、〇六七、二九四・一六	四、九七六	八一七・四〇	三、九〇六、八八七・六四	四、八九四	七九八・三〇
存本付息儲金	六一、二〇〇・〇〇	二五	二、四四八・〇〇	六四、二〇〇・〇〇	二八	二、二九六・四三
零存整付儲金	九、九五九・六八	一七八	五五・九五	一四、一八九・一五	一七五	八一・〇八
總計	二五、八〇八、八五一・六七	一五二、六七四	一六九・〇五	二五、二九七、〇五七・七一	一五一、五六五	一六七・五六

（五）儲金之運用　儲金局吸收儲金，必須運用殖利，方能支給利息，使儲戶享受儲蓄之益。儲匯局成立之前，我國郵政儲金之運用以投資債券為主，銀行存款次之，房地產投資不甚重要。儲匯局成立以後，會計分類與前稍異，投資居其大半，放款及透支佔一小部份。茲將民國八年至十七年與儲匯局成立後之儲金運用情形，分別列表如下。

全國郵政儲金運用概況表（一）（民國八年至十七年）

年別		金幣債券（元）	銀幣債券（元）	銀行定期存款（元）	房產及地產（元）	總計（元）
民國	八年終	—	六八、八二三・七五	—	—	六八、八二三・七五
	九年終	三四、九二一・九三	三四一、七五九・七一	一四三、五〇〇・〇〇	—	五二〇、一八一・六四
	十年終	五六、六五三・九八	七五三、六七八・〇五	三四五、六五二・〇〇	二三七、九三六・二五	一、三九三、九二〇・二八
	十一年終	五六、六五三・九八	二、〇〇六、三七四・二七	四五三、四五二・〇〇	二七八、二九四・五二	二、七九四、七七四・七七
	十二年終	一六九、六二二・一六	二、七三七、〇一一・一七	七七八、六〇〇・八〇	二九九、六二一・七一	三、九八四、八五五・八四
	十三年終	五九八、〇二四・六五	二、九五三、九二六・二〇	八一三、二九一・四九	三七四、七二九・八〇	四、七三九、九八二・二四
	十四年終	六四一、四七五・八七	四、七〇六、五五五・四七	七四一、七〇七・二〇	二七四、二八五・八〇	五、八三四、一二四・三四
	十五年終	一、一三九、八二六・六九	五、五九七、〇五三・八九	九八二、二〇八・六〇	六三四、〇四九・二九	八、二五三、一三八・五七
	十六年終	一、一〇四、〇〇一・八九	五、〇三五、二九〇・二二	九〇一、八〇二・二三	六三三、六四八・一四	七、六七四、八四二・五九
	十七年終	一、〇七七、三一六・五三	四、五二六、一二五・七六	一、〇二五、九八〇・一九	六三五、九七〇・二〇	七、二六五、五九二・六八

全國郵政儲金運用概況表（二）(民國二十年六月 至二十二年六月)

年別	投資		放款及透支		合計	
	金額（元）	百分數	金額（元）	百分數	金額（元）	百分數
二十年六月底	一四、八四〇、四〇二·九二	八八·五八	一、九一一、二六六·九八	一一·四二	一六、七五一、七七〇·九一	一〇〇·〇〇
二十一年六月底	一四、〇〇三、一四七·三七	七六·七六	四、一六一、七二九·四一	二三·二四	一八、一六四、八七六·七八	一〇〇·〇〇
二十二年六月底	一四、六九一、八七九·一三	八一·七六	三、二七八、一四五·八八	一八·二四	一七、九七〇、〇二五·〇一	一〇〇·〇〇

丙、儲戶

（一）歷年儲戶數　郵政儲金之儲戶數民國八年末祇二、三二〇戶，十八年末增至七一、二二七戶。十九年郵政儲金匯業局成立，儲戶大增。至二十二年六月底共有一五一、五六五戶，內存簿儲金為一四五、一六六戶，定期儲金為四、八九四戶，支票儲金為一、三〇二戶，存本付息為二八戶，零存整付為一七五戶。茲將郵政儲金歷年戶數列為下表。

全國郵政儲金歷年儲戶數目表(民國八年至 二十二年六月)

年份		存簿儲金戶	支票儲金戶	定期儲金戶	存本付息戶	零存整付戶	合計
民國	八年末	二、三二〇	—	—	—	—	二、三二〇
	九年末	八、一〇二	—	—	—	—	八、一〇二

續　表

年份		存簿儲金戶	支票儲金戶	定期儲金戶	存本付息戶	零存整付戶	合計
民國	十年末	一八、〇七九	―	―	―	―	一八、〇七九
	十一年末	二六、三二八	―	―	―	―	二六·三二八
	十二年末	三三、六六六	―	―	―	―	三三、六六六
	十三年末	四一、〇六五	―	―	―	―	四一、〇六五
	十四年末	五一、五六五	―	―	―	―	五一、五六五
	十五年末	六一、三九四	―	―	―	―	六一、三九四
	十六年末	五二、三七五	―	―	―	―	五二、三七五
	十七年末	五四、七六六	―	―	―	―	五四、七六六
	十八年末	七一、二二七	―	―	―	―	七一、二二七
	十九年末	一〇一、六四一	一、二一一	五〇九	―	―	一〇三、三六一
	二十年末	一三六、五七八	一、一九七	五、〇五三	一五	七二	一四二、九一五
	二十一年末	一四六、〇五七	一、四三八	四、九七六	二五	一七八	一五二、六七四
	二十二年六月末	一四五、一六六	一、三〇二	四、八九四	二八	一七五	一五一、五六五

　　（二）歷年各郵區之儲戶數　至於各郵區儲戶之分配，逐年不同。大概觀之，廣東、北平、蘇皖諸區為最多，上海、湖北、山東、河南諸區次之，東川、陝西諸區最少。茲將歷年各郵區儲戶分配之情形詳細列表，示之如下。

歷年全國各郵區之郵政儲金儲戶表（民國八年至廿二年六月）

儲戶數

郵區別	民八	民九	民十	民十一	民十二	民十三	民十四	民十五	民十六	民十七	民十八	民十九	民二十	民廿一	民廿二六月底
上海	一、〇三六	二、六四六	一、二五一	六、一三一	九、一八二	六、二五九	五、三七五	四、三九一	九、三八五	七、二六三	五、一六五	一〇、六五一	六、一四〇四	一五、九六七	一六、一三三六
北平	四〇九、〇四	一、〇一二	三、五七九	二、六七八	九、二三九	五、一三九	一、三四七	五、一二三六	一、九六一	一、〇一二五	一、七一七〇	一、七一六	一、二三四四	四九三、二四	九、一二一九
河北	二、一七八	一、五四〇	一、二七九	三、〇八七	〇、〇三八	七、〇三〇二	五、〇五二	〇、三一八	八二四、二四	三、四九三	八、三四九	二、一一九	三五、〇九	六、三二一	二、三一一
山西	一、八五三	四九八、七	六七八、八	八一三二	九四一二	九四三一	一、九三一	〇、九三	九四三一	〇、九四	一、五一	一二、五〇	一二、五〇	三、〇三	三、九一
河南	一、三二五	一、三三九	六、三五三	六、四〇八	三、三七八	三、三七	八五、〇八	三五、四〇	六、五四〇	三、六一	七、三三	九、七三	七、三五	七、三三	九、四八
山東	三二七、二	五九七五	五九七五	一、三九三	七、〇二	一、〇〇	八、〇五	八、〇七	四、〇三二	四、〇九	六、二五	一〇、二一	九五二、一	一七、一二
湖北	一、五八〇	五〇二二	二、二六	五、〇七四	一、八八四	一、九七	一、三二三	三、〇七	三、五五	三、六八	九、八六五	四八六、五	六七九、〇	四九三	七五一八

續表

儲戶數

郵區別	民八	民九	民十	民十一	民十二	民十三	民十四	民十五	民十六	民十七	民十八	民十九	民二十	民廿一	民廿二年六月底
江西	三六	一三三	二二一	五二〇	六九〇	八一四	九〇八	八六四	七八〇	一、八四	二、三四	二、五六	三、三一〇	三、三二〇	七、三六八
浙江	一〇三	三四四	六七〇	九五五	一、〇五一	一、九四	一、三六	六、一八七	六、一〇三	四、一八一	一、二八	〇、四六	七、〇四	七、五〇	八、三一四
江蘇	三〇六	六八七	一、八五	一、九六〇	四、三五八	八、三七	八、四九	八、四二二	八、一九一	九、三六二	八、三四	二、〇一	五、一二〇	六、一三	七、一五九四
安徽	二、一四二	八二四	四〇八二	五八〇	六七三	七一一	七九一	一三二	九九八	一三九	（民十八年起改稱蘇皖院區）				
遼寧	三〇	九四	二一五	三〇六	四七一	五五三	七八二	一〇三	一七	九二一	二一九	五、三一	二、三八	七、一〇六	五
吉黑	一	九八	一五四〇	二〇九	三〇三	三二八	三七八	五六九	三八〇	二九一	三二七	五七〇	三七	七九三	五三八
廣東	一	一、九三	一、四〇八	五、六八〇	七、一二八	七、一〇七	一〇、七七	一、〇一二	八四四	一、〇七六	四〇七七	三二九	三五七	六八二	六、二八七
福建	一	八一	四七二三	六六三	一三六	一二四	六三八	一七八	四九	一、〇七	八四〇	八三	四、九二	一八一	三、一六二

續　表

儲戶數

郵區別	民八	民九	民十	民十一	民十二	民十三	民十四	民十五	民十六	民十七	民十八	民十九	民二十	民廿一	民廿一年六月底
陝西	—	—	—	—	—	—	—	—	—	—	—	—	五〇	三五六	三六八
東川	—	—	—	—	—	—	—	—	—	—	—	—	一八一	二六五	二八〇
西川	—	—	—	—	—	—	—	—	—	—	—	一六六	六三二	四、五三二	三、四四二
湖南	—	—	—	—	—	—	—	—	—	—	—	一、六六六	一、二九九	一、七三三	六六
總計	一二、三二〇	一八、一〇二	一八、一〇七	二六、三二八	三三、六六六	四〇、五五〇	五五、五九四	一六、三九四	一五、一七七	四五、七六六	七一、二二七	一〇三、二二七	一四、九一五	一六、七四五	一五、五六五

【註】(1) 漢口郵政儲金匯業局之儲戶數字併入湖北區；(2) 上海郵政儲金匯業局數字併入上海區；(3) 南京郵政儲金匯業局之儲戶數字併入蘇皖區。

（三）儲戶之職業分配　郵政儲金儲戶之職業分配可以存簿儲金之情形為代表觀之，茲將其歷年之分配情形列為下表。

郵政存簿儲金戶之職業分配表（民國八年至二十二年六月）

年份		職業								
		政	學	商	農工	軍	公共團體	郵政人員	未報職業者	總計
民國	八年終	三五六	五四四	二六八	三〇	九八		三〇〇	六二四	二、二二〇
	九年終	一、四五七	一、六四二	一、〇二四	一一二	二七一	二〇三	九四二	二、二二八	八、一〇二
	十年終	二、四六八	三、二二六	二、四八六	四四五	八九九	六七四	一、四八八	六、三九二	一八、〇七九
	十一年終	三、六四一	四、八八七	四、四五七	一、〇二六	一、一五二	九二〇	一、七九九	八、四三六	二六、三二八
	十二年終	四、五九三	七、〇五二	五、六〇六	一、一一四	一、二五八	九一四	二、二〇九	一〇、九二〇	三三、六六六
	十三年終	五、七三二	八、八〇三	七、〇〇〇	一、二七二	一、五三五	一、〇八二	二、四〇六	一二、二二五	四一、〇六五
	十四年終	七、二〇二	一一、一七三	八、二七八	一、九二九	二、三一九	一、二三七	二、八六六	一六、四六〇	五一、五六五
	十五年終	八、六六六	一三、一三八	一〇、七二五	二、四三八	二、七六三	一、六四四	三、二八二	一八、六三七	八一、三九四
	十六年終	七、〇七七	一〇、七八八	九、八九〇	二、〇八八	二、二七八	一、五四三	二、六六九	一四、九四二	五二、三七五
	十七年終	六、九一九	一一、〇九一	一〇、八一一	二、一二〇	二、四五二	一、四四一	三、八九七	一六、〇三五	五四、七六六
	十八年終	八、八五四	三、八三二	一四、八九八	二、七四七	二、九五〇	八六二	五、五〇〇	二二、五八四	七一、二二七
	十九年終	一一、九七一	一六、三七一	一八、八九三	三、七六八	四、八九〇	一、八〇七	六、九二七	三七、〇一四	一〇一、六四一

年份	職業								
	政	學	商	農工	軍	公共團體	郵政人員	未報職業者	總計
民國 二十年終	一五、七〇〇	二二、八一六	二二、九四二	四、八〇八	八、八八五	一、四七〇	七、九二六	五一、〇三一	一三六、五七八
二十一年六月終	一五、九六二	二二、五五七	二五、一四三	七、一〇一	九、一四四	一、三九二	八、五六三	五三、一四七	一四三、〇〇九
二十二年六月終	一七、四三二	二一、九一九	二六、九〇一	六、四四五	一〇、五四七	一、九一四	七、八七一	五二、一三七	一四五、一六六

　　吾人從上表可知郵政存簿儲金戶之職業分配以商、學兩界為最多，政、軍兩界次之，農工、郵政人員、公共團體又次之。

　　（四）按儲金本息額之儲戶分配　至於按儲金本息額之儲戶分配，亦可以存簿儲金之情形為代表觀察。茲將二十二年六月底之情形列表如下。

郵政存簿儲金按儲戶儲金本息額之儲戶及儲金分配表（民國二十二年六月底）

項別	儲戶		儲金本息		每戶平均儲金本息
	戶數	百分數	金額（元）	百分數	
十元及十元以下	六一、一八三	四二・一五	三一四、八八五	一・五五	五・一五
十一元至五十元	二五、六〇四	一七・六四	五九四、九一〇	二・九二	二三・二四
五十一元至一百元	一四、三四二	九・八八	九一二、九六四	四・四九	六三・六六
一百零一元至五百元	三二、四五一	二二・三五	七、二〇六、二六九	三五・四三	二二二・〇七
五百零一元至一千元	七、六三八	五・二六	四、九三九、五八九	二四・二八	六四六・七一

續　表

項別	儲　戶		儲金本息		每戶平均儲金本息
	戶數	百分數	金額（元）	百分數	
一千零一元至二千元	三、一〇三	二・一四	三、九九四・六九四	一九・六四	一、二八七・三七
二千零一元至三千元	六三〇	〇・四二	一、四二八、八六四	七・〇三	二、二六八・〇四
三千零一元以上	二一五	〇・一五	九四七、一五〇	四・六六	四、四〇五・三五
總　計	一四五、一六六	一〇〇・〇〇	二〇、三三九、三二五	一〇〇・〇〇	一四〇・一一

　　吾人從上表，可知郵政存簿儲金以小儲戶為多。二十二年六月儲戶之儲金本息在十元及十元以下者佔百分之四二・一五，每戶平均儲金本息祇有五・一五元，其儲金共佔存簿儲金總額百分之一・五五；十一元至五十元者儲戶數佔百分之一七・六四，每戶平均儲金本息為二三・二四元，儲金共佔總額百分之二・九二；五十一元至一百元者戶數佔百分之九・八八，每戶平均儲金本息為六三・六六元，儲金共佔總額百分之四・四九；一百零一元至五百元者戶數佔百分之二二・三五，每戶平均儲金本息為二二二・〇七元，儲金共佔總額百分之三五・四三。要之，存簿儲金本息在五十元及五十元以下之儲戶約佔百分之六十；在五百元及五百元以下之儲戶佔百分之九十二，至於五百元以上者，祇佔百分之八耳。

（四）　結述

　　我國舉辦郵政儲金之動議始於光緒三十四年，其創設則在民國八年七月。始創之時，祇在北京、天津、太原、開封、濟南、漢口、

南京、南昌、上海、安慶、杭州等十一處郵務管理局所在之郵區內
試辦。八年底，儲金局數祇有八十一處，儲戶祇有二千三百二十戶，
儲金額祇有十餘萬元。其後逐漸推廣，十八年，終儲金局數為二百
零六處，儲戶增至七萬一千二百二十七戶，儲金額增至一千一百四
十三萬六千九百三十四元。十九年三月，郵政儲金匯業局成立，積
極擴展業務。至二十二年六月終，全國儲金局數為五八六處，儲戶
為一五一、五六五戶，定期活期儲金合計為二五、三九七、○五
七‧七一元。儲戶以學界商界為多，農工界甚少。最近每戶平均儲
金本息額一百七十元弱。以儲額最多之存簿儲金一種為代表觀之，
其本息在五十元以下者約百分之六十，五百元以上者祇百分之八，
足見儲戶以小戶為多。

　　郵政儲金初辦之時，祇有存簿儲金及郵票儲金二種。十九年，
郵政儲金匯業局成立，始添辦活期之支票儲金、定期之定期儲金，
後又添辦存本付息儲金及零存整付儲金。其中，活期性質儲金之利
率在三厘至五厘之間，定期則在五厘與七厘之間。十八年前，儲金
全為活期性質，十九年至今仍以活期佔其大半。最近三年，活期儲
金約佔百分之八十四以上，定期者至多佔百分之十六。至於儲金之
運用，則以投資佔其大半，放款與透支祇佔一小部分。

第四章　儲蓄會

我國之儲蓄會可分普通、有獎及其他三類。普通儲蓄會有兩系統：一為東三省系，為陳漱六、張志良諸氏所倡導；一為關內銀行組織之儲蓄會，如四行儲蓄會、四明儲蓄會是。有獎儲蓄會則導源於民元設立之萬國儲蓄會，其後追蹤設立者甚多。其他儲蓄會有儉德、興業、保險、公益四種，各地都有設立。茲簡述之。

（一）普通儲蓄會

甲、東三省系之普通儲蓄會

我國普通儲蓄會濫觴於光緒季年宜興陳漱六氏在鎮江創設之羨餘儲蓄會。該會會員月納銀元五角，行之數月，集款千金。嗣以陳氏離去鎮江，主持乏人，而告解散。宣統間，陳氏出宰奉天安東，議設儲蓄銀行，定五萬股，每股月收一元。章程甫備，即去任。鼎革後，陳氏歷宰鐵嶺諸縣，所至籾設儲蓄會，漸推漸廣，士紳聞風興起，相繼仿設者甚多。民國十五年時，東三省共有儲蓄會總分會四百餘處，集基金達奉大洋二萬萬元，一時稱盛。其中範圍最大者，有奉天儲蓄總會，基金一千萬元。其餘鐵嶺、撫順地方儲蓄抵押公會，黑龍江儲蓄會，瀋陽儲蓄會諸家範圍亦大。其辦理最良者厥惟安東商業儲蓄會（後改稱東邊實業銀行）。茲將奉天儲蓄總會之修正章程錄後，以見此類儲蓄會組織辦法之一般。

奉天儲蓄總會修正章程

第一章　總則

第一條　本會為鞏固地方財團起見，設立儲蓄會，以提倡一般人民投資儲蓄，並將儲蓄基本金出放借貸，接濟地方，定名為奉天地方儲蓄會。

第二條　本會基本金額，原定小洋十八萬元，作五千股。嗣因額滿以後，入股者尚紛至沓來，屢經董事會公議加增股額，乃擴充為二十萬股，收足股本七百二十萬元。

第三條　凡入會投資者，均為本會會員，以中國人為限。

第四條　本會為有限公共財團，凡入會投資者，自一股以至數百股，任人自便。

第五條　會員入會時，須有相當妥實之介紹，並須將姓名、籍貫、職業、住址及認股數目，詳細開送本會，簽名註冊。

第二章　職員

第六條　本會正式成立後，應置下列職員：

甲、名譽會長二人；

乙、正會長一人；

丙、副會長二人；

丁、董事十三人；

戊、查帳員四人。

第七條　本會職員均就會員中用記名投票法分別選舉，以得票多數者充任。

第八條　本會會員所認儲金在十股以上者有選舉權，三十股以上者有被選舉權。凡未滿十股各會員，得集合三十股，公舉一人，到會代表選舉，但無被選資格。

第九條　凡當選各職員，有下列各權限：

甲、名譽會長有監督本會一切設施之權；

乙、正會長有主持本會一切事務之權；

丙、副會長有協助正會長辦理一切事務之權；

丁、董事有參贊及糾察一切設施之權；

戊、查帳員有清查款項及核算帳目之權。

第十條　本會各項職員選定後，得由職員內推選總理一員，有總理會內一切設施執行業務及選用事務員之權。

第十一條　本會各項職員均以三年為一任，任滿開會改選，連舉得連任。但各員任內有不能稱職情形，得由會員提議開會，撤換另選。

第十二條　本會各項職員，均係名譽職，不支薪水。惟執行業務者，得酌給薪水津貼，並須取具殷實保結。

第三章　分會

第十三條　本總會先由南滿路線繁盛之區，酌設分會，每分會由當地招足三千股加入，始行開辦。

第十四條　分會成立後，得舉董事二人，報由本總會註冊，其權限與總會董事同，遇有重要事件，得召集與議。

第十五條　分會須由董事推舉監查員一名，監查分會一切事務，如有違章、舞弊、逾越範圍等事，得隨時開董事會議決，報由本總會處理之。

第十六條　分會受總會監督指揮。

第十七條　分會業務遵照總會章程辦理。

第十八條　分會設經理一人，總理全部事務，對於本會負完全責任。

第十九條　分會辦事人員，由總會酌量任用，至多不得過四人。但業務較繁之分會，原定人員不敷處理時，得由分會聲敍事實，函請總會酌核增用。

第二十條　分會業務實際狀況，應于每月末日造具月報，函報總會。

第二十一條　分會經費，應按年編定預算表一份，報由本總會核准辦理，其未列入預算表者，非經陳報總會核准，不得開支。

第二十二條　各分會所用帳簿、存票、收據、借券等項，均由總會發給，以資劃一。

第四章　收股方法

第二十三條　凡會員入會，繳足認定股款，每股小洋三十六元，加公積四元，即行發給正式股票。

第二十四條　本總會所收股金，自繳款之日起，按月照四釐給息。凡會員認股若干，給息摺一扣，註明姓名股數，由繳款之第二日起息；每年以陽歷正月十五日為發給息金之期，到期各會員持摺向本總會核算，憑摺給發。

第二十五條　凡會員欲將股票出售時，須偕同買主到本總會聲明；由本會將股票註明，此股由某人承頂，照登會員冊內，售股人會員資格，即時取銷。但會員售股時，應遵守第三條之限制，並須先儘本會會員承買。

第二十六條　凡將股票或息摺遺失，應由本人隨時取具證明書，報知本會，將失號查明註銷，一面由本人登報聲明，俟三個月後取具妥保，另行按號補給。

第二十七條　凡會員有私將股票售給或質押於外國人者，除扣發利息外，並將股票作廢，股金全數沒收，充本會公積。

第五章　營業

第二十八條　本會正式成立後，應次第為下列之設施：

甲、押借款項，以不動產及有價證券為抵押品，利息一分至二分，至多不得逾二分五釐，查照市面情形，隨時酌定。

乙、各種實業公司，遇有各種實業事項基金缺乏時，本會亦可由董事會議決，將本會基金照購股分。

丙、提倡各項儲蓄存款，整零皆收。除零元零角不敷生息者，發給存票外，分活期、定期兩種。所有利率，照另定之存款、貸款簡章辦理。

第二十九條　本會對於前條所列各項營業遇有必須變更時，由會長招集董事會，會議決之。

第三十條　本會每週年結算一次。如有贏餘，是為紅利，作十成分派。以一成五釐提作本會公積，以二成五釐提作各職員暨辦事員花紅。其分紅章程另定之。其餘為本會全股紅利，歸會員按股均攤。

第六章　開會時期

第三十一條　本會於每週年結算後，開全體大會一次，是為定期會。遇有特別事故臨時召集者為臨時會，由會長先期招集之。

第三十二條　定期會在每週年決算後，由正、副會長將一年經過情形及收支帳目，報告會員週知。其帳據應先由查帳員核對無訛，簽名為據。倘有舛錯，查帳員應同負責任。

第三十三條　臨時會如有董事三分之二以上，與會員四分之三以上，說明事由，請求開會時，正副會長即應定期召集。

第三十四條　開會時須將提議事件，於會場懸牌，以便眾覽。

第三十五條　開會時由會員臨時公選臨時議長一人，閉會後即取銷之。

第三十六條　開會時本會會員所認股金在十股以上者，均有發言權。

第三十七條　凡會議時，以股金三十股為一議決權，股多者遞加。如不滿三十股之會員，得聯合委託一人為代表。至總股數滿三十股時，亦得一議決權。

第三十八條　提議事件，有未能即時議決者，議長得宣告延長議期。但不得過三日以上。

第七章　附則

第三十九條　本會自成立之日起，凡冊簿及流水方帳，均編號蓋戳，即其處置不用者，亦須一律保存，以備查存。

第四十條　本規則經此次修正，仍送請省公署備案。若有未盡事宜，須由董事會隨時修訂。至各種詳細辦事規則，統俟公同議決，續行宣布。

東三省各儲蓄會資金之來源為會員繳納之股本，亦有收受各種儲蓄與普通存款者。其儲蓄存款種類甚多，有修學、婚嫁、養老、勞動、零整、有獎、特別諸種。此外尚有定期、活期之普通存款。各儲蓄會創辦之初，本以奉小洋三十六元為一股，月收一元，三年收足；亦有每季收三元，或每半年收六元者。其後各會續招之股及新設之會，因投資者之要求，間多變通辦理。有以奉小洋三十元為一股者，亦有以二十四元、十二元甚至三元為一股者。其收股方法，每股奉小洋三十元者則分四種，每月收一元，或每季收三元，或每半年收六元，或每一年收十元；每股為二十四元者則分三種，每月收一元，或每季收三元，或每半年收六元；每股十二元者分月收一

元，或季收三元兩種；每股三元者，則年繳一元，三年收足。至於
資金之運用則大都取有保信用放款、房地產、有價證券、貨物押款
與實業投資等途徑。

東三省之儲蓄會在十餘年中會數達七十餘處，支會達三四百處，
股本總額達奉大洋二萬萬元。其發展之速，殊可驚人。推其原因，
不外下列三端：一為股額匪巨，易於招集。東三省儲蓄會每股自三
元至三十六元，金額甚小，且得分期繳納，投資者不覺輸將之煩，
故儲蓄會招股甚易。二為利息優厚，投資安全。東省以情形特殊，
放款息高利厚。儲蓄會利用資金，從事放款，獲利甚厚。股東官紅
利至少一分五厘，甚至有高至三分者。故儲蓄會股東常有在三四年
所卽得之餘利超過投資之額者。且有以餘利另組他會，無怪儲蓄會
如雨後春筍也。三為崇尚節儉，開支節省。東省民性樸質，崇尚節
儉，對於儲蓄，特感興趣。而各儲蓄會亦大都開支甚省，會長、副
會長有為義務職者，無怪能獲利甚豐也。

方東三省之儲蓄會極盛之際，江蘇督軍齊燮元氏、省長韓國鈞
氏以及張謇、丁乃揚、嚴家熾、錢永銘、馬士杰等名流，於民國十
二年秋仿東三省儲蓄會之辦法，發起組織江蘇儲蓄會。據其章程所
載，該會宗旨為"鞏固地方金融，提倡各界儲蓄，補助實業，救濟
農商"。其組織為股份有限公司，額定資本三百六十萬元，分作十萬
股，每股三十六元，月收一元，三十六個月收足。由發起人擔任四
分之一，計九十萬元，先繳十分之一，計九萬元。總會擬設於江蘇
省垣南京，逐漸推設分會於本省各縣及外省各大商埠。其營業範圍
定為：（一）收受各種活期定期儲蓄存款；（二）貸放各種抵押擔保
活期定期放款；（三）經理各埠匯款及押匯貼現；（四）買賣生金銀
及有價證券，惟不得買空賣空及收押本會股票。後以政局不定，集

股困難，未能成立開業。

其後民國十四年北京有金餘儲蓄會、北京儲蓄會之設立。主其事者皆為奉天儲蓄總會會長張志良氏。金餘儲蓄會額定基本金大洋五十萬元，分為一萬會，每會五十元，首次集股五分之一。業務大別有五：一為收受各種零整儲蓄款項，一為本會儲蓄證抵押放款，一為房地產抵押放款，一為貨物之販賣及抵押，一為有確實基金之公債及穩當股票之抵押或購置。其章程共二十六條，曾呈請財政、農商兩部備案，內容與東三省各儲蓄會之辦法大致相同。茲覓得原文，誌之於下。

金餘儲蓄會章程

（一）本會呈准官廳立案，定名為金餘儲蓄會。係集資組合。提倡一般人民皆有儲蓄觀念，將資金運用於穩當事業，發展國民經濟為宗旨。

（二）本會係有限公司性質。凡投資基本儲金者，為本會會員，以有中國國籍者為限。自一會至數百會，任人自便。

（三）本會基本金額定為五十萬元，分為一萬會，每會銀元五十元。第一次集二千會，已由創辦人認定一千會，即行開辦。其餘以左列方法收集之。

甲、一次繳交者五十元為一會，一百元為二會，數目多者以此例推。

乙、分期繳交者每月繳納二元，至二十五個月繳足者為一會；四元者為二會，數目多者以此例推。

（四）本會基本儲金期限定為十年，但經會義員大會決亦得延長；不願續儲者取回。

（五）本会每届年终结算，除去各项开支，先提公积一成及正息八厘外，如有盈余，以十四成分配。八成为会员储金红利，按会摊派；其余六成，以二成为特别公积金，备本会置产建屋之用，四成为职员之酬劳金。

（六）本会由创办人暂推理事一人，负综理本会一切设施执行业务之责；副理事一人协助之。俟本会正式成立，各项职员选定后，再由职员推举之。其董事、查帐员均就会员中选举。会长、副会长由董事互选之。

（七）本会于基本金额第一次收足后，应置会长一人、副会长一人、董事九人、查帐员四人。

（八）本会会长为董事会之主席，主持本会一切事务。副会长有协助办理一切事务之权，董事有参赞及纠察一切设施之权，查帐员有清查款项及核算帐目之权。

（九）本会职员均就会员中选举，用记名投票法以得票多数者充任，票数同者以年长为先；惟会长、副会长由董事中互选之。

（十）本会会员每缴足基本储金一会，有一选举权；缴足十会以上者，有被选董事、查帐员资格

（十一）本会职员以三年为一任。任满后应挚留旧职员三分之二，以资熟手。其余改选，连举得连任。

（十二）本会职员为名誉职，不支薪水。惟执行业务者，得酌给薪水或津贴。

（十三）本会开办后应次第经营下列各项业务：

甲、有确实基金之公债及稳当股票抵押或购入；

乙、房地产之押款；

丙、货物之贩卖及抵押；

丁、本會儲蓄證為抵押之押款；

戊、收受各種零整儲蓄款項。

（十四）本會資金運用注重確實，不求厚利，以杜投機。

（十五）本會凡關於放款及販賣大規模之事務，經本會董事會通過方執行之。

（十六）凡入本會基本儲金，係一次繳交，每會五十元者。繳交若干會，本會即照數發給基本儲金證。

（十七）凡入本會基本儲金，係分期繳交，每次二元者，第一月繳交若干會，本會即照數發給分期基本儲金執據；俟按期繳足時，再換給基本儲金證。

（十八）本會基本儲金正息八厘計算。一次交款者，凡在上半月交款，自本月起息；在下半月交款，自下月起息。分期繳款者，以每月一日至十日為限；連續繳交二十五個月中間不得間斷。期後補繳，須加利息。

（十九）分期繳交基本儲金，中途因故停止，不再續交時，仍給正息八厘，無紅利分配。基本金須俟二十五個月屆滿核計數目，凡足一會五十元者，得給基本儲金證，不足發還。

（二十）本會基本儲金證如有遺失，應由本人出具證明書報知本會，將失號註銷；一面由本人登報聲明，俟三個月後取具妥保，方得另行補給。

（二十一）會員大會分定期會、臨時會兩種。定期會每年一次，由會長定期招集，報告本會一年經過情形，營業損益狀況，並選舉職員。臨時會有董事三分之二或會員四分之三提議說明事由，由會長定期招集之。

（二十二）本會會員提議事件，應於開會期前提出，列入議案。

會員每一會有一議決權。

（二十三）本會每半年決算一次，以六月末日及十二月末日為決算之期。

金餘儲蓄會成立以後，會員加入者甚為踴躍。其主辦人張志良氏益覺儲蓄會事業在關內大有可為，乃復於十四年八月與王文典、孫學仕諸氏發起組織北京儲蓄會，擬具章程，具呈財政、農商兩部准予立案。該會基本金額定大洋一百八十萬元，作為五萬股，每股三十六元，分六期繳齊，每期半年。其業務注重不動產、有價證券及貨物抵押放款等，利息普通至高不逾二分。章程內容大致與奉天儲蓄總會、金餘儲蓄會之章程相類，故不錄。

方金餘儲蓄會之成立也，其辦法完密，宗旨純正，為世稱道。故有採其辦法，創設中央儲蓄總會，並設分會於各省區，以提倡一般人民儲蓄觀念之創議。十四年五月，商聯大會開會之時，安徽總代表王立氏提出《建議請籌設大規模儲蓄會以勵人民勤儉案》，當經通過。其提案原文如下：近來，外人在我國通商大埠所辦之有獎儲蓄會甚夥，如萬國儲蓄會、東方儲蓄會、中法儲蓄會等吸收我國民資金至數千萬元。此種儲蓄會美其名曰有獎儲蓄，換言之，無異鼓勵人民買彩票，實則無利而有害也。本員意見欲養成國民真正儲蓄心，須同人在中央組織一儲蓄總會，而分會於各省區，提倡一般人民皆有儲蓄之觀念。其組織須採北京金餘儲蓄會之辦法而為之。總會在中央，則資力雄厚；分會於各省區，則易發達。使人民勤儉之風日益長，儲蓄之心日益熾，子女求學盡其道，疾病孤孀得其養。不但能收國民儲蓄之效，且可收回外溢之資金也。其後未曾籌備成立，實為憾事。

東三省之儲蓄會以民國十一二年時最盛，幾遍及大小城鎮。其發達之原因，前已述之。其後因奉省軍事勃興，奉票低落至六十倍，各儲蓄會基本動搖，歷年停閉者甚多。據最近調查，存者約祇十餘家矣。內中除安東商業儲蓄會改組之東邊實業銀行始終以現大洋為本位尚有相當實力外，餘俱平平。奉天儲蓄總會開辦之時固盛極一時，近年亦因奉票跌價，地產投資損失，呆帳太多之故，以致不支。今雖依然存在，已無新存款，不過一經租機關而已。其餘儲蓄會之失敗原因，亦與奉天儲蓄總會相同也。

乙、關內銀行組織之普通儲蓄會

關內銀行組織之普通儲蓄會，肇自民國十二年六月成立之四行儲蓄會，該會為鹽業、金城、中南、大陸四銀行所合夥創辦。會員分基本會員與會員兩種。基本會員限於上述四銀行，各繳基本儲金二十五萬元，合一百萬元。此項會員負有保本保息之責，其地位等於東三省儲蓄會之"會員"。繳納其他各種儲金者為會員，其地位如各銀行及東三省儲蓄會之儲戶；但在獲得預定利息外，尚得分享紅利（民國十八年至二十二年間，該會歷屆決算時分派會員紅利最低週息二厘最高三厘），故具有合作之性質。該會設執行委員會，以基本會員之代表組織之。現任執行委員為吳鼎昌氏（鹽業銀行總理）、周作民氏（金城銀行總理）、胡筠氏（中南銀行總理）與許福昉氏（大陸銀行總理）。以吳鼎昌氏任主任，綜理該會一切事務。十五年二月聘錢永銘氏任副主任。現在上海、天津、漢口均設有該會，南京、北平等處設有分會，專收各種儲金，營業甚為發達。二十一年底有公積金九〇五、九一四·九五元，二十二年底增至一、〇八九、六八八·九九元。二十二年底有儲金額七千七百餘萬元，為我國儲蓄機關中吸收儲金最多者。茲將其歷年儲金總額列為下表。

四行儲蓄會歷年儲金總額表 (民國十二年至二十二年, 單位元)

年份		定期	活期	總額
民國	十二年底	一、四三六、二六二·〇〇	—	一、四三六、二六二·〇〇
	十三年底	三、〇三一、九一四·一六	—	三、〇三一、九一四·一六
	十四年底	七、一一一、〇六七·〇〇	二八八、六一三·七九	七、三九九、六八〇·七九
	十五年底	一二、六六二、九二二·五五	四九六、五四九·六九	一三、一五九、四七二·二四
	十六年底	一五、九一四、四九七·〇三	一、二三二、八七七·〇六	一七、一四七、三七四·〇九
	十七年底	二一、九〇五、五六六·八〇	一、五五九、五六八·八三	二三、四六五、一三五·六三
	十八年底	二九、五四一、一九六·五四	二、五六四、二九七·三四	三二、一〇五、四九三·八八
	十九年底	三七、一六〇、一一九·八五	三、一七五、七四五·六〇	四一、三三五、八六五·四五
	二十年底	四五、九六四、三九六·六六	五、八六三、五四四·九八	五一、八二七、九四一·六四
	二十一年底	五〇、二八四、一六〇·九五	八、三八一、四〇九·四八	五八、六六五、五七〇·四三
	二十二年底	六七、五二八、八八八·一〇	一〇、二五二、九〇二·三四	七七、七八一、七九〇·四四

　　至其資金運用之狀況，可以最近兩年終之數字為代表觀察，茲列表如下。

四行儲蓄會資金運用概況表 ^(民國二十一年底與二十二年底)

運用途徑	二十一年		二十二年	
	金額（元）	百分數	金額（元）	百分數
抵押放款	二六、七六九、九四〇·三二	三八	二三、一二四、〇四九·六七	二七
有價證券	二五、七〇三、〇八〇·七七	三六	三四、〇〇九、九九四·三八	四〇
房地產	七、一四三、四二四·四八	一二	八、六六七、九二五·九八	一一
現金與銀行往來	一〇、一四六、八二一·六〇	一四	一九、〇七五、九四九·三三	二二
合計	六九、七六三、二六七·一七	一〇〇	八四、八七七、九一九·三六	一〇〇

　　四行儲蓄會在我國今日儲蓄機關中信用甚著，其組織亦甚特殊。茲將其章程附載於后，以資參考。

鹽業、金城、中南、大陸銀行儲蓄會章程 ^(民國二十年修正，是年八月二十七日財政部批准備案)

　　第一條　本會定名鹽業、金城、中南、大陸銀行儲蓄會，簡稱四行儲蓄會，以提倡人民儲蓄及運用儲金於確實事業為宗旨。

　　第二條　本會在上海設立總會各地設立儲蓄會或分會，或委託代理所。

　　第三條　本會儲蓄分下列各種：

　　一、基本儲金由四銀行各繳二十五萬元，為本會基本儲金。

　　二、定期儲金定期二年。

　　三、分期儲金每月繳納，至二十五個月期滿。

　　四、長期儲金定期十年、五年兩種。

　　五、活期儲金。

此外如有應添設者，隨時另定之。但須呈報財政部核准備案。

第四條　本會會員分兩種。

一、基本會員，繳納基本儲金者為基本會員。

二、會員，繳納其他各種儲金者為會員。

第五條　本會基本會員負保本保息之責。本會每半年決算，除開支外，如不敷七厘之息時，由基本會員按份分擔。俟有盈餘時補還之。

第六條　本會每半年決算除去各項開支及儲金七厘利息外，如有盈餘，應先提公積一成。餘作十成分配。以六成為會員紅利，以三成為基本會員保息保本之酬金，以一成為職員及辦事員之酬勞。（編者按民國二十一年上期起會員紅利增為七成，基本會員酬金減為二成。）

第七條　本會由基本會員各舉一人，組織執行委員會。由執行委員會聘用主任一人，副主任一人，綜理本會一切事務。但各儲蓄會及分會之重要職員之任免，須經執行委員會之同意。凡關於放款事務，應遵照執行委員會所訂放款限制章程，及臨時之議決。

第八條　本會設監察委員會，由四銀行監察人中各推一人組織之，監察本會一切帳目及款項。

第九條　本會所收儲金，專以經營左列各項業務：

一、國家或地方有確實基金之債票購入或抵押。

二、各繁盛商埠之地產房產購入或抵押及貨物棧單之抵押。

三、生金銀及外國貨幣之抵押。

四、本會儲蓄證之抵押。

本會除上列業務外，得辦理保管公款及慈善事業基金，並得受工廠及其他機關之委託，承辦工廠及其他儲蓄事務。

第十條　每屆決算時，由本會製就決算總表，經由監察委員會及會計師查核簽章證明公告，一面呈送財政部查核。

第十一條　本章程呈經財政部批准備案，嗣後遇有應行增修之處，須經四行執行委員會議決，呈請財政部核准施行。

四明儲蓄會成立於民國二十二年四月。總會設於上海，其辦法仿照四行儲蓄會，以四明商業儲蓄銀行為基本會員，基本儲金五十萬元，由該行特別公積金項下撥充。其他各種儲金俱由該行負保本保息之責。該會會長為孫衡甫氏，經理為俞佐廷氏。開辦以後，儲金增加甚速。二十二年底有儲金三百十餘萬元。同時有抵押放款一、二一〇、〇〇〇元，約佔運用資金總額之百分之三十二；有價證券一、〇三二、〇〇〇元，約佔百分之二十八；現金及存放同業為一、四九〇、〇〇〇元，約佔百分之四十。

丙、結語

我國之普通儲蓄會略如上述。東三省系之普通儲蓄會自陳漱六氏倡導創辦，至今二十餘年，其特點為股本即為儲金，普通儲蓄存款之吸收較不重視。民國十年左右以放款息高利厚之故，業務大為發達，一時聞風設立者達七十餘會，集股達奉大洋二萬萬元。其後江蘇軍政當局有仿設江蘇儲蓄會之計劃。奉天儲蓄總會會長張志良氏又在北京創金餘儲蓄會與北京儲蓄會，計劃甚為周詳；惟以政局不定，地方環境與東省不同，故未能發達。近年奉票跌值，購入地產跌價，同時呆賬太多，東三省各普通儲蓄會因此週轉不靈，以致停閉者居其大半，存者亦氣息奄奄，無復當年盛況矣。

銀行組織之普通儲蓄會，其經營方法與銀行相同。組織遠較東三省系之普通儲蓄會為完密。大抵以銀行為基本會員，撥款充基本儲金，同時吸集社會游資，為普通儲金。基本會員對普通儲金之儲金人負保本保息之責，與歐美之擔保儲蓄銀行性質相近。年終結算如有盈餘，普通儲金之儲金人得分享紅利，又有合作投資之性質。其前途發展方興未艾也。

（二）有獎儲蓄會

論及我國之有獎儲蓄會，則以民國元年法國人在滬創辦之萬國儲蓄會為始。接踵而起者，有中法儲蓄會、東亞儲蓄銀公司、東方儲蓄銀公司、中義實業儲蓄會、上海惠利銀公司、上海大利商業儲蓄銀公司、光華儲蓄會、友華公司遠東儲蓄會、大北儲蓄會、徐州國民有獎儲蓄公司、奉天儲蓄總會（該會以辦理普通儲蓄為主要業務，兼辦有獎儲蓄，詳見前節）、大同儲蓄會、工商儲蓄會、永年儲蓄會等。按其章程，大都還本期限甚長，利率甚低，高懸巨獎，以事引誘。十餘年來，此類儲蓄會發生破綻，儲戶受其欺矇，本利無着者，不可計數。迄乎今日上述有獎儲蓄會大都已成陳跡，存者惟萬國儲蓄會與中法儲蓄會兩家而已。茲分已經停閉者、現存者兩類述之。又有獎儲蓄為害社會至鉅，朝野取締之呼聲傳之已久。最近《儲蓄銀行法》經國府公布施行（見附錄一、丙），其第十四條規定取締有獎儲蓄，一切結束辦法由財政部擬辦，想能切實取締。因將歷次倡議取締之經過略述之。

甲、已經停閉之有獎儲蓄會

我國已經停閉之有獎儲蓄會大都曇花一現，歷史極短，如東方儲蓄銀公司創於民國九年六月，閉於十六年五月，祇有七年之歷史；遠東儲蓄會創於十二年九月，閉於十三年冬，存在祇一年有餘。此外中義實業儲蓄會、上海惠利銀公司、上海大利商業儲蓄銀公司、光華儲蓄會、友華公司工商儲蓄會、東亞儲蓄銀公司、大北儲蓄會、徐州國民有獎儲蓄公司、永年儲蓄會、大同儲蓄會等存在期間均甚短。茲將東方儲蓄銀公司、遠東儲蓄會之情形述之，餘以材料缺乏，祇得從略。

東方儲蓄銀公司為法國人在華創設。成立於民國九年六月，資本金十萬元。總公司設於上海。會數最多之時，幾達五千號，一次可收儲金五萬八千餘元。以職員舞弊，內容空虛，至十六年五月清理。該公司營業報告素不宣布，其帳略內容，知者甚少。結果儲金本利全未發還，儲戶受累者達數千人。

葡商遠東貿易公司儲蓄會簡稱遠東儲蓄會，成立於民國十二年九月，基本金五萬元，設總會於上海，曾在駐滬葡總領事署註冊。成立數月，即遍設總分會於江浙境內及遠省重要地方。該會最能迎合一般人心理，創為一次儲金，五年還本，每兩月開獎一次之有獎儲蓄。茲將其章程摘錄於后。

一、本公司向業進出口貨，歷有年所，在盈餘項下提撥五萬元增設儲蓄會為基本金。發行甲種會證，稟准葡總領事署另行註冊備案。所以得葡萄牙總領事之保護，通行中外毫無阻礙。

二、甲種儲蓄會證以三萬號為一組，以十二元為一全會。便於零星儲戶起見，有六元會證為半會，三元會證為半半會。

四、本公司儲蓄會將儲戶存款項下提出息金，以每年核計銀圓二萬八千八百九十元，分為六期，按西曆雙月底開獎一次。

五、本公司儲蓄會會證以一次儲蓄，有三十次中獎機會。十二元儲金有九萬元獎金希望。所得獎之會證，並不收回，以備續開續得。

六、獎金分為六等，以全會計算，分別列后：

頭獎	一張	三千元	四獎	一張	五十元
二獎	一張	五百元	五獎	一張	二十五元
三獎	一張	一百元	六獎	九十五張	每張十二元

八、本公司儲蓄會每次開獎以陽曆雙月底開獎一次，由總領事指定本公司舉行，以昭信實。

十一、甲種儲蓄會證自西曆一九二三年十月卅一日頭期開獎日起，不論二期三期均以扣至一九二八年十月底按會證數目一律還本，不折不扣，立時兌現。

凡儲戶認購全會一張祇須一次納洋十二元，五年還本，每年開獎六次，頭獎三千元。中獎之會證並不收回，故每一全會在五年之中有中獎三十次，得獎九萬元之機會。該會又以多量廣告誘惑儲戶，並利用葡領作傀儡以事號召。一時聲勢煊爀，儲戶加入者極為踴躍。民國十三年第七次開獎時，儲款已達三十餘萬元。當時即驟然宣告倒閉；巨額儲金，悉為葡商囊括而去。儲戶方知受騙，然而呼籲無門，悔之晚矣。

以上乃已經停閉之有獎儲蓄會之情形也。

乙、現存之有獎儲蓄會

我國現存之有獎儲蓄會，據調查所得，祇有萬國與中法兩家。萬國儲蓄會為法國人所辦，為我國最早設立之有獎儲蓄會，前已言之。民國元年三月財政部核准該會章程；是年八月即在滬創立。該會為法國公司，會遵照法國法令在上海法總領事署註冊。設立之初，資本額定為規元六萬五千兩（收足半數）與法郎二百萬（收足四分之一）。其後規模日大，資本增至上海規元一百萬兩，與法郎八百

萬，俱全數收足，合國幣二、七九七、二〇二‧八〇元。總會在上
海、巴黎、西貢設辦公處，曼谷、廣州、重慶、漢口、哈爾濱、瀋
陽、北平、天津、青島設分會。現任西籍董事為法糯、盤藤、司比
門、夏卜、麥地、希古、許伐東諸氏，華籍董事為虞洽卿、葉琢堂
二氏，洋總理為盤藤、司比門二氏，華總理為章鴻笙、李叔明二氏。
該會發行有獎儲蓄會單。儲戶分全會半會及四分會三種。全會儲戶
每月付洋十二元，半會六元，四分會三元，亦可每季每半年或每年
一繳。繳滿十四年完畢。滿十五年時得各領二千元、一千元或五百
元會本，並另加紅利。獎金在每月全體儲款中抽取四分之一，凡滿
二千全會時有頭獎一個，得洋二千元。另由每全會中提出半元，成
為一個或幾個特獎，每個特獎增至五萬元為止。第一特獎滿額後，
如有溢出之數，即作為第二特獎之獎金，以後依此類推。此外尚有
許多小獎。又曾一度辦理簡易有獎儲蓄，現已停辦。茲將其發行有
獎儲蓄會單章程錄後，以資參考。

萬國儲蓄會發行有獎儲蓄會單章程

第一章　會單

　　本會發行有獎儲蓄會單（記名或不記名），每全會票面計會本洋
貳千元。儲戶認定後，每月付洋十二元，或每季（三個月）付三十
六元，或半年付七十二元，或全年付一百四十四元。此項儲款自第
一年至第十三年，每年均付洋一百四十四元。其第十四年，付一百
二十八元（合成二千元）。

　　本會將各儲戶會單號碼，在十四年內，按月開獎一次，係拔還
有獎儲蓄會本辦法。倘或在此期內陸續所得獎金未達票面額定之數，
則於滿十五年之日，除已得獎金不計外，付還全數會本，並將準備

金項下溢出於五釐半利息以外之餘息，分派於儲戶（餘息分派詳第四章）。本會並發行半會（一千元），四分之一會（五百元）之有獎儲蓄會單。其得獎利益及開支悉照二千元全會推算。

第二章　開獎及獎金

本會於每月所收儲款總數內，提出十分之二五作為獎金。在全體儲戶號碼內，以十成中之一成為得獎。開獎之日，照配定之獎款，悉數分給於得獎各儲戶。得獎者每會至少十二元。

每滿貳千全會有頭獎一個，得洋二千元（但開獎時，合全數會單號碼同開，並非每二千會分開）。另由每全會內提洋半元，成為一個或幾個鉅額之獎（名為特獎，獎金以每個增至五萬元為止）。俟第一特獎獎金滿額後，以溢出之數作為第二特獎之獎金，以後類推。

獎金分配由董事會於開獎前決定之。

每會在十四年期內按月加入開獎，如得獎未滿二千元之數，仍有繼續得獎之權利。如滿二千元，或在二千元以外之數，會單應當交與本會，照第八章還本表內之規定，領回會本，取消會單；惟不得享受第四章之紅利。

如有儲戶，將儲款按年或半年或三個月預付者，該會單如遇照會本全數得獎時，則會單當照上述辦法取消，並由本會將預付多餘之款，全數付還。

開獎係在陽曆每月十五號，在本總會當眾舉行。由董事及查賬員，及在場儲戶中推舉二人，監察執行。

倘十五號係星期日，或例假日，則改為次日舉行。

倘儲戶未將儲款在開獎前一日午前繳進者，雖號碼得獎，不得享受得獎權利。

得獎號碼，以總會發出之號碼單為準。

第三章　儲戶保障及準備金

本會為保障儲戶起見，將儲戶陸續儲蓄之款，存放生息，名為準備金。其存放辦法，開列如下：

甲、定期存放於各大銀行。

乙、購買各國地方頒發之有價證券。

丙、由各國國家擔保之鐵路借款及國庫證券。

丁、公債或政府有抵押品之借款。

戊、購買殷實公司之債票，惟必須該公司遵照公司章程辦理，並有合法保障者。

己、本會儲戶之會單抵押借款。

庚、他項有價值抵押品之押款，惟須經本會董事核准。

辛、購買地產，及建築營業上之生息。

壬、各地產公司股票。

第四章　紅利分配

儲戶於會單十五年底滿期之時，在領回會本外，並得享受紅利。該紅利係由本會會計師結算，名為"準備金項下儲戶所享之餘息"，乃以準備金存放項下，除照規定以五釐半歸入保全儲戶會本外，其餘溢出者，即為餘息，以其半數每年收入此項帳內。此項紅利分派辦法開列如下。

每月繳款者	得百分之十
每季繳款者	得百分之二十五
每半年繳款者	得百分之三十
每年繳款者	得百分之三十五

第五章　開支

本會一切開支，按照應繳儲款總數上每會提八釐三毫。

第六章　欠繳及失效

儲戶分期繳款，在第一或第二年內，到期停繳至三十天後，本會不先通告，卽將該會單上之一切權利，作為取消。

儲戶付款已滿兩年之後，到期停繳三個月者，卽喪失該會單上之權利；本會不先通告，得將會單暫作取消。但如欲回復權利，必須在第四個月內將欠繳各月之款補足；並加以自欠繳之日起，至續繳之日止之常年八釐利息，一同繳會，會單仍可作為有效。倘至第四個月仍不來會補繳，將該會單實行取消；該儲戶得向本會照還本表領回九五扣實之會本（此項九五扣為半途停繳之罰款）。此種被取消之會單，不得享受第四章內所述準備金項下之餘息。

所有儲戶應得之獎金及還本等，必須在三年內來會領取，逾期卽作無效，不再發給。

假如遇有儲戶故世，其遺產繼續人可以繼續儲款，或轉戶與他人，或將會單繳銷，照第八章內還本表領回會本。

第七章　印花稅

國民政府所徵儲款收據上之印花稅應由儲戶完納。本會得將該稅先代儲戶墊付。惟儲戶如遇本會欲向其算回時，應卽照付歸墊。

第八章　借款及還本

儲戶繳款已滿兩年之後，可將會單照還本表所列之數，向本會抵借，照常年八釐計息。該儲戶倘照常繳款，仍可享得獎權利。

抵借利息，必須預繳一年。到期之日，必須付清。倘過期不繳，本會卽照常年八釐加算複利。倘遇得獎時，卽將該欠息在應得獎金內扣算。

借款之會單，須交於本會收藏。

各儲戶繳款至兩年之後，隨時可向本會照下列之還本表，除九五扣後，再除第七章所述代墊而未經收回之印花稅，領還會本。

還本表

年限	全 會	半 會	四分之一會
二年足	洋一百零三元	洋五十一元五角	洋二十五元七角半
三年足	洋二百十元零六角半	洋一百零五元三角二分	洋五十二元六角六分
四年足	洋三百二十三元九角	洋一百六十一元九角半	洋八十元零九角七分
五年足	洋四百四十二元七角半	洋二百二十一元三角七分	洋一百十元零六角八分
六年足	洋五百六十七元五角半	洋二百八十三元七角七分	洋一百四十一元八角八分
七年足	洋六百九十八元七角	洋三百四十九元三角半	洋一百七十四元六角七分
八年足	洋八百三十六元	洋四百十八元	洋二百零九元
九年足	洋九百八十元零五角	洋四百九十元零二角半	洋二百四十五元一角二分
十年足	洋一千一百三十一元九角半	洋五百六十五元九角七分	洋二百八十二元九角八分
十一年足	洋一千二百九十一元九角	洋六百四十五元九角五分	洋三百二十二元九角七分
十二年足	洋一千四百五十九元	洋七百二十九元五角	洋三百六十四元七角半
十三年足	洋一千六百三十四元	洋八百十七元	洋四百零八元五角
十四年足	洋一千八百十元	洋九百零五元	洋四百五十二元五角

　　以上之還本表，按年計算，零月不計。（滿十五年時，領回全數會本，全會洋二千元，半會洋一千元，四分之一會洋五百元，另加餘息）。

　　半途停繳之戶，不得享受本章程第一、第四兩章所述之餘息。

第九章　監察

本會每年開常會一次。為保全儲戶權利起見，公舉稽察員一人或二人，以便代表儲戶，隨時查察一切。

萬國儲蓄會設立以後，營業發展極速，據其報告所載，民國元年祇有三百五十會，十年增至二萬二千四百餘會，二十年增至十一萬三千二百餘會。其後會數繼增，二十二年底達十二萬四千八百會，二十三年六月中達十三萬一千八百餘會。論及儲款總額，十四年底有一千三百十四萬元，十七年底有二千八百零一萬元，十八年底有三千四百十九萬元，十九年底有四千二百四十二萬元，二十年底有四千五百萬元，二十二年春則增至五千五百三十餘萬元，同年底有六千二百餘萬元，二十三年六月底約有六千五百萬元。茲復將其投資之情形列表如下，定期分存於各銀行之款不列在內。

萬國儲蓄會投資狀況表（民國二十一年九月三十日與二十三年三月三十一日）

投資途徑	二十一年九月三十日		二十三年三月三十一日	
	金額（元）	百分數	金額（元）	百分數
外國及外人在華公私事業投資	一一、三四二、八二三·九四	二一	一九、三二九、四九二·九一	三一
滬漢工部局債票	一三〇、六〇六·八八	—	五八、七五五·〇六	—
上海公共租界工部局債票	九、七〇三·四五	—	—	—
漢口法工部局債票	七一、二五五·〇六	—	五八、七五五·〇六	—
上海法工部局債票	四九、六四八·三七	—	—	—
外國政府公債票	六八、一九四·五〇	—	二六九、一八六·六三	—

續　表

投資途徑	二十一年九月三十日		二十三年三月三十一日	
	金額（元）	百分數	金額（元）	百分數
暹羅一九二四年六厘金鎊公債票	六八、一九四·五〇	—	六九、一八六·六三	—
暹羅政府公債票	—	—	二〇〇、〇〇〇·〇〇	—
滬漢各總會債票	三一四、二五一·八七	—	三四七、三四八·二一	—
上海法國總會債票	一五六、四九一·五九	—	一一〇、二三九·八二	—
漢口西商總會債票	一六、四四一·九三	—	一六、〇〇〇·〇〇	—
漢口跑馬總會債票	一〇〇、〇〇〇·〇〇	—	一〇〇、〇〇〇·〇〇	—
漢口法國總會債票	四一、三一八·三五	—	三九、四〇〇·〇〇	—
上海美國總會債票	—	—	二一、六〇八·三九	—
上海跑馬總會債票	—	—	六〇、一〇〇·〇〇	—
外商公司債票	三、八〇七、五七五·一五	—	八、六二三、九七二·三二	—
北京大飯店債票	三、六〇〇·〇〇	—	二、八〇六·三〇	—
暹羅放館公司債票	三五、〇〇〇·〇〇	—	三五、〇〇〇·〇〇	—
上海業廣公司債票	一、一二九、九〇四·三七	—	三、五三六·一五	—
上海中國營業公司債票	二、五二七、三一〇·三六	—	二、四一八、四九三·七二	—

續　表

投資途徑	二十一年九月三十日		二十三年三月三十一日	
	金額（元）	百分數	金額（元）	百分數
上海華懋地產公司債票	六二、三一五·一七	—	—	
英法地產公司債票	六、五八四·四八	—	—	—
上海中國國際投資信託股份有限公司六厘債票	二〇、七三六·九二	—	—	—
上海自來水公司債票	二二、一二三·八五	—	—	—
上海普益地產公司債票	—	—	九五六、八五五·七八	—
上海中和產業股份有限公司債票	—	—	一、〇〇〇、〇〇〇·〇〇	—
上海泰美公司債票	—	—	三七六、九二三·〇七	—
上海電話公司債票	—	—	五六六、九三六·六八	—
上海電力公司債票	—	—	三、二六三、四二〇·六二	—
外商公司股票	七、〇二二、一九五·五四	—	一〇、〇三〇、二三〇·六七	—
上海普益地產公司優先股票	四四四、四〇〇·〇〇	—	六二四、八三〇·〇四	—
上海普益地產公司股票	二二一、五五一·九九	—	—	—
上海義品放款銀行股票	一八八、九七四·〇八	—	一九一、六一七·〇七	—
上海中國建業地產公司股票	二、二二六、五六〇·六五	—	二、四六八、三五三·九三	—

253

續　表

投資途徑	二十一年九月三十日		二十三年三月三十一日	
	金額（元）	百分數	金額（元）	百分數
上海英商恆業地產有限公司甲種股票	六三、八八九・六四	－	一四一、四〇〇・〇〇	－
上海英商恆業地產有限公司乙種股票	三三二、七八三・四八	－	七〇六、一五九・二二	－
上海華懋地產公司股票	一八一、四六五・五一	－	一四一、二〇〇・〇〇	－
上海中國營業公司股票	二七四、五八七・一四	－	二〇八、六〇〇・〇〇	－
上海業廣地產公司股票	八七、四九二・八一	－	－	－
暹羅水泥公司股票	二九、六二五・〇〇	－	二九、六二五・〇〇	－
上海法商電車及電氣公司股票	六三一、六五六・四八	－	－	－
上海電力公司優先股票	八八一、六五三・三〇	－	一、二七九、五五六・四二	－
上海美亞保險總公司七厘優先股票	一九七、九〇〇・〇〇	－	二二三、四九六・九六	－
上海美亞保險總公司八厘優先股票	三〇一、九四九・六七	－	一二一、一四二・七一	－
上海匯衆銀公司八厘優先股票	九五七、七〇五・七九	－	－	－
上海美亞保險總公司股票	－	－	三一二、七九〇・〇五	－
上海美東銀公司甲種股票	－	－	六〇、七五〇・〇〇	－

續　表

投資途徑	二十一年九月三十日		二十三年三月三十一日	
	金額（元）	百分數	金額（元）	百分數
上海美東銀公司乙種股票	一	一	一四七、八四○・○○	一
上海英商英法產業有限公司股票	一	一	二、三四五、三六八・七一	一
上海中和產業股份有限公司股票	一	一	一　二　五、○○○・○○	一
上海國際投資信託股份有限公司股票	一	一	四四六、二二○・○○	一
揚子銀公司股票	一	一	四五六、二八○・五六	一
中國政府債券投資	一一、三九六、八一三・七二	二二	八、五八九、○四四・三三	一三
續發二五庫券	六三二、九六五・五八	一	一九二、八一○・四五	一
十四年公債票	八四、五一三・六三	一	一三一、三三九・○七	一
十七年金融短期公債票	二、三○二、六三○・六○	一	一、二三三、三二三・七八	一
十八年裁兵公債票	一四七、七四七・七二	一	二五七、七二九・七四	一
一九一三年英金五厘公債票	四、九二一、一九○・八○	一	一	一
二十年四發捲烟庫券	九○二、七○五・○一	一	一、○六九、五一五・四三	一
一九二五年五厘金券	三○○、七八○・六三	一	一	一
十七年善後公債票	一、五三九、一五七・三七	一	七八九、九五七・三七	一

續　表

投資途徑	二十一年九月三十日		二十三年三月三十一日	
	金額（元）	百分數	金額（元）	百分數
一九二八年六厘金券	八六、八四八・〇五	－	－	－
十八年編遣庫券	二四八、四五〇・八八	－	六八、五九六・五九	－
二十年金融短期公債票	－	－	二、七三五、〇五〇・四〇	－
十九年三發捲菸庫券	－	－	二三一、四九三・七一	－
十九年善後短期庫券	－	－	三九八、一五五・九二	－
十八年關稅庫券	－	－	一七二、五四六・八九	－
十九年關稅庫券	－	－	八一、六六三・三三	－
二十年鹽稅庫券	－	－	四八一、七三二・八九	－
二十年統稅庫券	－	－	一五九、一八七・〇六	－
上海市政府廿一年善後公債票	－	－	三六五、八八六・一五	－
漢口第三特別區債票	二二九、八二三・四五	－	二二〇、〇五五・五五	－
房地產	七、六八一、九四一・四八	一四	七、六八〇、九八三・六四	一二
房地產押款	二、九五八、五二八・三九	五	二、七二九、一一六・二三	四
會單押款	一九、六八八、七五一・九八	三八	二三、二五五、四四六・二七	三六

續　表

投資途徑	二十一年九月三十日		二十三年三月三十一日	
	金額（元）	百分數	金額（元）	百分數
財政部公債押款	—	—	二、三〇一、七五〇·〇〇	四
哈爾濱定期存款	二〇〇、〇〇〇·〇〇	—	—	—
總　　計	五三、二六八、八五九·五一	一〇〇	六三、八八五、八三三·三八	一〇〇

　　表內二十一年九月底抵押放款二二、六四七、二八〇·二七元，約佔投資總額之百分之四十三；有價證券二二、七三九、六三七·六三元，亦約佔百分之四十三；房地產七、六八一、八四一·四八元，約佔百分之十四；哈爾濱定期存款二〇〇、〇〇〇·〇〇元，約佔百分之一弱。二十三年三月底抵押放款二八、二八六、三一二·五〇元，約佔百分之四十四；有價證券二七、九一八、五三七·二四元，約佔百分之四十四；房地產七、六八〇、九八三·六四元，約佔百分之十二。同時外國及外人在華公私事業之投資約佔百分之三十一，中國政府債券投資祗佔百分之十三耳。

　　中法儲蓄會成立於民國七年八月。總會設於北平，分會設於天津、安慶、南京、上海、杭州、漢口、長沙、廣州、汕頭、福州、廈門。初係中法商人合資創辦，十五年法商股份讓與中國商人，另行修正章程，呈請財政部立案，農商部註冊，改為中國股份有限公司，而仍用中法儲蓄會之名。初辦之時資本定二十萬元，收足半數，十五年增收足額，現在改為收足四十五萬元。二十一年底有各項公積金五萬九千餘元。現任董事長為李贊侯氏，董事為丁春膏、李祖恩、周叔廉、余月亭、張景呂、莊南屏諸氏，監察人為王濤、徐濟良、李君夢三氏，總經理為譚瑞霖氏。十九年前祇辦有獎儲蓄，其辦法除以二千五百元為全會並設五分之四會、五分之三會、五分之二會、及五分之一會外，與萬國儲蓄會相仿。十九年起兼辦普通儲蓄。二十年底存款總額為三百五十餘萬元，二十一年底增至三百八十餘萬元。

丙、有獎儲蓄之取締

我國有獎儲蓄會之大概俱如上述。從此可知其勢力偉大，深入民間。推其所以發達至此者，根本原因實在能迎合一般人之徼倖心。自儲戶之觀點觀之，政府與社會均認為有取締之必要。民國十七年有取締有獎儲蓄之議。是年全國經濟會議開會於上海，鑒於有獎儲蓄機關如有獎儲蓄會等為害甚烈，然以環境關係，完全禁絕不易實現，乃另採取締辦法，由財政部金融監理局提出《取締有獎儲蓄條例草案》十一條（見附錄三）。其重要規定如下：（一）凡設立有獎儲蓄機關者須經核准註冊方得設立；其已設立者亦須補行註冊。（二）有獎儲蓄機關之章程，金融監理局認為與保障儲戶之權利有礙時，得飭令修正。（三）金融監理局得隨時派員檢查有獎儲蓄機關之準備金及開獎事務。（四）有獎儲蓄機關應繳納純益稅及獎金稅。（五）有獎儲蓄機關如有欺詐行為，除按刑法詐欺取財論罪外，其違背本條例之規定者，分別情節輕重，由金融監理局呈經財政部以命令停止或解散其營業，或處以罰金。

其後二年，又有行政院令工商部取締有獎儲蓄事業之舉，然令而不行，卒等具文。

十九年，南京舉行全國工商會議時，有取締萬國儲蓄會之議案，結果未克實行。蓋以該會為外人機關，加以取締不無障礙。且其根深底固，勢力不小。萬一藉詞結束，損失者皆我國儲戶之膏血。是以政府未加切實取締。

二十三年五月，第二次全國財政會議在南京開會之時，馬寅初氏等提出關於《萬國儲蓄會及中法儲蓄會之有獎儲蓄防止案》，其辦法有二項：（一）以現在入會會員為限，不准再有新會員增加；（二）已入會者請財政部設法派員整理監督及清查帳目。原則通過，交財部擬辦。同年六月二十二日，立法院通過《儲蓄銀行法》，七月四日經國民政府公布施行。其第十四條規定"有獎儲蓄應禁止之。本法施行前已辦之有獎儲蓄存款，其結束辦法由財政部擬訂，呈請行政院核定之"則有獎儲蓄想可切實禁止也。

（三）其他儲蓄會

我國之儲蓄會除前述普通儲蓄會與有獎儲蓄會外，尚有儉德、興業、保險與公益四種。儉德儲蓄會專以養成會員儉德為宗旨；興業儲蓄會專以輔助會員積資興業為宗旨；保險儲蓄會專為儲款作會員親長或本人身故喪葬費之組織；公益儲蓄會專以積資從事公益事業為目的，如各地之橋會、路會皆是。茲順次述之。

甲、儉德儲蓄會

夫儲蓄會之設原以養成社會儉德為普遍目的之一，我國原有之民間儲蓄會，以及普通與有獎儲蓄會等靡不具此意義，其專以提倡儉德為目的者亦甚多，儉德儲蓄會（後改稱中華儉德會）為最著名者。

民國五年上海滬甯鐵路職員李經偉、曹康侯、徐芹香、沈公謙、范景文、陳佑申、余宗湘等七人糾集同志六十餘人試辦儉德儲蓄會，以收入之會員儲金，作為經營借貸押款之用。成績尚有可觀。八年一月，遂決定將會務擴充，並正式宣告成立。同時公開向外徵求會員，吸收會員儲金。並利用儲金利息舉辦各種組織及設備，如學校、圖書館、閱報室、寄宿舍、浴室、彈子室、音樂室、游藝室、體育團、學術研究會等，以促進會員精神生活之向上及身體健康之增進。此外對於會員烟酒之戒絕，尤為努力。

該會會員儲金分規定與不規定兩種。規定儲金計分四種：（一）普通儲蓄月儲三元，儲足六年還本洋二百十六元；（二）互助儲蓄月儲五元，十元或二十元，儲足十五年後，分別還本洋九百元，一千八百元，及三千六百元；（三）兒童儲蓄月儲二元，儲足十年後還本利洋三百元；（四）特別儲蓄日儲一角，儲足十年後還本利洋四百元。不規定儲金分活期、定期兩種。規定儲金除兒童儲蓄及特別儲蓄外概不給息。其普通儲蓄所生之利息，用以充作該會各項組織及設備之用。互助儲蓄所生之利息，小部分充作該會各項組織及設備之用，大部分充作互助該種儲金會員之用。兒童儲金所生之利息，小部分充作該會各項組織及設備之用，大部分於還本時發還之，藉以養成兒童儲蓄之習慣。特別儲金專為養成戒絕烟酒而設，其所生利息，除小部分充作各項組織及設備之用外，大部分於還本時發還之，藉以養成日常戒絕烟酒之美德。不規定儲金之利息，活期常年五厘，定期自六厘至一分二厘不等，視時期之長短而定。民國十二年六月底止，計有規定儲金二十萬餘元，不規定儲金二千餘元。大部分運用於房地產經營，內國債券購置及抵押放款。

九年十月，該會設南京分會，十一年一月又設杭州分會，業務俱不如上海總會之發達。

二十年七月，該會以環境關係，內部改組，改名為中華儉德會，以王曉籟氏任董事長，袁履登、鍾可托兩氏任副董事長，王彬彥、劉豁公、陳福康等氏為常務董事，王一亭、楊誦清、胡惠生等氏為董事。改組甫及半年，即遭一二八滬變，該會損失甚鉅。幸會員間互相諒解，故仍得繼續進行，未遭瓦解。所有會員之規定儲金，改用儲金券分期撥還，不給利息。總數為二十萬元，每張面額五元。號碼共計一千，每號二百元，每四十張為一號。每月暫先發還五號，計洋一千元。自二十二年一月起，每月二十日在該會當衆搖出償還。其未滿儲金券五元之零數，悉捐助該會。至不規定儲金，儲戶願調換儲金券者，一律自存儲日起，結至二十年底為止，減給五厘年息，亦以儲金券撥之。其不願調換者，至滿期日須視該會斯時經濟狀況方定辦法。以上乃中華儉德會及其前身儉德儲蓄會之大略狀況也。

乙、興業儲蓄會

興業儲蓄會為輔助會員積資興業之儲蓄會。此種組織隨地皆有，然辦有成效，善始善終者殊不多見。茲舉例述之。

民國八年夏，天津有創辦國民實業儲蓄會之呼聲。其後是否成立，不可考知。茲錄其當時在報端揭布之簡章如下，以誌鴻爪。

國民實業儲蓄會簡章

（一）名稱　本會定名為《國民實業儲蓄會》。

（二）宗旨　本會宗旨以聯合全國國民儲蓄款項，為興辦實業之預備，全無政治關係。

（三）會員　凡中華民國國民，贊成本會宗旨，經會員三人介紹者，皆得為本會會員。

（四）會員責任　（甲）凡本會會員須年納會費大洋五角，以充會中公費。（乙）凡會員須按月儲蓄款項，至少每月大洋三角，多儲者聽，惟數目必為三數之倍。以五年為一期。期滿得憑存摺換給股票。惟五年之內每月認定儲款不得變更其數目。（丙）凡會員須負提倡國貨之責任。

（五）組織本會職員設正副會長各一人，司庫、司帳各一人，書記一人，皆由會員開年會時選舉。任期一年，連舉可連一任。每會員十人為一團，自推團長一人。會員每月儲款由團長每月月朔至初五交與司帳，不得逾期。

（六）會務　（甲）存放儲金。本會所收儲款由職員用本會名義，存入妥實銀行生息，仍作儲金，俟積有成數，即行興辦實業。（乙）興辦實業。凡關於墾殖製造販賣之各種事業，視本會財力之所及，次第興辦，以會員儲款作為股本金。（丙）提倡國貨。

（七）會期　（甲）常會每月月底舉行一次，報告會務情形，會員均可到會，並可查閱帳目。（乙）年會每年春季舉行一次，選舉職員，報告會務並籌商進行辦法。（丙）特別會遇有特別事故由職員臨時召集。

（八）出會　凡會員違背本會宗旨，或繼續至三月不交儲款者，由本會公決請其出會。其已交之儲款，俟五年滿期如數給予股稟❶。惟特別事故不能交款，預先聲明者，不在此例。

（九）修章　本會簡章有不完善之處，俟開成立大會時當衆公決修改。

民國九年春，上海有實業儲蓄會之成立。發起人為莊深聚、邵芝卿、宋瑞甫等氏。詳細辦法及成績如何俱不能詳考。所可知者，

---

❶ 疑為"票"字。——編者註

當該會開成立會時，已收儲金三千餘元，每月約能收入儲金四百餘元耳。

十四年八月，張梅庵、奚楚明等氏擬具儲金興業辦法，呈請財政、內務、農商各部審核，提出閣議轉咨各省軍民長官訓令地方各法團斟酌辦理。其後結果如何，不得而知。

十六年七月，上海又有同志儲蓄會之設立，後改組為長城儲蓄投資會。二十年七月，更名為長城投資會。該會資金係用按月分交辦法。初定資金一萬二千元，會員一百三十人。十八年七月擴充至二萬四千元，會員達三百人。十九年七月，總額共六萬元，會員增至七百餘人。該會現投資創辦長城書局，並兼營存款放款業務。

十七年陰歷正月，溫州永嘉縣有東甌儉德儲蓄會之設，為夏叔常氏等創辦主持。會員皆為友好，均屬少年商人。其蓄財之目的，係為將來自己營業之資本。初有會員三十人，廿二年六月減至二十一人。會員每月繳納儲金初為一元，廿二年起增至二元，每月收納後彙送錢莊生息。廿二年一月二十五日止共有會員儲蓄存款本息一千八百餘元。茲錄其簡章於后，以供參考。

東甌儉德儲蓄會簡章

（一）本會宗旨集合同志節取平日虛耗之小費，儲蓄貲財，以為將來營業之貲本。聊挽世俗之奢風，而成將來之大業。故定名為《東甌儉德儲蓄會》。

（二）本會名額限定三十人。

（三）本會設正理事一人，主持會內一切辦理事宜，兼管簿記以及存放儲款於莊號。又副理事二人，專司各友來往書札，並函催或面催儲金以免延緩。

（四）本會正副理事三人，均由同人投票選舉。倘被選後不願充任者，須提出理由，俾當場再選。至任期皆以一年為限，期滿當另開會再舉，或提議繼續留任。

（五）本會正副理事如有侵吞儲款及種種黑幕，妨礙本會前途之幸福者，被同人察出，除向交涉追償外，當特別開會取消其職權。

（六）本會儲金每人每月一元，閏月照加，至十年為止。十年後再權母子，至十二年為止。前後合計二十二年，不得中途解散。至期滿時開全完大會。由同人公同議決，或合股經營，或分置產業以期擴張利權。

（七）本會每月收款，均給收據一紙。至每年開常會時須攜帶月據到會換給年據。至積有十年之年據，再換給總收據一紙。此總收據可作二十二年全完之證券。

（八）本會存款時與存款莊號訂定利息若干後，當卽立摺。每月儲金收齊，由正理事送交存款莊號。又經副理事向該存戶按數入摺，至取款時亦由正副理事憑條向取。該條上須填明數目，加蓋會章，存款莊號方可照付，以昭慎重。

（九）本會繳款時期定於每月二十日，繳齊後由會發給收據。該收據上須蓋會章及正副理事圖章，為作繳款之實證。倘同人有營業他鄉，欲便利繳款手續者，儘可預寄半年，以免違期，寄費須由會友自出。

（十）本會存款，十年內每莊號限存千元，十年外每莊號限存千元。如該莊號資本雄厚營業可靠，欲多存者，須由同人開會斟酌之。

（十一）本會繳款或有個人拖延時日，未曾繳楚，經正副理事遞次向催，仍置不理；又不提出自己困難情形，由副理事轉告正理事，得開臨時會，召集同人議決革除。而個人應有本息提出四成充公，餘存六成，俟簡章收據會證繳齊後，方准領去。

（十二）本會同志任何個人如無特別事故，不得退會，並不得將會據私相買賣。倘實在無力應儲，僅許給還原儲金。其所有子息留充公積金。至所還原儲金，或由同人攤償，或向存莊提給，須臨時開會議決。

（十三）本會同志如有個人營業失敗，負債累累，概不得以此項儲金抵償，致礙公眾美意。如有私相轉移，本會概不承認。

（十四）本會同志如已儲款十年滿足，而遇意外不測之事，以致貧乏困苦，當派人詳細調查，果係確實，亦由同人臨時開會議決，撥還本金外，再酌還子息，以示體恤。

（十五）本會定於每年六月初一日開常會一次，報告賬務，並選舉正副理事，以及磋商一切進行事宜。倘同志中有移居他鄉，不暇赴會者，得指派本會同志為代表，到會發抒意見。

（十六）本會十年內開臨時會及常年會一切用費，均由同人另行照派，不得在儲款內支用。

（十七）本會十年內正副理事各盡義務，不取權利。

（十八）本會十年投資完滿，成數頗巨。屆時務須再舉監視一人，所有存款手摺及證券等件，由正副理事轉交該員珍藏，以專責成。

（十九）本會同人或函向正副理事質問事務及一切委託信件，須令副理事裁答，其往來郵費均由本人自出。

（二十）本會章程及會證印有三十份，每人各執一份，均有同人簽字蓋章以作將來執證。餘五份留存正理事處。嗣後倘有遺失情事，當查核照補。

（二十一）本會個人如有遺失會證總據收據等情，須先報告本會理事，立卽代為查究，以盡雅誼。

（二十二）本會章程成立後，同人均須照章履行，不得擅違會章，致負將來絕大之希望。

十八年，上海郵工人員有持志儲蓄會之設。暫定會員數額為二百人。會員儲金每月至少一元，期限定為五年。期滿結算所有將全數充作舉辦實業之用。然未至期滿卽行停辦。

丙、保險儲蓄會

保險儲蓄會專以儲蓄之方法預籌會員親長，或本人身故喪葬之費為目的。我國民間原有之長生會、長壽會、壽星會、福壽會、老人會、葬親會、白帶子會、孝子會、壽緣會等皆屬之。此類組織起自何時，無可稽考。大抵可分私人組織及商家或慈善團體經營兩種。其由商家或慈善團體經營者，以該商家或慈善團體為會首。會員繳納定額會金，會員中遇有親長或本人身故者則得一定金額為治喪費。喪事多，則由會首預付；無喪事則由會首用款生息。此種保險儲蓄會南北都有，而福建與河北最盛。茲舉述福州之保險儲蓄事業與北平之壽緣會為例。

有清末年，福州有所謂父母軒者，頗盛極一時。其法係商家團體集合主幹，如京果店幫，銅銛行幫，洋廚幫等。招人投報，每名月納小洋三角，以一百個月為滿期。期內身故，領回小洋三百角。倘距滿期尚差若干月，領款人仍須補足為止；而百月期滿健在，則亦祇收三百角。主幹人利益誠不為薄，然猶倒閉時聞，貧民受累不堪。父母軒之法遂亦因是而絕。

民國五年，福州林春丞氏等鑑於父母軒之組織大不合理，而一般保險公司之辦法納費動必數十百元，亦非一般人力所能勝，乃創為小保險之法。其法每月納費一元，每人得加入兩份，月納二元或加入半份，月儲半元。加入時不必檢驗身體。除起納十個月內出險只原還本外，十個月外出險賠五十元；四十個月外賠一百元，八十個月外賠一百五十元，一百五十個月滿期償還二百元。最先經營此項保險儲蓄者為林氏所創之福星人壽小保險公司。該公司成立於民國六年冬間，在福州市為人壽小保險之嚆矢。時因新法初行，信者尚鮮。民國九年底止，統計受保之額不及千名，按月實收保費，僅六百元之譜，乃暫時宣告停招。十年冬，華南儲蓄銀行附設儲蓄百壽會，規模較大，信用亦著，投保者風起雲湧，開幕後數月之間，即得保戶九千六百六十戶之多。於是福星又添招新戶，加入者亦甚踴躍。

福州小保險儲蓄業之繼福星華南而起者，有壽源百壽會、仁壽堂長壽軒、福田保壽公司、同康百壽會、有利公司、大年保壽公司、大中保壽儲蓄公司、福康保壽公司、長康百壽會、怡康保壽儲蓄公司、乾康慈善百壽會、福華百壽會及南昌保壽儲蓄、福昌保壽、福明保壽儲蓄、永安保壽儲蓄、健安保壽、益昌保壽、南山保壽、福同保壽、昇平保壽、公平保壽儲蓄及大有保壽儲蓄等公司。茲據二十二年六月底調查所得，將上述各機關之成立年月，資本金額、現有儲戶戶數、按月可收儲款數目等列為下表。

福州小保險儲蓄業概況表

公司名稱	成立年月	資本金額	現有儲戶數	按月可收儲款數目
福星人壽小保險股份有限公司	民國六年十月	三〇、〇〇〇元	七、七二〇	五、二〇〇元
華南儲蓄銀行附設儲蓄百壽會	民國十年十一月	五〇、〇〇〇元	七、五二九	六、〇〇〇元
壽源百壽會	民國十二年六月	二八、五〇〇元	三、六五二	二、六〇〇元

續　表

公司名稱	成立年月	資本金額	現有儲戶數	按月可收儲款數目
仁壽堂長壽軒	民國十三年一月	一九、〇〇〇元	三、五八一	一、七〇〇元
福田保壽股份有限公司	民國十三年二月	二〇、〇〇〇元	一、三二五	九〇〇元
同康百壽會	民國十四年四月	一二、五〇〇元	一、二五五	八〇〇元
有利公司	民國十四年五月	一二、五〇〇元	一、九三四	一、六〇〇元
大年保壽股份有限公司	民國十四年十月	一五、〇〇〇元	二、〇七五	一、六〇〇元
大中保壽儲蓄股份有限公司	民國十五年二月	二三、七五〇元	七八五	七〇〇元
福康保壽股份有限公司	全右❶	一〇、〇〇〇元	一、一八三	九〇〇元
長康百壽會	民國十五年七月	一〇、〇〇〇元	一、四八八	一、一〇〇元
怡康保壽儲蓄服份有限公司	全右	二三、七五〇元	一、八五〇	一、四〇〇元
乾康慈善百壽會	民國十五年八月	九、五〇〇元	五六三	四〇〇元
福華百壽會	全右	五、〇〇〇元	四九七	二五〇元
南昌保壽儲蓄股份有限公司	民國十八年三月	一五、〇〇〇元	二、六六四	二、五〇〇元
福昌保壽股份有限公司	民國十八年九月	一五、〇〇〇元	一、五九六	一、六〇〇元
福明保壽儲蓄股份有限公司	民國十八年十月	一五、〇〇〇元	二、九八七	二、〇〇〇元

---

❶　即"同上"。——編者註

續　表

公司名稱	成立年月	資本金額	現有儲戶數	按月可收儲款數目
永安保壽儲蓄股份有限公司	民國十九年五月	二〇、〇〇〇元	六、四一四	七、〇〇〇元
健安保壽股份有限公司	民國十九年八月	一〇、〇〇〇元	四、二二七	三、七〇〇元
益昌保壽股份有限公司	民國廿年一月	一二、〇〇〇元	二、四二一	二、〇〇〇元
南山保壽股份有限公司	民國廿年九月	一八、〇〇〇元	九九六	八〇〇元
福同保壽股份有限公司	全右	一〇、〇〇〇元	六二八	六〇〇元
昇平保壽股份有限公司	全右	一三、〇〇〇元	八一〇	六〇〇元
大有保壽儲蓄股份有限公司	全右	一二、〇〇〇元	四三九	四〇〇元
公平保壽儲蓄股份有限公司	民國二十一年六月	一〇、〇〇〇元	一、〇九一	二、〇〇〇元

　　至於各公司之詳細辦法，可參閱本書第二章華南儲蓄銀行附設儲蓄百壽會章程，以為代表之觀察。其他公司之章程與此大同小異也。

　　以上所述乃福州地方之保壽儲蓄情形。河北省壽緣會林立，天津、保定、北平等地設立尤多。有慈善機關組織者，有商家組織者，每會加入者自數十人至數千人，善始善終者甚鮮。茲舉北平壽緣會之例述之。

　　北平同康壽緣會為慈善機關所組織。錄其簡章如次，以見一斑。

北平同康壽緣會簡章（民國廿一年四月續印）

　　第一條　本會本民生主義，以自治精神，結成團體，互助老人喪葬，救濟貧寒喪家，使亡者早日入土為安，不受經濟壓迫為目的。

第二條　本會名稱定為北平同康壽緣會。遇有設分會之必要時，得於適宜地點設立分會。

第三條　凡願入本會者，不分宗教性別，年滿四十歲以上，住在北平市城郊，而不違反《監督慈善團體法》第五條所列各款情事之一者，皆可為本會會員。惟須經本會會員二人以上之介紹，或商號介紹，自行到會填具願書，按號登記。侯本會各組中任何一組之會員人數徵集足額時，即應於發起人中推舉資望較著者四人，為臨時保管基金專員。並應由該員等各分別取具本市三千元以上資本之殷實商鋪保結，送經社會局查核批准備案後，再行通知來會繳納入會費及附加費並四寸半身相片二張，以期正式成立，發給會員證書，實行本會會員一切權利及義務。

本會各組登記足額，其繳款時期應自通知來會之日起以一個月為限。如屆期繳款不足額數，得展期一個月。如仍不足額數，得再展一個月。經展期兩次仍不足額數時，應將該組各會員已繳之各費分別發還，以免久懸。至臨時保管基金專員職務，應侯選出保管基金董事，呈准備案後即行交卸。

第四條　本會之組織分為甲乙丙三組。每組各以一千名為成立有效期間，餘額作為侯補。凡入甲組者，應繳入會費洋五元；乙組者應繳入會費洋三元；丙組者應繳入會費洋一元。此款存儲國家銀行，專備墊付會員賻款之用。

第五條　各組會員身故，即由本會通知該組會員互贈賻金（甲組者每員五角、乙組者每員三角、丙組者每員一角）。是項互贈賻金應於接到本會通知後限三日內自行到會繳納；如逾三次不繳者，除將入會費扣抵欠數外，餘充貧喪基金；並將該會員除名，另補他人。

倘遇在一二次不繳賻金期內而身故者，給予賻金時，即將欠繳之費扣清歸墊。但會員所繳入會費及互贈賻金，均須按照數目附加二成（例如應繳一元即附加二角，餘類推）。其入會之附加費充為本會開辦經費及會員證書會員錄等項用途。設有盈餘，撥入貧喪基金。至互贈賻金之附加費及入會費之息金，概為本會辦事經費。如有盈餘，即提充貧喪基金。

第六條　本會會員不幸身故，經本會證明後，立時照組付給賻金（甲組五百元、乙組三百元、丙組一百元）。先由會員入會費內墊付，不延時刻，俾濟急需。所有會員資格亦即從此終結，與本會脫離關係，并不賡續還賻。但付賻金時應提百分之五作為貧喪基金。倘有額外捐助者，本會當即登報鳴謝。

第七條　本會組織之甲乙丙三組，除丙組以一千名為滿額，永不逐年增加外，所有甲乙兩組每年各遞加會員二百名。凡甲組會員在第二年身故者，即得賻金六百元（因多添二百名故多得一百元）。計會員增至二千名為滿，賻金加至一千元為止。乙組會員在第二年身故者，即得賻金三百六十元（因加添二百名故多得六十元）。計會員增至二千名為滿，賻金加至六百元為止。惟會員有新老之分，凡在本年加入及陸續補入者為新額；入會在一年以上者，則為老額。新老之分在所得會數與所出賻金之多寡為區別。所有會員名額之先後，賻金出入之增減，另表詳明。但每年遞加會員二百名，固經釐定，屆時仍以候補會員多寡為轉移。設有其他窒礙，難於履行時，得經董事會會議表決之。

第八條　本會各組會員或病故出缺，或因其他喪失會員資格而出缺者，即於候補會員中挨次遞補。但候補會員總期人數充分，不使會員出缺，無人遞補。倘或缺額，致身故會員應得之賻金不能達到規定數目時，應於入會費基金項下補足之。

第九條　本會會員身故，該家屬應即來會報告，由會派員持該會員相片往查，委係因病身故，經當地警察證明，即將賻金照付。倘係無故自殺，希圖賻金，或謀害本會會員，顯覦賻金者，除依法舉發外，其享有賻金權利概行取消。但遇有天災事變不可抗力而發生意外者，不在此限。於必要時得經董事會會議表決之。

第十條　凡會員入會後因事遷離北平市區域者，須先到會鄭重聲明，並覓定負責繳納互贈賻金處所，以便繼續生效。如不幸在外身故，須得有確實證據，加以殷實舖保證明，經本會審定後，亦應照章給賻，如未聲明遷離者，其享賻金權利絕對取消。

第十一條　本會甲乙兩組會員，如遇有所出賻金已滿二千名者，則為義務終結。由本會通告除名，另補。並通知該組會員按照應享權利如數互助，作為壽儀。並由本會加贈匾額一方，祝其康健，以為入會年久，保持互助精神不懈者勸。但丙組會員所出賻金滿足一千名者，則為義務終結。屆時由本會通告除名，另補。迨該會員身故，其家屬須照簡章第九條規定來會報告，本會當照所享權利辦理。

第十二條　本會會員遇有家無親屬，或有家屬而不願付託，欲將身後大事委託本會代辦者，須自來本會商洽，經本會公決許可後，由該會員自行擬具身後辦法，將來所得賻款如何支配，並須延請律師登報證明，不生其他干涉者，本會當按照所囑，妥為辦理。

第十三條　本會基金充裕時，應提前購地建設公墓，用備會員身後營葬，以貫澈本會救濟喪葬之義。

第十四條　本會各組候補會員尚未得補正額而遽身故者，所繳各款及相片憑本會正式收據（除附加費）如數發還。若非身故，中途自動不願加入者，除發還相片外，所繳入會費提充貧喪基金，附加費則充本會辦事經費。

第十五條　本會會員姓名住址由本會印製會員錄各給一本，以備查考；如有移居須到本會聲明更正。

第十六條　凡會員執照遺失，須自行登報聲明作廢，一個月後不生其他糾葛者，再由本會補給新照。

第十七條　本會於各組中之任何一組會員繳款滿足額數時，應將該組會員名冊及正式成立日期呈經社會局查核批准備案後，即由本會正式宣告成立；並經召集全體會員開會選舉各董事。本會董事由全體會員中具有《監督慈善團體法》第四條規定各項資格之一者選舉之。董事之選舉法，以得票最多者依次當選；如票數相同者以抽籤法行之。

本會額定董事為十三人，候補董事五人。候補董事之選舉法以得票次多者為當選。由董事十三人中推舉董事長一人，保管基金董事四人，救濟貧喪董事四人，常務董事四人。董事董事長於選出後應開具詳細履歷，其保管基金董事並應各分別取具本市三千元以上資本之殷實商舖保結，送經社會局查核備案，以資證信。

第十八條　本會辦事分下列各股：

（一）總務股；

（二）會計股；

（三）文牘股；

（四）調查股。

第十九條　本會保管基金董事直接指揮會計員，經理財務出納事宜。所有會費之收納存儲，賻金之支付歸墊，經常費用之出納，均須由保管基金董事全體負責，督飭會計員辦理。

第二十條　本會董事任期四年，每二年改選半數；但連選得連任，惟不得連任三次。如改選董事人數為奇數時，留任之人數得較改選者多一人。

第二十一條　本會董事均係純粹義務，不得支取會款分文。

第二十二條　本會每屆半年由董事會召集全體大會一次，由董事長報告本半年經過情形及詳細收支賬目。凡會務應興應革之件，提請議決。如遇必要時，得召集臨時會議。但每半年之例會及臨時總會均以董事會名義於開會之七日前通知召集之。凡議決事件，以出席會員過半數之表決為有效。表決方法用贊成者起立行之。第每次議決事件照錄附刊，通知各會員證明之。

第二十三條　本會董事會每月開會一次，常務董事會每星期開會一次。如遇必要時，得召集臨時會議。

第二十四條　本會財務悉秉公開，除彙報社會局外，並按月宣布一次。

第二十五條　本會辦事細則及救濟貧喪章程各另訂之。

第二十六條　本簡章如有未盡事宜，得由全體大會議決修改，並依法呈請社會局備案施行。

又北平英商四海人壽保險公司依照同康壽緣會辦法，在該公司內附設國際同佐壽緣會，聞加入為會員者甚為踴躍。其簡章與同康壽緣會簡章大同小異，故不載。

私人組織之保險儲蓄會，各地鄉間，殊為流行。會員間約定彼此家中如有親長死亡時，其他會員各出一定賻金，以為治喪費，藉以減免居喪會員經濟之困難者亦不少。如閩西永定之孝子會，江蘇溧陽之長壽老人儲蓄會等是其例也。閩西永定林氏宗族繁衍，團結性極強。清初鄉人本自助互助之精神，欲集多人之力，以應一人親長喪葬臨時之急需，創立孝子會。凡鄉中成年之人，而農作可靠者，

皆得加入為會員。其股份總額多少，視各人認股若干而定。大約多
至數百股，少亦數十股。至各人認股額，則又大多數以有親長幾人
存在為標準。如祖父母及父母均健在者，可入四份，惟入會前須指
定是祖父母與父母各人一份，或僅各人二份，不得中途變更。該會
主事者為義務職，在創立時，由會員互推公正之鄉長任之。其存立
年限，以會員輪流繳納完畢時即行結束。照例每股納白米二升，制
錢二百文（民國後改為小洋二毫）概不給息。收會期與應會期皆以
各社員親長去世先後為依歸。會員一旦遇親長（即入會時指定之人）
身故時，即可向主事者索取會員名單，按各人所認股額，分別前往
會員家收取。其份金劃一不二，毫無延減。萬一會員有不便時，亦
須負責借應，否則信用掃地，將不齒於人口。此會宗旨近於合作，
使能維持不墜，發揚擴大，則於鄉民生計，大有裨益。然今此項組
織破壞零落，已非舊觀，殊可惜也。

　　溧陽之長壽老人儲蓄會係民國十六年秋間成立。茲錄其簡章於
後，以供參考。

長壽老人儲蓄會簡章

　　一、開始　本會創始於民國十六年秋，由張家邨張清保等發起。

　　二、宗旨　本會為平民老人儲蓄組織，所儲之款，專為平民身
故喪葬之費，不作別用。

　　三、會名　長壽老人儲蓄會。

　　四、成立　本會於民國十六年秋八月初十日借張家邨初級小學
開成立會。

　　五、會所　暫借張家邨初級小學為會所。

　　六、會章　暫議二十九條，在會與入會者必須明瞭，依從毋違。

七、會甲　約以四百五十人為限，入會者每一老人祇准入會一甲，而老人年齡須在四十歲以上者。

八、會費　入會者本會議決，每甲現交入會費洋一元，日後收領洋六十元。

九、入會之目的　入會者須為自己家族老人，而所領會費，須完全為此指名老人身故後喪葬作用，不准為異姓或親戚入會，從中圖利。如異姓或親戚須欲入會者負生養死葬之責，經本組組正調查確實，報告本會，經本會議決通過，亦未嘗不可。

十、本會之組織　本會分三十組，一組定十五甲，每組設組正一人。

十一、入會之手續　入會者須向本會填寫入會書，頒給入會證。

十二、領費之手續　各組如遇老人身故，當先向本組組正報告，邀請組正，將入會證到會對號繳銷，再請兩信實保人繕具領據，收領會費，並帶白四個糕兩條；如無信實保人作保，本會祇得照本照還，或酌量津貼息金。

十三、入會證之緊要　入會者須將入會證留心保存，倘有遺失，當隨時向本組組正報告，請本組組正一同到會聲明遺失原因，由本會註冊。否則不得收領會費，本會亦不得發領會費。

十四、入會證之遺失　入會者，如遺失入會證，無論被何人拾取，交到本會，不作為憑。如有冒充等情，經本會查出，當照本會發領費同數，處罰酒六席。

十五、入會之流弊　入會者，向甲組為某老人搭一甲，後向乙組丙組又搭幾甲，實身故一老人，而報告幾人，收領會費幾甲，經本會查出，當照本會發領費同數，處罰酒六席。本組組正及保領人亦須照本會發領費數罰三分之一。如有冒充等情，罰同。

十六、補會之暫定例　無論已收未收，每次均補付大洋兩角。

十七、本會之職員　正會長一人，副會長一人，正會計一人，副會計一人，幫辦二人，監察四人，書記二人，庶務四人，組正每組一人。

十八、職員之責任：

正會長　主持會中一切事宜。

副會長　輔之。

正會計　主持會中收支存放款項。

副會　計助之。

幫辦　幫辦會中一切事務。

監察　監察會內一切事宜，並收支存放款項。

書記　書寫簿據，收支賬目，及每年開第二次常會印刷報告會，徧散各會甲，俾會甲週知一年各事經過情形。

庶務　每一庶務分定管理幾組，如遇某組報告某老人身故，由會長傳知各庶務到會，拿號籌。通知各組正，並料理會內雜務。

組正　担負本組收納會費補付會費。

十九、職員入會之手續　職員當向本會具立志願書，志願負擔本會某職員之責任。

二十、組正之酬勞　各組組正每次收補會費，不論忙閒時候，不得推却；任滿之年，本會當酬給酬勞。

二十一、庶務之酬勞　各組遇老人身故報告，由值籌庶務發號籌，通知各組組正，不論忙閒時候，不得推却，本會每次應給酬勞費大洋四角。

二十二、會甲之應補會費　入會者雖然未收，如連續三次不補，經本組組正到會報告，本會卽令組正傳入會者，到會結算以前所補會費幾何，俟其指名老人身故，照本發還。如其已收，連續二次不補，經本組組正報告本會，卽令組正傳入會者，與具領據二保人到會，由具領據二保人負完全責任。

二十三、組正之應交會費　各組組正每次所收散甲補付會費，限三日須應完全交清，並帶號籌到會。如有散甲一次不補，卽當墊補。如不墊補，又不報告，連續三次不清，本會卽開除組正資格。所欠會費，本人在會，卽扣除本人以後所收會費；如其已收，又不在會，卽由該組及具領據二保人負擔。

二十四、會款之存放　本會除正當存留開支外，有盈餘款項，正副會計當隨時報告會長，由會長會集幫辦監察協商辦理，不得一人專主。無論寄存某莊，放存某店，當收摺據，俾本會職員周知。息金多寡，可由主持人隨時酌量，不得存在職員及他人個人身上；主持人共同負責，不得推諉。

二十五、會款之盈鉅　本會成立年限久遠，所蓄之款當逐年增多，正副會計屆時恐不能負責，當由會長召集全體職員開特別會議，討論妥善辦法，不得朦混從事。

二十六、本會之期限　本會暫定十五年為滿期。期滿之年，儲蓄之款，大約甚鉅。未收會者，大約不少。或提幾成為未收會者之老人作棺木，或完全告一結束，卽行停止，祇得屆期滿之年，再商辦法。

二十七、開會之定期　本會每年開常會兩次，一定於夏正正月二十日開會一次，討論本年會務辦法，一定於夏正十二月二十日開會一次，報告一年結束經過情形。如遇特別事故，可由會長召集各職員開臨時特別會議。

二十八、職員之任期　本會之職員以三年為一任期。今於民國十六年夏正秋八月十日成立，屆民國十八年十二月二十日為一任期。

至任期滿時會長須前一月召集各職員，開任滿會議，告一總結束，報告三年內經過情形。至改選期，再行改選。改選畢，辦移交。如有職員在任期內力不勝任，或欲辭職等情，由本會開臨時會議處決。

二十九、會章之修改　以上各條，若有不妥善處，可開臨時會議增減之。

丁、公益儲蓄會

公益儲蓄會者專以積資從事公益事業為目的之儲蓄會也。此種儲蓄會之範圍大小不一。小者會員僅數人，大者數十人至數百人。大率由地方熱心公益之人士發起，徵求會員，收納若干資金或農作物作為基金，存放生息。至相當時期，購置不動產若干，後以不動產所生之利息，從事公益事業，如修築橋樑道路等。

第五章　經營儲蓄業務之信託公司

我國之信託公司亦有經營儲蓄業務者，通易、中央、中國、國安、上海等家是也。其中通易、中央兩家開設較久，儲蓄業務亦較為發達。茲分述其大概如下。

（一）通易信託公司

通易信託公司開辦於民國十年七月。資本額定二百五十萬元，實收一百三十六萬元。二十一年底各項公積金一九八、七四九・八〇元，存款總額四、三七五、四一六・二八元；二十二年底公積金增至一九八、一九〇・九五元，存款總額增至五、五二五、六九〇・六二元。總公司設於上海，分公司設於北平、杭州，保險部分設於廣州、漢口、南京。現任董事長兼總經理為黃溯初氏。常務董事為劉放園氏，董事為周守良、徐寄頎、郭虞裳、劉壬三、熊慕蘧諸氏，監察人為陳公洽、蔣抑卮、傅築隱諸氏。儲蓄部資本為十五萬元。民國十五年起會計獨立，二十二年底有公積金一千五百元，二十二年夏添辦保壽儲金。茲將其歷年儲蓄存款總額列表於下。

第五章　經營儲蓄業務之信託公司

通易信託公司歷年儲蓄存款總額表^(民國十一年底
至二十二年底)

（元）

年別		活期	定期	總計
	十一年底	四一、〇〇〇・〇〇	一、〇〇〇・〇〇	四二、〇〇〇・〇〇
	十二年底	七五、〇〇〇・〇〇	三、〇〇〇・〇〇	一〇五、〇〇〇・〇〇
	十三年底	九八、〇〇〇・〇〇	二九、〇〇〇・〇〇	一二七、〇〇〇・〇〇
	十四年底	一六七、〇〇〇・〇〇	四八、〇〇〇・〇〇	二一五、〇〇〇・〇〇
	十五年底	二一七、〇〇〇・〇〇	一二八、〇〇〇・〇〇	三四五、〇〇〇・〇〇
	十六年底	三九二、〇〇〇・〇〇	七七六、〇〇〇・〇〇	一、一六八、〇〇〇・〇〇
民	十七年底	三六〇、〇〇〇・〇〇	八四〇、〇〇〇・〇〇	一、二〇〇、〇〇〇・〇〇
國	十八年底	三四六、〇〇〇・〇〇	一、〇〇五、〇〇〇・〇〇	一、三五一、〇〇〇・〇〇
	十九年底	二四八、〇〇〇・〇〇	一、一四三、〇〇〇・〇〇	一、三九一、〇〇〇・〇〇
	二十年底	二七七、〇〇〇・〇〇	一、二〇九、〇〇〇・〇〇	一、四八六、〇〇〇・〇〇
	二十一年底	三二三、〇〇〇・〇〇	一、二七〇、〇〇〇・〇〇	一、五九三、〇〇〇・〇〇
	二十二年底	四八一、七五八・〇〇	二、〇二七、一八三・〇〇	二、五〇八、九四一・〇〇

　　該公司儲蓄部資金之運用，可以最近兩年底之情形為代表觀察，茲列表示之如下。

通易信託公司儲蓄部資金運用概況表^(民國二十一年底
與二十二年底)

運用途徑	二十一年		二十二年	
	金額（元）	百分數	金額（元）	百分數
抵押放款	一三九、〇〇〇・〇〇	八	七一六、〇〇〇・〇〇	二六
證券購置	二五〇、〇〇〇・〇〇	一四	五九三、〇〇〇・〇〇	二一

運用途徑	二十一年		二十二年	
	金額（元）	百分數	金額（元）	百分數
房地產購置	五七九、〇〇〇‧〇〇	三二	五八八、〇〇〇‧〇〇	二一
現金與存放銀行	八四二、〇〇〇‧〇〇	四六	九〇四、〇〇〇‧〇〇	三二
現金	七六、〇〇〇‧〇〇	四	八九、〇〇〇‧〇〇	三
存放銀行	七六六、〇〇〇‧〇〇	四二	八一五、〇〇〇‧〇〇	二九
共　計	一、八一〇、〇〇〇‧〇〇	一〇〇	二、八〇二、〇〇〇‧〇〇	一〇〇

（二）中央信託公司

中央信託公司開辦於民國十年冬，資本總額初定為一千二百萬元，先收四分之一，股東以紹興幫錢莊為多。民國十二年改為資本總額三百萬元，一次收足。二十一年底有各項公積金三一六、二〇〇‧〇〇元，存款總額七、二五七、三〇九‧三五元；二十二年底公積金增至三五一、三五〇‧〇〇元，存款總額增至七、九七五、二一五‧七四元。總公司設於上海，分公司設於漢口，辦事處設於上海虹口。現任董事為王曉籟、田子馨、謝伯受、裴雲卿、田祈原、朱吟江、陳青峯、李濟生、宋漢章、胡莼薌、周星堂、陳煥傳、鄭淇亭、沈景樑、魏善甫等氏，以田祈原氏為董事長。監察人為羅坤祥、黎潤生、李菊亭、俞守正、夏遐齡等氏。總經理為嚴成德氏。該公司始辦之時即設儲蓄部，資本十萬元，會計獨立。茲將其儲蓄存款之歷年增加情形列表如下。

中央信託公司歷年儲蓄存款總額表^{（民國十年至二十二年）}

（元）

年別		活期	定期	總計
民國	十年底	九、一八五‧一七	二、〇七〇‧〇〇	一一、二五五‧一七
	十一年底	三二、〇六四‧五一	一一、七八九‧六一	四三、八五四‧一二
	十二年底	六六、二四九‧八三	九七、四八八‧四一	一六三、七三八‧二四
	十三年底	九八、二七四‧二一	二〇六、八八一‧三三	三〇五、一五五‧五四
	十四年底	一一四、一四九‧九六	三四〇、四三三‧三三	四五四、五八三‧二九
	十五年底	一六三、九九八‧四四	四七二、九二一‧四九	六三六、九一九‧九三
	十六年底	三一〇、四七一‧六七	五三七、九三八‧二六	八四八、四〇九‧九三
	十七年底	三〇五、八〇九‧一二	五〇六、九〇六‧九五	八一二、七一六‧〇七
	十八年底	三七〇、四三九‧二四	五七三、九六二‧一五	九九四、四〇一‧三九
	十九年底	四〇三、八五二‧五二	七二〇、四二八‧二七	一、一二四、二八〇‧七九
	二十年底	四五七、五三八‧九一	九四七、八二五‧五一	一、四〇五、三六四‧四二
	二十一年底	五九三、二七八‧〇〇	一、〇三三、一二七‧九四	一、六二六、四〇五‧九四
	二十二年底	—	—	二、二八二、六三四‧四七

（三）國安信託公司

　　國安信託公司開辦於民國十七年夏。地址在上海。資本最初規定十萬兩，二十年改收五十萬元。以葉鴻英氏為總董，汪國璇氏為經理。十七年儲金總額祇有一萬二千元，十八年一萬零三百元，十九年一萬三千七百元，二十年二萬二千元。

（四） 中國信託公司

中國信託公司開辦於民國十九年。地址在上海。資本額定一百萬元，實收三十九萬三千元。董事為李勉辰、朱浚裘、李嘉、陳耀榮、李常炳、蔣國璇、陳鳳元、麥佐衡等氏，總經理麥佐衡氏，副總經理李勉辰氏，經理黃佑寬氏，副經理陳之逮氏。儲蓄未設專部。截至二十二年夏季止，約有儲蓄存款四十萬元。

（五） 上海信託公司

上海信託股份有限公同開辦於民國十九年十一月。資本初為二十萬元，新近增為一百萬元。地址在上海北京路四川路口。現任董事長為楊介眉氏，常務董事郭秉文、徐寄廎二氏，董事陳維翰、嚴叔和、夏筱芳、齊雲青、張澹如、劉亦焯、王幹丞、程聯諸氏，監察人鄔志堅、張公權、陳光甫三氏，總經理程聯氏，副經理陳兆彬、高大經二氏，襄理籍毅仲氏。聞其各項存款已達二百餘萬元。除辦理各種信託及銀行業務外，並兼營儲蓄云。

上記各信託公司之儲蓄存款總額祗五百萬元。但以現狀觀之，各公司頗有注意儲蓄業務之趨向，數年以後，必大見進展也。

第六章　經營儲蓄業務之普通公司商號

　　普通公司商號之收受儲蓄存款大概有兩種目的：一為獎勵本公司商店職工節儉儲蓄而設；一為吸收社會資金，增厚其資力而設。我國普通公司商號之規模較大者大都採行職工儲蓄制度，無不優給利息，厚其保障。其中不少特設專部辦理者，如福新、茂新、申新總公司之同仁儲蓄部，中華書局儲蓄壽險團儲蓄部、吳興電汽公司之儲蓄部等是其例也。然而此種組織辦理之良窳，大都祇與本公司商店職工之福利攸關，不若以吸收社會資金增厚其資力而設之存款部關涉之大也。

　　我國商家如銀樓、綢莊、糧鋪、典當，等等，向多收納社會存款，以資營業上之運用週轉，然都不公開招攬，係由相識戚友輾轉介紹而來。其儲蓄存款總額共有多少，無從估計。其以公開廣告方法吸收存戶儲蓄者，民國以來甚多。如先施、永安、新新、中原等百貨公司、中法、中西等藥房、九福公司、同昌車行、A. B. C. 內衣公司、大世界等，均曾有儲蓄部之設。先施、永安兩公司之儲蓄部開辦於民國七年，新新公司者開辦於民國十五年，中原公司者開辦於民國二十年，同昌車行之儲蓄部與中法、中西兩藥房合辦之婦女美德儲蓄部則開設於民國十九年。據聞先施、永安兩公司所收儲金最鉅，二十年二月時各達百萬元左右；A. B. C. 內衣公司亦達三十餘萬元。

　　然而普通公司商號之兼營儲蓄，大概言之，不如銀行儲蓄之穩當可靠。蓋其會計並不獨立，本息之是否穩妥，咸視所營商業之興替為斷，且法律上之保障亦不如銀行儲蓄為安全也。二十年春，滬商黃楚九氏身故，其所營之大世界、九福公司、中西藥房等事業發生破綻，儲戶之受害者甚多。是年三月，財政部為懲前毖後計，特命令各省市取締普通公司商號兼營儲蓄事業，並定辦法五項。（一）令剋日停止收款。（二）普通商店存款不用儲蓄名義者，可暫免取締，惟仍須請示中央政府。（三）活期存款限令儘一個月內發還各存戶。（四）定期存款辦法，再分兩項：（A）存戶本人在一個月內，自願提款時，應准照銀行通例利息改作活期計算，並發還存款；（B）本人如並不提取時，應將總數轉存核准辦理儲蓄之銀行，否則須提供相當擔保品於中央銀行暫候中央政府核示。（五）委託會計師儘一星期內檢查各公司商號之各種儲蓄存款總數，營業情況及資產負債狀況，造報候核。此令頒行以後，各普通公司商號之儲蓄部有避去儲蓄之名，改稱存款部或借款部者（如永安公司、A. B. C. 內衣公司、同昌車行等），亦有改組為商業儲蓄銀行者，如永安公司儲蓄部之一度改組為永安商業儲蓄銀行（民國二十一年底以註冊不准停辦，存款均發還，現仍設存款部）及中原公司儲蓄部之改組為中原商業儲蓄銀行等。

編後記

　　本次整理出版的《中國之儲蓄銀行史》以人文印書館 1934 年版為底本，將原書分為上、下兩冊，本書為上冊。

　　王志莘（1896～1957），原名允令，上海人，金融家、教育家、中國證券市場建設的先行者。1909 年，入錢莊當學徒。1921 年，考入上海商科大學（現上海財經大學），修讀銀行理財，兼任中華職業教育社編輯。後經黃炎培推薦，得旅菲華僑殷商資助，進入美國哥倫比亞大學攻讀銀行專業，1925 年獲得碩士學位。其主張“振興實業，職業救國”。1925 年回國後，擔任《生活週刊》主編，執教於上海商科大學，兼教於中華職業學校。1926 年，任上海工商銀行儲蓄部主任、中國合作學社常務理事。1928 年，任江蘇省農民銀行總經理。1931 年，任新華信託儲蓄銀行總經理，並創辦中國國貨公司、中國國貨聯營公司、中國棉麻公司等。1936 年後，曾任國民黨政府實業部漁業銀行團常務理事兼總經理、農本局理事兼協理。1946 年，發起成立上海證券交易所，出任首任總經理。曾任新華物產保險公司董事長等職，被推選為上海銀行學會理事長、銀錢業業餘聯誼會理事會主席。新中國成立後，歷任華東財政委員會委員、上海市金融業同業公會副主任、中國銀行常務董事及財經出版社副社長、中國民主建國會中央委員等職，是第一屆全國人大代表、全國工商聯常委。1957 年 2 月 2 日在上海逝世。

　　我國很早就有重視儲蓄的傳統，早在農耕時代就有“耕三餘一，耕九餘三”的政策，因當時未有儲蓄銀行，故唯置田宅長子孫而已。歐風東漸，光緒三十四年度支部創《儲蓄銀行條例》十三條。銀行是通過存款、貸款、匯兌、儲蓄等業務，承擔信用中介的金融機構，是現代最主要的金融機構。近代銀行產生於中世紀的意大利，1580年，世界上最早的銀行——威尼斯銀行成立。在我國，明朝中葉出現具有銀行性質的錢莊，清代又出現了票號，但與近代銀行仍有區別。中國第一家民族資本銀行是 1897 年成立的中國通商銀行。1905年，清政府成立“大清戶部銀行”，是中國最早的國家銀行、最早的官辦銀行，1908 年更名為大清銀行。1912 年改為中國銀行，行使中央銀行職能。我國儲蓄銀行最早出現於光緒三十二年（1906 年）之信成銀行。1914 年，財政部令中國銀行、交通銀行撥資設立新華儲蓄銀行，專營儲蓄業務，兼營有獎儲蓄票。初期經營還算順利，歷屆年終決算均有較多的盈餘，實收股本也逐年增加。袁世凱稱帝失敗後，有獎儲蓄票改用公債票收回，存戶大受損失，銀行聲譽一落千丈，加之軍閥混亂的政治因素和經營不善的經濟因素，放款大量呆滯，內部又多次發生竊款捲逃事件。一些營業人員深恐日後受到牽累，紛紛通知客戶來行提存，銀行信用因而發生動搖，生存艱難。1930 年，私股方面因資金周轉問題，負債累累，由中國、交通銀行協助整理改組為新華信託儲蓄銀行，兩行佔有該行支配權，王志莘由中國銀行總經理張嘉璈推薦出任改組後的新華銀行總經理。在主持新華銀行期間，王志莘從業務方針、營業規則、內部管理、人員任用等方面作了較大的改革，在儲蓄業務上聚集資金有方，又注意服務方式、廣設分支機構、重視對職工的教育與福利、動員職員購買本行股票等，使瀕於危殆的新華銀行得到振興，業務日益發展，存款逐年增加，幾乎可與"南三行"媲美。王志莘因此獲得廣泛社會讚譽，20世紀四十年代，專門記載上海經濟界人物的《上海時人志》評價其："先生精攻經濟，熟諳商情，事業心極重，絕鮮浮囂習氣，待人端謹大方，處事公道細密。"

由於長期涉足儲蓄銀行業，王志莘"素有整理中國儲蓄銀行史實之志，平日針對儲蓄史料，一鱗一爪每好收集"。《中國之儲蓄銀行史》即是其任新華信託儲蓄銀行總經理期間，為紀念該行成立20周年組織編撰的一部介紹中國儲蓄銀行發展的"主觀之敘述少，而統計之材料多"的著作。記載"上自清末光緒晚期（1906年），下迄民國二十三年（1934年）夏，涵蓋全國各種儲蓄機關，但不包括辦理儲蓄之外商銀行、外商信託公司、錢莊、中外保險公司四種，以材料收集特難"。其調查精確、取材宏富，於我國各種儲蓄機關之歷史與其進展情況，記述甚詳；於"儲蓄銀行法規"將歷次草案產生之經過及內容變遷之點詳為敘述。由於當時印製週期較長，在印製過程中也在不斷修改，因此有前後不符之處，統計數字也在隨時增補，故第四編所列與首編間有不同，以第四編為准。

本書為原書的第一、二編。第一編"緒言"概述我國各種儲蓄機構之進展情況；第二編"各種儲蓄機關史"以類相從，以設立、辦理儲蓄、或創議之先後為次序，逐家記述。需要向讀者說明的有以下幾點：為保持舊籍原貌，文中因時代所限出現的同字異書，一般不作改動；書稿中數字以頓號為千分號，以中圓點為小數點，對此，本次整理未予以改動；在整理過程中，在保持原貌的基礎上，對原文中一些明顯的錯訛之處，進行了必要的修改，並以"編者註"

的形式加以說明；其他一般性規範性差異，進行了必要的訂正，不再一一註出說明。限於整理者水準，錯漏不當之處仍在所難免，誠望讀者諸君批評指正。

劉　江

2014 年 11 月

《民國文存》第一輯書目